BRÉVIAIRE DES ÉCHECS

Xavier Tartakover

XAVIER TARTAKOVER

Grand maître international

Bréviaire
des échecs

STOCK

PREMIÈRE SECTION

Notions préliminaires

Chapitre I

Avec quoi joue-t-on aux Échecs ? (L'échiquier et les pièces)

1. — Le jeu des Échecs est universellement reconnu comme le roi des jeux. A toute époque, l'on a accordé à ce noble divertissement une place à part dans le domaine des jeux. **Personne** n'a donc le droit d'ignorer les règles de ce sport intellectuel. Ce livre vous les apprendra.

2. — En France — dont les génies échiquéens des siècles précédents : Deschapelles, Philidor, La Bourdonnais, etc., dépassaient tous les autres joueurs du monde — on se plaît actuellement à croire que le jeu des Échecs est trop scientifique pour délasser après les occupations et les préoccupations quotidiennes. C'est renoncer à augmenter les beautés de la vie. Ce livre vous aidera à vous en persuader.

3. — Le jeu des Échecs, inventé, croit-on, aux Indes, mais rendu plus artistique en Europe, est une lutte cérébrale entre deux adversaires, ayant chacun à sa disposition seize pièces (huit figures et huit pions) qui se meuvent sur un échiquier.

4. — L'Échiquier est un carré, divisé en 64 petits carrés, appelés **cases.** Pour les mieux distinguer l'une de l'autre, les cases sont alternativement blanches ou noires (claires ou foncées). Jetez un regard sur le diagramme N° 1 : Vous retiendrez que sa formation est de 8 × 8 cases, soit 64 cases, à la différence du damier français, composé de 10 × 10 cases soit 100 cases.

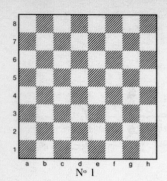

N° 1

4 *bis*. — **Placement de l'échiquier.** — Pour unifier les conditions du combat, on a admis comme règle de placer l'échiquier de manière que chaque joueur ait une case angulaire **blanche** à sa dextre. Voir le diagramme N° 2.

5. — Les pièces sont égales en nombre et en valeur, au service de chacun des deux adversaires, mais colorées, bien entendu, différemment (d'ordinaire, en clair et en foncé) pour distinguer les deux clans : celui des **Blancs** et celui des **Noirs**.

N° 2

Attention !
Je dois être
une case blanche

Les pièces accourent. Les voici :

Figures (8 de chaque côté)

Par abréviation		Symboles
Un Roi	R	
Une Dame	D	
Deux Tours	T	
Deux Fous	F	
Deux Cavaliers	C	

Pions (8 de chaque côté)

Huit pions, abrégé : P

R   D   T   F   C   P

6. — On remarquera que chacun de ces huit pions correspond à quelqu'une des huit figures. Ces huit figures ne représentent que cinq espèces de combattants. C'est pourtant suffisant pour rendre notre jeu aussi imaginatif et varié que possible. N'oublions pas que la plupart des autres jeux à cases (comme, par exemple, le jeu de Dames, le jeu japonais «Gô», etc.) ne se servent que d'un type unique. Rien donc d'étonnant que le jeu des Échecs avec ses 32 pièces variées rende le combat bien plus vivant que le jeu de Dames, même tel qu'il se joue en France — avec ses 40 pièces identiques, causes d'une certaine monotonie.

7. — Placement des pièces. — Le diagramme N° 3 nous apprendra que, dans cette position initiale:

1º la symétrie des deux camps est complète: c'est avec des armes égales que le combat doit se dérouler!

2º la première rangée de chaque côté est réservée aux huit figures, tandis que la seconde est celle des pions: fantassins fidèles, courageux et dévoués qui vont les premiers entrer en lice;

3º le Roi et la Dame (ou Reine) se trouvant bien au milieu, les Fous, comme dit un vieux proverbe, sont leurs voisins proches, tandis que les Tours — ces forteresses mobiles! — ont leur place indiquée sur les deux ailes extrêmes;

11

LES NOIRS

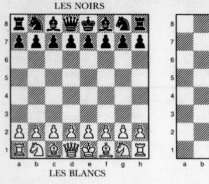

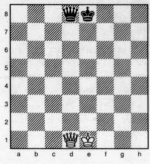

LES BLANCS

N° 3   N° 4

4° suivant leur position du côté du Roi ou de la Dame, on peut désigner les figures : Fou du Roi (FR) ou Fou de la Dame (FD), Cavalier du Roi (CR) ou Cavalier de la Dame (CD), Tour du Roi (TR) ou Tour de la Dame (TD), et de même, on peut désigner chaque pion par la pièce qui se trouve derrière lui : Pion du Roi (PR), Pion de la Dame (PD), Pion du Fou du Roi (PFR), et ainsi de suite.

7 *bis*. — On remarquera aussi que la Dame doit être placée au début sur une case de sa couleur, c'est-à-dire la Dame blanche sur une case blanche, et la Dame noire sur une case noire, ou, comme l'invoque un vers mnémotechnique latin, *Regina regit colorem*.

Chaque lecteur en déduira la règle correspondante pour les Rois qui doivent donc occuper au début une case de couleur différente de la leur. Le diagramme N° 4 nous apprendra que le mot «symétrie», employé plus haut, n'est pas tout à fait exact. Bien que les Rois et les Dames se trouvent face à face, on remarquera que la Dame blanche se trouve à gauche de son Roi, tandis que la Dame noire est située à droite de son Roi et maître.

8. — Une partie d'Échecs se déroule dès que les deux

12

adversaires, ayant pris place, l'un vis-à-vis de l'autre, exécutent, à tour de rôle, des **coups,** c'est-à-dire des déplacements de quelqu'une de leurs pièces. Le but de ces évolutions sur l'échiquier est d'obtenir la victoire (le mat), dont nous parlerons plus loin.

Les déplacements des pièces se font soit par une **marche** de la case déjà occupée vers une autre, soit par la **prise** d'une pièce ennemie. Ils s'effectuent d'après les règles prescrites qui seront exposées dans les deux chapitres suivants.

Il a été convenu que ce sont toujours les Blancs qui ont le **trait,** c'est-à-dire le premier coup à faire. Le tirage au sort décide, d'ordinaire, à qui reviennent les pièces blanches dans la première partie à jouer, quitte à changer de couleur dans la partie suivante, et ainsi de suite.

9. — Notation. — Comment inscrire les coups? Il y a deux manières principales:

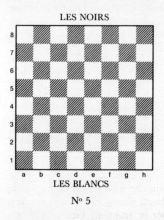

LES NOIRS

LES BLANCS

N° 5

A. — *Notation française, dite* **algébrique. —** Elle fut déjà employée dans les ouvrages classiques: *Analyse* de Philidor, parue en 1749, et *Traité des amateurs,* paru en 1775. Bien que depuis, on ait préféré en France la notation descriptive (voir B), actuellement on revient de plus en plus à celle-là qui est plus claire et plus logique. Comme la notation algébrique est aussi celle de l'Italie, de la Russie, de l'Allemagne et de la plupart des autres pays, on conçoit la valeur de la conformité qui en résulte. Aussi, c'est surtout de cette notation que nous nous servirons.

Dans cette notation algébrique qui n'a, malgré son nom, rien de pédantesque, chaque case est différemment désignée par la

13

combinaison d'une lettre (allant de a à h) et d'un chiffre (allant de 1 à 8).

A cet effet, chaque colonne verticale porte le nom de la lettre placée au bas du diagramme N° 5 ; chaque rangée horizontale, le chiffre placé en regard (et commençant du côté des Blancs). Les cases se trouvent ainsi désignées par la rencontre de la lettre et du chiffre. Le diagramme N° 6 nous permet de nous rendre compte de cette méthode.

LES NOIRS

LES BLANCS

N° 6

Pour inscrire les coups on indique la case de départ et celle d'arrivée, par exemple : au commencement de la partie, pour indiquer que les Blancs jouent leur Pion-Roi deux pas, on écrit e2 — e4. Les Noirs répondant le même coup, on écrira e7 — e5, etc.

Bien que cela ne soit que d'une utilité accessoire, il est d'usage, lorsqu'une figure joue, de placer l'initiale de cette pièce devant la désignation des cases, tandis que lorsque c'est un pion, on s'en passe.

Voir en début de la page suivante les initiales dont se servent les principales nations, permettant de suivre une partie écrite dans leur langue.

B. — *Notation anglaise, dite* **descriptive.** — Cette méthode qui est encore beaucoup employée en France, l'est aussi en Angleterre, aux États-Unis ainsi qu'en Espagne. Voir le diagramme N° 7.

Ici, chaque case est désignée verticalement par le nom détaillé de la figure qui régit au commencement cette colonne, et horizontalement par un numéro (de 1 à 8) qui va de bas en haut pour chaque adversaire et non pas uniquement du point de départ des Blancs, comme cela a lieu dans la notation algébrique.

FRANCE		ANGLETERRE		ITALIE	
Roi	R	King	K	Re	R
Dame	D	Queen	Q	Donna	D
Tour	T	Rook	R	Torre	T
Fou	F	Bishop	B	Alfiere	A
Cavalier	C	Knight	Kt	Cavallo	C
Pion	(P)	Pawn	(P)	Pedone	(P)
ESPAGNE		ALLEMAGNE		RUSSIE	
Rey	R	König	K	Korolj	Kp
Dama	D	Dame	D	Ferz	Φ
Torre	T	Turm	T	Ladia	Λ
Alfil	A	Laufer	L	Slon	C
Caballo	C	Springer	S	Konj	K
Peon	(P)	Bauer	(B)	Pechka	(Π)

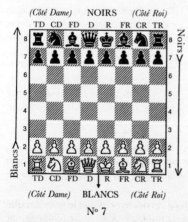

(Côté Dame) NOIRS (Côté Roi)

Blancs ⟶   Noirs ↓

(Côté Dame) BLANCS (Côté Roi)

N° 7

Dans la notation descriptive, il est d'usage d'omettre la case de départ. On se contente donc d'indiquer par l'initiale la pièce (y compris le pion) qui doit jouer ainsi que sa case d'arrivée. Il va de soi que l'on précédera cette indication du chiffre marquant l'ordre des coups.

Ainsi, dans le petit exemple que nous avons donné pour la notation algébrique, nous aurons ici la transcription suivante :

NOTATION ALGÉBRIQUE			NOTATION DESCRIPTIVE		
Nº du coup	Blancs	Noirs	Nº du coup	Blancs	Noirs
1	e2—e4	e7—e5	1	P4R	P4R

Notons à ce propos que les joueurs avancés emploient aussi assez couramment la notation algébrique **abrégée**, qui supprime elle aussi la désignation de la case de départ. Cela donnera dans notre exemple :

NOTATION ALGÉBRIQUE ABRÉGÉE

Nº du coup	Blancs	Noirs
1	e4	e5

9 *bis*. — **Exercices.** — L'usage de la notation descriptive exige quelques exercices. Faisons-les sur un échiquier véritable, sans regarder trop vite les solutions (diagramme Nº 8).

I. — Placez un pion blanc à la 4ᵉ case de la colonne du Roi. — Le voici (P. 4R).

II. — Placez un pion noir, également à la 4ᵉ case de la colonne du Roi. Coïncidera-t-il avec le susnommé ? — Non, puisque je compterai cette fois-ci 4 du point de vue des Noirs.

LES NOIRS

LES BLANCS

Nº 8

III. — Dénommez exactement la figure noire qui se trouve sur le diagramme Nº 8. — *Réponse :* C'est une Tour à la 6ᵉ case de la colonne du Cavalier de la Dame (T. 6CD).

IV. — Placez une Dame blanche dans le coin droit le plus éloigné de l'échiquier. — La voici à la 8ᵉ case de la colonne de la Tour du Roi (D. 8TR).

Chapitre II

Comment marchent les pièces ?

10. — Le terrain. — Il est inexact de dire que c'est l'échiquier qui est le terrain du combat, puisque ce sont plutôt les cases — ces 64 cases magiquement alignées ! — sur lesquelles se meuvent les deux armées.

UNE COLONNE

LES NOIRS

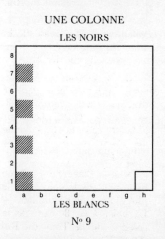

LES BLANCS

N° 9

En examinant de plus près la configuration des cases, nous y distinguerons surtout des séries de cases, en ligne verticale appelées : **colonnes** (voir le diagramme N° 9), ou en ligne horizontale appelées : **rangées** (voir le diagramme N° 10), enfin en ligne oblique appelées : **diagonales** (voir le diagramme N° 11).

Nous remarquerons qu'une diagonale ne comprend que des cases de même couleur : il y aura donc des diagonales blanches et des diagonales noires.

Nous remarquerons aussi qu'il y a des diagonales de 2, 3, etc., jusqu'à 8 cases. Ces dernières sont les grandes diagonales qui vont —telle une voie lactée! — d'un bout à l'autre de l'échiquier.

10 *bis.* — **Cases contiguës.** — D'autre part, nous retiendrons comme la propriété fondamentale des deux cases horizontalement ou verticalement adjacentes et ayant donc un côté commun, qu'elles sont de couleurs différentes.

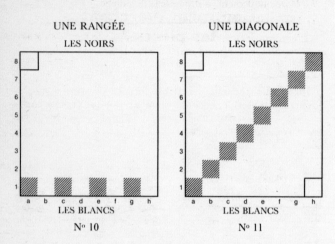

UNE RANGÉE

LES NOIRS

LES BLANCS

N° 10

UNE DIAGONALE

LES NOIRS

LES BLANCS

N° 11

11. — C'est dans ce cadre de 64 cases que vont se déplacer, selon les règles prescrites, les pièces de chaque adversaire pour chercher à atteindre la victoire (le mat) dont nous parlerons plus loin.

On verra les armées réciproques se mouvoir dans tous les sens, c'est-à-dire non seulement à gauche et à droite, mais aussi en avant et en arrière.

Une distinction fondamentale entre les figures et les pions est que ces derniers — image de leur faiblesse ou de leur bravoure — ne peuvent pas se mouvoir en arrière.

Le déplacement des pièces consiste dans la marche ou bien dans la prise d'une pièce ennemie. La marche de chaque pièce est la suivante.

12. — Le Roi. — D'allure majestueuse, le Roi ne fait qu'un pas à la fois, dans toutes les directions et dans tous les sens.

Ainsi, placé dans le diagramme N° 12 à d4, il peut aller à son choix :

a) Verticalement, en avant (d5), en arrière (d3) ;

b) Horizontalement, à droite (e4), à gauche (c4) ;

c) Diagonalement, en avant (e5, c5), en arrière (e3, c3).

« L'entourage est à moi ! » s'écrie fièrement le Roi. — « Rien que l'entourage ! » répond malignement la Loi.

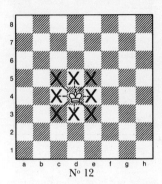

N° 12

N° 13

12 *bis*. — L'élève reconnaîtra que la portée des cases diffère selon leur situation au milieu, aux ailes, aux bandes ou dans les coins de l'échiquier.

Si nous consultons le diagramme N° 13, nous verrons qu'au lieu de 8 cases qu'un Roi peut avoir au maximum à sa disposition, il n'en a que 5, s'il est placé à la bande (p. ex. à b1) et même seulement 3, s'il est placé dans un coin (p. ex. à h1).

Nous verrons ultérieurement[1] que la majesté du Roi lui impose un *interdit particulier* ! Il ne peut se mettre sur une case où il est « en prise » c'est-à-dire où il pourrait être pris au coup suivant de l'adversaire.

1. § 30.

13. — La Dame. — Cette grande promeneuse a la marche du Roi rendue illimitée, c'est-à-dire prolongée en ligne droite jusqu'à la bande.

La marche de la Dame — qui groupe la marche de la Tour et celle du Fou — franchit sur colonne, rangée ou diagonale autant de cases qu'elle veut dans ces directions, à condition toutefois qu'aucun obstacle ne vienne l'arrêter, car elle ne peut sauter par-dessus une autre pièce, de sa couleur ou de l'autre.

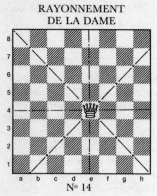

RAYONNEMENT
DE LA DAME

N° 14

Placée dans le diagramme N° 14 bien au milieu de l'échiquier, à e4, elle exerce grâce à sa portée longue et multiple dans ce champ libre d'obstacles un véritable **rayonnement** qui part dans 8 sens et peut atteindre 27 cases différentes.

13 *bis.* — Le même rayonnement se produit quand la Dame est placée sur une des quatre cases centrales de l'échiquier (voir le diagramme N° 15).

L'élève constatera que la portée de la Dame est moindre, si celle-ci est placée sur quelque autre case. Le minimum de la portée d'une Dame est réalisé sur une case angulaire (voir le diagramme N° 16), d'où elle ne « rayonne » que dans 3 sens (au lieu de 8) et ne peut atteindre que 21 cases (au lieu de 27).

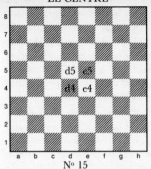

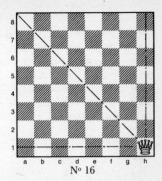

Nº 15   Nº 16

14. — Un peu d'histoire, ou les féministes détrompés.

— La Dame est la pièce **la plus puissante** de l'échiquier. Si l'on croit pourtant que cela résulte d'un hommage de l'inventeur du jeu des Échecs au beau sexe, on se trompe. Voici les deux raisons de mon affirmation:

1º Cette pièce n'avait auparavant qu'une portée minime (à savoir, un seul pas sur diagonale) et ce n'est qu'au XVᵉ siècle que les auteurs italiens et espagnols se sont décidés à favoriser cette compagne du Roi, en lui adjugeant un «mouvement illimité» à travers l'échiquier.

CROIX DE LA TOUR

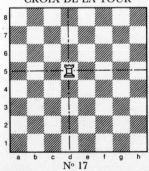

Nº 17

2º Originairement, cette pièce ne s'appelait ni DAME ni REINE, mais MINISTRE lequel était chez les Orientaux non seulement mâle, mais aussi malin!

Après les Hindous, ce furent les Persans qui excellèrent dans le jeu des Échecs. Or, le ministre s'appelle en persan VIZIR ou FERS, qui est devenu dans le latin du Moyen Age: Fercia, puis francisé : Vierge, donc (dans les pays romans) : Dame ou Reine.

Ajoutons qu'en Russie, où l'on apprit le jeu des Échecs non pas, comme dans le reste de l'Europe, par l'intermédiaire des Arabes, mais par le contact direct avec la Perse, la pièce en question s'appelle encore aujourd'hui : *Ferz,* mot du genre masculin.

15. — La Tour. — Quelle droiture d'esprit ! Elle ne parcourt que les colonnes ou les rangées, c'est-à-dire perpendiculairement aux bandes, et tant qu'aucun obstacle ne se trouve sur sa route.

Située au milieu (diagramme Nº 17), la Tour forme une croix droite, gardienne qu'elle est de quatre directions et de 14 cases différentes.

ÉQUERRE DE LA TOUR

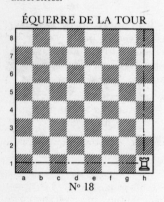

Nº 18

Ces 14 cases, elle les a même partout ailleurs à sa disposition ; toutefois, à la bande (p. ex. à b1), elle ne domine que trois directions ; elle n'en domine que deux, décrivant une équerre, si elle est placée au coin (p. ex. à h1, diagramme Nº 18).

16. — Le Fou. — Coureur intrépide, le Fou suit la direction des diagonales, ce qui implique qu'il conserve la couleur de sa case initiale.

Comme il peut parcourir ses chemins obliques à volonté, tant qu'aucun obstacle ne lui barre la route, il représente avec la Tour et la Dame, les trois sortes de pièces « à longue portée », c'est-à-dire pouvant se déplacer suivant les directions réglementaires d'un bout à l'autre de l'échiquier.

Sa portée. — Situé au milieu (diagramme Nº 19), le Fou forme une croix oblique, dominant quatre routes et 13 cases différentes.

Il ne dominerait qu'une seule route et seulement 7 cases (au lieu de 13), s'il était placé au coin (p. ex. à h1) mais alors les effets de son influence sur cette « grande diagonale » h1 — a8 sont très souvent remarquables.

Sa couleur. — C'est la seule pièce qui doit rester pendant toute la partie fidèle à sa couleur. Remarquons donc (diagramme N° 20) que les deux Fous de chaque adversaire dominent des couleurs différentes.

CROIX DU FOU

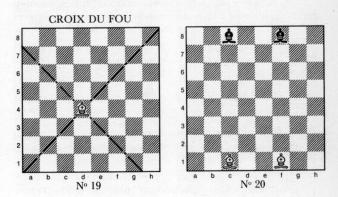

N° 19   N° 20

17. — Le Cavalier. — Sa marche, baroque à première vue, consiste à faire de petits sauts avec changement continuel de la couleur de la case occupée[1].

En décomposant sa marche, on peut dire qu'il franchit d'abord une case comme la Tour, ensuite une case comme le Fou (ou vice versa), en s'éloignant toujours de la case de départ.

Exemple. — Avec un Cavalier, placé à d3, nous parviendrons, en esquissant un pas de la Tour, à e3 et puis, en esquissant un pas du Fou, à f4, tout en constatant que la case occupée (f4) est de couleur différente de celle du départ (d3). — Nous pourrions aboutir à la même case f4, en nous servant d'abord d'un pas du Fou et venant de d3 à e4 pour faire ensuite un pas de la Tour, de e4 à f4.

1. Voici une définition, courte et précise, de la marche du Cavalier, due à M. Delangre : « Le Cavalier va d'une case noire à une case blanche (ou inversement) en sautant une case. »

Sa portée. — Situé au centre de l'échiquier (diagramme N° 21), le Cavalier surveille 8 cases, dont l'ensemble figure une rosace.

ROSACE DU CAVALIER

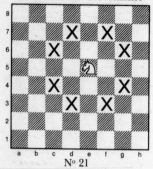

N° 21

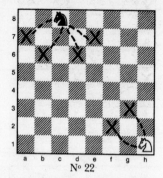

N° 22

Ce plein déploiement de puissance décroît en s'éloignant du centre et, comme nous le montre le diagramme N° 22, le Cavalier placé à la bande ne surveille qu'au maximum 4, et même, placé au coin, seulement 2 cases.

18. — Exercices. — Notons tout d'abord que le Cavalier est la seule pièce qui puisse **sauter par-dessus les autres,** amies ou ennemies.

Loin de se laisser rebuter par la difficulté apparente de la marche bizarre du Cavalier, le débutant entreprendra sur son échiquier quelques exercices, dont les solutions sont indiquées sur le diagramme N° 23.

I. — Quel sera l'itinéraire d'un Cavalier, placé à c1, s'acheminant vers le Nord-Est (en s'éloignant le moins vite possible de la rangée de départ)? — *Réponse :* c1, e2, g3, h5.

II. — Quel sera l'itinéraire du même Cavalier à c1 explorant les régions du Nord-Est par les sauts les plus hauts possibles (c.-à-d. montant le plus vite possible vers le haut de l'échiquier)? — *Réponse :* c1, d3, e5, f7, h8.

III. — Faites parcourir au même Cavalier c1, à volonté, des cases situées au Nord-Ouest de sa case de départ (ex. : c1, a2, b4, a6, b8).

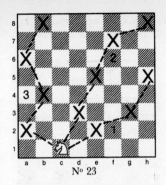

N° 23

19. — Un peu d'histoire ou le mystère des carrés magiques. — On se demande comment la marche assez arbitraire du Cavalier a pu venir troubler la rigidité géométrique qui distingue la marche des autres pièces. Voici à ce sujet une hypothèse curieuse sur l'origine du jeu des Échecs, émise en 1931 par un amateur russe distingué : L. Isaïeff.

Depuis les époques les plus reculées, et chez tous les peuples, on s'est beaucoup occupé des propriétés singulières des **carrés magiques** à somme constante (horizontale et verticale ou même aussi diagonale). Un exemple d'un « carré panmagique » du 3e degré est donné par le diagramme N° 24, où la somme de trois chiffres, pris dans n'importe quelle direction, est toujours la même = 15.

Selon un manuscrit arabe du Xe siècle, les pièces du jeu des Échecs ne devraient représenter par leur marche différente que les recherches sur les propriétés d'un carré panmagique du 5e degré, lequel est susceptible de particularités curieuses.

Si nous examinons, en effet, le diagramme N° 25, nous reconnaîtrons en partant de la case centrale N les contours de la marche de toutes nos pièces d'Échecs, à savoir :

4	9	2
3	5	7
8	1	6

N° 24

A	C	T	C	A
C	V	S	V	C
T	S	N	S	T
C	V	S	V	C
A	C	T	C	A

N° 25

a) les petits pas droits — verticaux ou horizontaux — du Roi, le *Shah* (S) dont le mouvement était autrefois encore plus restreint qu'aujourd'hui;

b) les petits pas diagonaux du Ministre, le *Vizir* (V) qui n'est devenu que bien plus tard, sous le nom de la Dame, la pièce la plus puissante de l'échiquier;

c) les sauts en ligne droite — verticale ou horizontale — de la Tour (T) (les Échecs orientaux n'ont pas du tout connu des pièces «à longue portée»);

d) les sauts en ligne oblique — c'est-à-dire sur diagonale — de l'Éléphant, l'*Alfil* (A), qui n'est devenu que bien plus tard, sous le nom du Fou, — tout comme la Tour! — une pièce à longue portée; enfin,

e) les sauts du Cavalier (C), qui loin de s'émanciper est resté encore aujourd'hui une pièce sautante, c'est-à-dire à marche restreinte, mais dont nous concevons dorénavant mieux la raison d'être (pour ne pas dire: la raison de sauter).

> Le Cavalier caracole;
> Des surprises, le symbole,
> Il saute du noir au blanc
> En son redoutable élan.
>
> Jules LAZARD, *Quatrains échiquéens.*

20. — Le Pion. — Plein de franchise, le Pion marche verticalement, c'est-à-dire sur la colonne où il se trouve; modeste, il ne se déplace chaque fois que d'un seul pas; dévoué, il se dirige seulement en avant, à la différence des figures qui peuvent avancer ou reculer à volonté.

Ainsi (diagramme N° 26) le Pion du Roi (PR) (c'est-à-dire placé sur la colonne-Roi) des Blancs ira de e3 à e4; le Pion de la Tour de la Dame (PTD) des Noirs ira de a4 à a3. Nous voyons donc que la couleur du pion décide irrévocablement du sens dans lequel il devra se mouvoir.

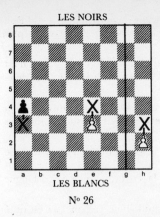

LES NOIRS

LES BLANCS

N° 26

20 *bis*. — **Son pas initial.**

— Pour lui donner pourtant un certain élan, il est permis au pion, la première fois qu'il joue, c'est-à-dire quand il part de sa case initiale, de faire un **ou deux** pas, à volonté.

Ainsi (diagramme N° 26), le Pion de la Tour du Roi (PTR) des Blancs, puisqu'il n'a pas encore bougé de sa case initiale (h2) a le choix d'aller modestement à h3 (pas simple) ou de bondir à h4 (pas double).

Quant aux autres particularités du Pion, concernant la prise et la promotion, elles seront exposées au chapitre suivant que le débutant ne doit aborder qu'après avoir bien appris par des exercices la marche des pièces.

21. — Tout spécialement, le débutant se souviendra que :

1° il y a des pièces qui se meuvent dans les deux sens (figures) et d'autres qui ne marchent qu'en avant (pions) ;

2° il y a des pièces à longue portée (D, T, F) et des pièces sautantes (R, C, P) ;

3° il y a une pièce, à savoir le Fou, qui reste pendant toute la partie fidèle à la couleur de la case initialement occupée ;

4° il y a, en tout, dans le jeu des Échecs, **six** espèces de pièces dont chacune représente une arme spéciale (artillerie, cavalerie, infanterie, etc.). *Ludimus effigiem belli :* « Nous jouons à un jeu qui donne l'image de la guerre », s'exclame l'évêque Vida dans son poème didactique *Scacchia ludus,* publié en 1529 ;

5° si la Dame est la pièce la plus **puissante,** le Roi représente la plus **importante,** pour les motifs que nous examinerons plus loin (29).

Chapitre III

Comment prennent les pièces et autres détails

(La prise « en passant ». — Promotion. — Le Roque)

22. — Avant de préciser comment prennent les pièces, examinons le principe de la prise aux Échecs, à savoir :

1° Toute prise aux Échecs est absolument **facultative**. On n'est forcé de prendre que s'il n'y a pas d'autre coup à jouer.

2° On ne prend aux Échecs qu'une pièce ennemie et une seule à la fois.

3° *Volenti non fit injuria :* On a le droit de laisser toute pièce — figure ou pion ! — en prise, **sauf le Roi**, nous verrons pourquoi.

Le mot célèbre de Louis-le-Gros, à la bataille de Brenneville en 1119 : « Malheureux, ne sais-tu pas qu'aux Échecs, on ne prend pas le Roi ? » ne correspond donc pas tout à fait à la réalité, puisque, aux Échecs, il n'est pas permis d'exposer son Roi à la prise.

4° La manière de prendre consiste à **enlever** une pièce et à mettre à sa place celle qui prend. Aucune pièce ne peut donc occuper la place d'une pièce ennemie sans prendre celle-ci.

23. — Le « comment » de la prise aux Échecs se résout d'une façon très claire et très simple : Toutes les figures **prennent**

comme elles se meuvent. Si elles peuvent aller sur une case, elles peuvent prendre sur cette même case toute pièce — figure ou pion — adverse :

Exercices (voir diagr. N° 27) : A. — Le Fou blanc situé à c4 a le choix entre :

1° ne rien prendre et aller — puisque ce parcours est sans obstacle — à d3 ou e2 ou f1 ;

2° prendre le Pion noir b3, qui se trouve sur un de ses chemins ; mais il ne peut pas sauter par-dessus ce pion à a2 ;

3° prendre le Cavalier noir b5. En se mettant à sa place, il pourra donc, au coup suivant seulement, prendre l'autre Cavalier noir à a6 ;

4° d'autre part, ce Fou blanc à c4 ne peut ni occuper la case d5, ni prendre le Fou adverse e6, car son mouvement dans cette direction-là (diagonale c4—g8) est obstrué par une de ses propres pièces (le pion blanc d5).

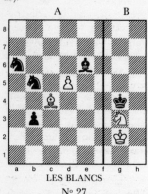

A   B

LES BLANCS

N° 27

B. — Les Rois adverses se trouvent (diagramme N° 27) au minimum de distance réglementaire, ils ne peuvent s'approcher complètement l'un de l'autre et s'exposer à la prise. Il doit toujours y avoir, **au moins**, une case d'intervalle entre eux ; pour cette raison, le Roi noir g4 ne peut pas prendre le Cavalier adverse g3, ce qui l'exposerait à être pris par le Roi blanc g2.

24. — Contrairement aux figures, les **Pions prennent autrement** qu'ils ne marchent. Voilà donc une seconde différence fondamentale entre les Figures et les Pions, la première consistant dans le fait que les Pions ne peuvent jamais reculer (cf. § 11).

Tout en faisant leurs petits pas d'une case à l'autre, les Pions marchent — comme nous le savons déjà — sur leur colonne, mais ils prennent en diagonale, à droite ou à gauche.

Ainsi (diagramme N° 28), le Pion blanc b2 peut prendre le Fou noir qui est à a3.

Le Pion blanc qui est à e3 a même le choix de prendre une des deux pièces adverses : la Tour noire à f4, située à sa droite, ou le Cavalier noir à d4, situé à sa gauche.

LES NOIRS

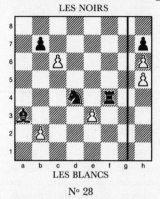

LES BLANCS

N° 28

Les deux Pions ennemis qui se lorgnent sur les cases voisines c6 (Pion blanc) et b7 (Pion noir) peuvent — suivant le camp qui joue le premier — se prendre, l'un ou l'autre.

D'autre part, constatons que le Pion blanc à h5 est immobilisé dans sa marche par la présence d'un compagnon d'armes à h6 et que celui-ci ne peut, non plus, faire de pas en avant, obstrué qu'il est par le Pion adverse h7 — imprenable par lui, puisque les Pions prennent autrement qu'ils ne marchent !

LES NOIRS

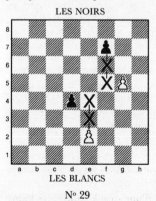

LES BLANCS

N° 29

25. — La prise « en passant ». — Nous savons que bondissant de sa case initiale (qui est située pour les huit pions blancs sur la seconde rangée et pour les huit pions noirs sur la septième rangée de l'échiquier), le Pion a le privilège d'avancer d'une ou **de deux** cases. Si, faisant usage de ce droit, un Pion fait deux pas, mais qu'il **passe** dans ce cas sur une case contrôlée par un Pion adverse, placé sur une des deux colonnes voisines, ce dernier peut le prendre « en passant » comme s'il n'avait avancé **que d'une** case.

Exemple (diagr. N° 29). — Si le Pion blanc e2 ne fait qu'un pas et marche à e3, le Pion noir d4 pourrait le prendre, en l'enlevant et en se mettant à sa place, à e3. Si ce Pion blanc e2, usant de son droit, fait deux pas et bondit à e4, le Pion noir d4 peut considérer — séance tenante ! — qu'il n'y a qu'un pas de fait et le prendre « en passant » en se mettant à sa place, sur la case critique e3. De même, si le Pion noir f7 du même diagramme N° 29 fait deux pas et bondit à f5, le Pion voisin adverse (Pion blanc g5) peut comme réponse immédiate le prendre « en passant », en l'enlevant et se mettant à sa place sur la case critique f6, puisque sur cette case le Pion noir se trouverait bien en prise par le Pion blanc g5.

Remarques. — Répétons que la prise « en passant » ne peut être pratiquée que comme réponse immédiate, c'est-à-dire au coup qui suit **immédiatement** la poussée de deux pas du Pion adverse.

Constatons que cette faculté de prendre « en passant » n'appartient **qu'au Pion** et que ce Pion exécuteur doit se trouver à la 5e rangée (s'il est blanc), ou à la 4e rangée (s'il est noir) d'une des deux colonnes voisines de celle du Pion qui avance de deux pas.

Mentionnons, en outre, que le terme français de la prise « en passant » est universellement reconnu comme expliquant le mieux la règle, puisqu'il est adopté, tel quel, dans toutes les langues.

25 *bis.* — Dans un certain sens, on peut considérer la règle de la prise « en passant », qui augmente la vivacité du jeu, comme une exception à la règle générale « qu'aux Échecs on ne prend les pièces ennemies que sur les cases où elles se trouvent ». Mais ne pourrait-on pas objecter que dans toutes les cités, même les moins civilisées, les véhicules doivent respecter les droits des passants...

26. — Promotion du Pion. — Esprit juste, le lecteur se demandera si tant de dévouement de la part des Pions ne mériterait point de récompense. Esprit logique, il voudra aussi savoir ce qu'on doit faire des fantassins qui, arrivés de leur seconde à la huitième rangée, ne peuvent pas aller plus loin.

La réponse est donnée par la règle de la promotion qui réussit brillamment à vivifier maint combat d'Échecs.

Lorsqu'un Pion arrive à la dernière rangée possible — qui est la huitième pour les Pions blancs et la première (dans la notation algébrique) pour les Pions noirs — il devient aussitôt une figure, c'est-à-dire qu'il doit immédiatement se transformer en une figure quelconque de sa couleur. Appuyons sur le fait que le joueur peut choisir n'importe quelle figure (**Roi excepté**), même s'il a ses pièces au complet.

D'ordinaire (mais pas toujours), on se hâtera de transformer le Pion en la figure la plus puissante, c'est-à-dire en une Dame. Un joueur peut donc avoir, grâce aux promotions de ses Pions, 2, 3 ou encore plus de Dames ; 3, 4 ou encore plus de Tours, Fous ou Cavaliers.

« Tu as pénétré dans la rangée des figures ; deviens semblable à elles ! », tel est le sens de la règle de la promotion.

Exemple (diagr. N° 30). — Le Pion blanc c7 va à c8, pénètre ainsi dans la rangée exclusive des figures et devient à son choix : D, T, F, ou C.

LES NOIRS

LES BLANCS

N° 30

Le Pion noir f2 ne peut pas, il est vrai, aller à f1, car cette case est obstruée par le Fou blanc, mais il peut bien prendre le Cavalier adverse à g1 et devenir une figure.

27. — Le Roque. — Les coups aux Échecs s'exécutent par le déplacement d'une seule pièce à la fois. Une exception à cette règle est admise, mais une seule fois dans chaque partie (pour chacun des adversaires) par le Roque qui est une marche combinée du **Roi** et d'une **Tour**, ce coup double ne comptant que pour un seul coup.

AVANT LE PETIT ROQUE

Nº 31

APRÈS LE PETIT ROQUE

Nº 32

Comme il y a deux tours, le joueur peut choisir entre le « petit roque » (du côté de sa TR) et le « grand roque » (du côté de sa TD), ainsi nommé parce que le chemin à effectuer est un peu plus grand.

Dans les deux cas, la Tour en question se place aussi près que possible de son Roi (tant que celui-ci n'a pas encore quitté sa case initiale) et le Roi se place alors de l'autre côté de la Tour.

Cette opération se produit sur **la même** rangée (initiale), et tant qu'il n'y a pas d'obstacle sur le chemin de ces deux pièces. Les diagrammes Nᵒˢ 31 à 34 nous montrent que dans le petit roque, la Tour va occuper la case vacante du FR et le Roi celle du CR ; dans le grand roque, la Tour va occuper la case de la Dame et le Roi celle du FD.

AVANT LE GRAND ROQUE

Nº 33

APRÈS LE GRAND ROQUE

Nº 34

Si pour la Tour cette randonnée ne représente aucune marche exceptionnelle, il n'en est pas de même pour le Roi qui saute, **par-dessus** la Tour rapprochée, en occupant la case voisine de même couleur sur la même rangée. Le sens pratique du Roque est, en effet, comme nous le verrons plus loin, de permettre au Roi de se mettre plus en sûreté dans un des coins de l'échiquier, tout en octroyant à la Tour, dans la plupart des cas, une activité plus grande au milieu de l'échiquier.

28. — Le Roque obéit aux règles suivantes :

1º il faut que toutes les cases situées entre le Roi et la Tour du Roque soient **vides** ;

2º il faut que ni le Roi ni la Tour du Roque **n'aient encore joué**. — Cet empêchement du Roque est définitif, même si les deux pièces ont réoccupé leurs cases initiales;

3º il faut que le Roi, au moment du Roque, **ne soit pas en échec** (voir le prochain chapitre). — On ne peut donc se soustraire au moyen du Roque à un échec donné par l'adversaire;

4º il ne faut pas non plus que le Roi traverse au cours du Roque une case menacée par l'adversaire, car cela équivaudrait à **traverser un échec**;

5º à plus forte raison, il ne faut pas que le Roi occupe par le Roque une case menacée par l'adversaire. Toutes ces restrictions, concernant l'échec au Roi (voir 3º, 4º et 5º) ne s'étendent pas à la Tour du Roque qui peut quitter et traverser une case menacée par l'adversaire;

6º la décision d'exécuter un roque doit se manifester d'une façon franche, ce qui s'obtient en manœuvrant les deux pièces **en même temps**, avec les deux mains, ou en exécutant séparément les deux mouvements mais sans temps d'arrêt entre eux. De préférence, c'est le mouvement du Roi qu'on exécute le premier; le Roque ne donne lieu à aucun malentendu, en ce cas.

N° 35

28 *bis*. (diagr. N° 35). — Roque des Blancs du côté Roi impossible, une des cases entre Tour et Roi étant occupée par une pièce (Cg1). — Roque des Blancs du côté Dame impossible, le Roi devrait traverser une case (d1) menacée par une pièce adverse (Cf2).

Le Roque des Noirs du côté Roi pareillement impossible, le Fou adverse (à a3) commandant la diagonale a3 — f8, le Roi noir traverserait un échec. — Enfin, le Roque des

Noirs du côté Dame impossible, l'espace à parcourir entre les deux pièces n'étant pas libre. En effet, il serait erroné de croire que le Roi noir puisse exécuter le Roque en prenant à c8 la pièce adverse (Cc8) et en se mettant à sa place.

Chapitre IV

Quel est le but
du jeu ?

(Le mat. — L'échec. — Nullités.)

29. — Le Mat. — Mot persan qui veut dire : (le Roi est)
«mort». Les deux adversaires ayant des forces égales, le but de
ce combat chevaleresque, le but de chaque partie d'Échecs avec
ses évolutions et ses efforts intellectuels est de **mater** son
adversaire, c'est-à-dire de faire prisonnier (prendre) le Roi
adverse ou de le forcer à capituler.

On a souvent comparé le jeu des Échecs à un combat
véritable, où les deux Rois sont en présence, entourés de leurs
armées respectives. Les défauts de cette comparaison sont
multiples et touchent au grotesque, si l'on pense aux sacrifices de
vies humaines que chaque guerre impose. En outre, on ne se bat
pas en réalité dans un champ clos ni avec des troupes
minutieusement égales, en nombre, en fraîcheur et en courage.
Les pièces d'Échecs, elles, ne connaissent ni faiblesse ni
fatigue !

Si nous continuons cette comparaison d'une partie d'Échecs
avec une bataille véritable, nous constaterons que le Roi du jeu
des Échecs — dont la prise équivaut à la défaite générale —
représente non seulement quelque despote oriental, mais aussi,
dans le sens symbolique, toutes les ressources vitales du pays.

30. — Rien d'étonnant à ce que le Roi, d'après la définition
même du but de notre jeu, ne puisse **être pris** et qu'il ne puisse

ni **se mettre**, ni **demeurer** en prise puisqu'il serait alors irrévocablement pris le coup suivant.

Dans le langage courant, le Mat est une position dans laquelle le Roi est **obligé de se rendre**, puisqu'il serait pris par une pièce adverse au coup suivant. Très souvent on ne poursuit pas une partie d'Échecs jusqu'au Mat, c'est-à-dire jusqu'à la capitulation : on préfère l'abandonner d'une manière chevaleresque lorsqu'on prévoit qu'à cause de la disproportion des forces ou des avantages de la position, le Mat sera tôt ou tard inévitable.

31. — Attaquer et protéger. — On dit qu'une pièce «attaque» une pièce adverse, quand elle occupe une case d'où elle pourrait au coup suivant, si rien ne survient, prendre cette pièce menacée.

La pièce ainsi attaquée peut être «protégée» de quelque manière (par exemple, par la fuite, c'est-à-dire en quittant la case menacée), elle n'est pourtant pas obligée de se protéger.

32. — L'échec. — Il en est tout à fait autrement pour le Roi qui doit être protégé — tant qu'on le peut ! — contre toute tentative de prise.

Quand le Roi est dans la situation d'**être pris** au coup suivant par une pièce ennemie — qui peut être un pion ou une figure, sauf le Roi adverse — on dit qu'il est **en échec**. Immédiatement, il doit écarter ce danger d'être pris, ce qu'il peut obtenir de trois façons différentes :

soit en **prenant** lui-même ou en laissant prendre par un de ses fidèles la pièce adverse qui le menace ;

soit en se **déplaçant**, en allant de la case attaquée à une case voisine non attaquée ;

soit enfin en **interposant** une de ses pièces pour se «couvrir» ainsi de l'échec donné.

S'il ne peut employer aucune de ces trois défenses pour se garer immédiatement de l'échec, alors on dit qu'il est ÉCHEC ET MAT, il doit se rendre, la partie est terminée.

33. — Quand un joueur donne **échec au Roi** adverse, il fait bien de l'**annoncer** à voix haute, mais tranquille; son adversaire n'a **pas le droit** de passer outre. Il doit donc, s'il le peut, se garer, de façon ou d'autre, de l'échec annoncé. *Exemples :*

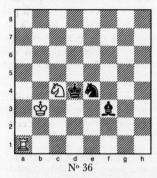

N° 36

Diagramme N° 36. — Cas assez simple qui nous permettra pourtant de bien fortifier nos notions. — Quel est le seul coup dans la position du diagramme par lequel les Blancs (si c'est à eux de jouer) peuvent donner échec? C'est le coup de la Tour blanche, de a1 à d1, annonçant «échec au Roi». Les Noirs devront soustraire immédiatement leur Roi à la menace d'être pris, ce qu'ils pourront réaliser dans le cas présent de trois façons :

soit en **faisant prendre** la pièce adverse menaçante (Tour d1) par une de leurs propres pièces (Fou f3) ;

soit en **interposant** à d2 une de leurs pièces (Cavalier e4) pour «couvrir» l'échec ;

soit en **déplaçant** leur Roi de d4 vers une case non attaquée: c5. Remarquons que la fuite du Roi noir sur les autres cases techniquement possibles est ici inadmissible, car à d3 ou à d5, il resterait sous l'échec de la même Tour blanche d1 ; à e3 ou à e5, il se mettrait sous l'échec du Cavalier blanc c4 ; d'autre part, la case e4 est obstruée par son propre Cavalier e4 ; il ne peut pas non plus prendre le Cavalier adverse c4, gardé par le Roi blanc b3 et enfin, il ne peut aller à c3, toujours à cause du Roi adverse. (A cette occasion, rappelons, une fois de plus, qu'il doit toujours y avoir au moins une case d'intervalle entre les deux Rois.)

Diagramme N° 37. — Attaque plus compliquée que le débutant aura intérêt à examiner. Les Blancs (si c'est à eux de jouer) sont à même de prendre avec leur Fou qui domine les cases sombres, la Dame noire d4 et de donner échec.

Ici, comme dans le diagramme précédent, le Roi noir a à sa disposition les trois moyens techniques de protection. Il peut en effet, à son choix :

1° faire **prendre** la pièce adverse menaçante (Fd4) par son propre pion (Pe5) ;

N° 37

2° **couvrir** l'échec, en interposant à c5 une de ses pièces, à savoir son pion c7 qui profiterait ainsi de l'occasion de bondir de deux pas puisqu'il se trouve encore à sa case initiale (remarquons, d'autre part, que l'interposition à c5 du Fou noir d6 est ici inadmissible, car ce Fou est «cloué» par la Tour adverse h6 qui s'en prendrait au Roi noir au moindre mouvement du Fou des Noirs);

3° **se déplacer** de b6 vers une case non attaquée, a6. (Remarquons que la fuite du Roi noir sur les autres cases techniquement possibles est ici inadmissible. En effet, il ne peut aller ni à a5, ni à c7, puisque ces cases sont occupées par ses propres pièces, Pions a5 et c7. Quant aux autres cases de fuite, il s'y mettrait sous **nouvel** échec soit du Fou d4, soit du Fou e8, soit même du Roi adverse).

N° 38

Diagramme N° 38. — C'est la continuation du drame dépeint par le diagramme précédent, 3ᵉ cas (fuite du Roi). — Les Blancs peuvent maintenant jouer leur Cavalier, de a2 à b4, et menacer ainsi mortellement le Roi ennemi. En effet, le Roi noir ne peut ni **se déplacer** (examinez attentivement toutes les cases de fuite techniquement libres: b5, b6, b7, a7), ni **interposer** une de ses pièces (notez d'ailleurs, qu'on ne peut pas se couvrir contre les échecs donnés par un Cavalier, car cette pièce saute par-dessus les autres!) ni enfin **prendre** ou faire prendre la pièce adverse menaçante par une de ses pièces. (On remarquera que cette prise — techniquement possible! — ne pourra être effectuée dans le cas présent ni par le Fou d6, «cloué» horizontalement par la Tour blanche h6, ni par le Pion a5, «cloué» verticalement par la Tour blanche a1.) C'est donc **Échec et Mat** que le Cavalier blanc donnera en allant à b4.

Diagramme N° 39. — Le lecteur s'apercevra que la lutte est presque identique à celle du diagramme N° 38. La différence consiste dans la position du Roi blanc à b8 (au lieu de a8), cela nous permet de faire la remarque suivante :

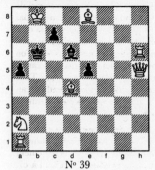

N° 39

Les Blancs viennent de jouer leur FD à d4 donnant échec. Si les Noirs, ayant dans le cas présent à leur disposition les trois moyens de protection (prise, fuite, interposition), choisissent cette dernière et laissent bondir leur PFD (Pion c7) à c5, ils font en même temps, eux-mêmes, un **échec au Roi** adverse par leur Fou d6. Bien que ce Fou soit immobilisé («cloué»), comme nous l'avons déjà expliqué plus haut, par la Tour blanche h6, les Blancs n'ont pas le droit de passer outre et doivent donc, avant de songer à d'autres entreprises, protéger leur propre Roi contre l'échec. **Interposition ?** Ils n'ont, dans le cas présent, aucune pièce qui pourrait se mettre à c7 entre le Fou noir d6 et le Roi blanc b8 pour «couvrir» l'échec. **Fuir ?** Le Roi blanc le peut, car parmi les cinq cases techniquement possibles, deux sont admissibles : à a8 et c8, puisqu'il n'y serait pas exposé pour le moment à un nouvel échec. Enfin, **prise** ? Oui, la Tour blanche h6 peut bien prendre le Fou noir d6, et cela même en faisant à son tour échec au Roi noir. Ne serait-ce qu'un échec ? Un examen de la position par le débutant, un simple coup d'œil d'un joueur plus avancé, montrera que le Roi noir ne peut se garer ici d'aucune manière de l'échec et qu'il est donc **Échec et Mat.**

Diagramme N° 40. — Une fin triste qui se produit assez souvent sur l'échiquier ! — Les Blancs (si le trait est à eux) peuvent avancer leur pion à la huitième rangée, c'est-à-dire à g8, faisant **Dame** et annonçant **Échec.** (Notons que les Blancs auraient tout aussi bien le droit de transformer leur pion en un Fou — même en donnant aussi échec ! —, en une Tour ou en un Cavalier.)

Le Roi noir ne peut évidemment **couvrir** l'échec, ni **prendre** la Dame, gardée par son Roi (Rf7). Parmi les cases de **fuite**, il n'en a qu'une seule, à h6, qu'il peut occuper sans s'exposer pour le moment à un nouvel échec. Le coup des Noirs est donc forcé : Rh7 — h6, mais alors les Blancs peuvent aller avec leur Dame — dont l'origine quoique modeste ne se discute plus ! — de g8 à g6 et annoncer (comme le débutant s'en convaincra facilement) **Échec et Mat.** En effet, le Roi noir ne peut alors de nouveau ni couvrir l'échec, ni prendre la Dame, gardée à g6, comme auparavant à g8, par son Roi f7. N'ayant pas non plus une case de fuite, où il ne serait pas exposé à un nouvel échec, le Roi noir doit se rendre, il est mat, la partie est terminée.

Comme on le voit, les deux derniers coups des Blancs sont si écrasants qu'un joueur avisé préférera abandonner la partie des Noirs dans la position du diagramme, sans attendre le Mat.

N° 40

Remarque. — Au cours de nos démonstrations, le débutant se familiarisera de plus en plus avec les aspects différents de l'**Échec** et du **Mat**. Quelques notions assez curieuses à ce sujet lui seront aussi données dans le « Vocabulaire des mots techniques », lors de l'explication des termes: « Échec à la découverte », « Échec double » et « Mat étouffé ».

34. — Le Pat. — Quand un joueur — dont c'est le tour de jouer et bien que son Roi **ne se trouve pas** en échec — ne peut pourtant pas faire un coup **valable**, on dit alors que le Roi est PAT.

Le pat fait partie **nulle**, la victoire n'y est acquise pour personne, quel que soit l'avantage de pièces ou de position de part et d'autre. *Exemples:*

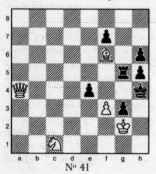

N° 41

Diagramme N° 41. — Aux Noirs de jouer. — Les Noirs, dont le Roi **ne se trouve pas** en échec, n'ont **aucun** coup possible, leur Tour g5 et leur Pion e4 sont «cloués», leurs autres pions (f7, g3, h5, h6) sont «stoppés», et le Roi ne peut se déplacer sans se mettre en échec. Le Roi est **pat**. Partie **nulle** malgré la grande supériorité matérielle des Blancs.

Diagramme N° 42. — Chose qui arrive souvent aux joueurs inexpérimentés qui réussissent à «dépouiller» le Roi adverse de tous ses partisans et à l'acculer à l'angle, mais qui laissent, au dernier instant, s'échapper la victoire! — Les Blancs viennent de jouer. Le trait est aux Noirs, leur Roi, **sans être** en échec, ne peut pourtant pas faire un coup **valable**. Il est donc pat, partie nulle malgré la supériorité matérielle écrasante des Blancs.

Diagramme N° 43. — Un cas semblable qui se produit assez souvent à la fin d'une partie d'Échecs. — Si le trait est aux Noirs, leur Roi, sans pourtant être en échec, ne peut jouer aucun coup, car partout il se mettrait en échec. Il est donc pat, partie nulle, demi-victoire pour chacun des adversaires.

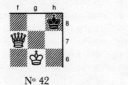
N° 42

N° 43

35. — Parties nulles. — Outre le cas précité du pat, les parties sont **nulles (remises)** dans les cinq cas suivants :

1° Par **convention mutuelle.** L'esprit sportif exige toutefois que cette cessation de la lutte ne se produise que dans une position sensiblement égale et après bien des efforts soutenus de part et d'autre. Dans les luttes sérieuses (tournois, matches, etc.), on évite de déclarer une partie nulle d'un commun accord avant le 30ᵉ coup, joué de part et d'autre.

2° Quand il ne reste ni d'un côté ni de l'autre des pièces **suffisantes** pour donner le mat. Ce cas est surtout évident lorsqu'il ne reste plus que les **2 Rois** sur l'échiquier puisqu'ils ne peuvent s'approcher, ni se prendre, cela ne serait plus une lutte, mais une promenade interminable des deux Rois.

3° Quand les joueurs **répètent** plusieurs fois les mêmes coups. En effet, ils montrent ainsi la tendance de ne pas vouloir (ou pouvoir) rechercher la victoire. Cette tendance est estimée comme démontrée si l'un des deux joueurs est à même de constater que **la même position** s'est reproduite **3 fois de suite**.

4° Par **échec perpétuel**, c'est-à-dire quand un joueur donne une série d'échecs que l'adversaire pare — à dessein ou par nécessité ! — toujours de la **même façon**.

On retombe donc dans le cas précédent puisque la même position se retrouve. On peut même dire que l'échec perpétuel est le cas le plus fréquent de la nullité par retour de position.

N° 44

Exemple. — Dans la position du diagramme N° 44, si le trait est aux Noirs, ceux-ci sont à même d'attaquer le Roi adverse par des échecs continuels donnés par leur Tour soit sur la case g2 (gardée par le Pion noir g3), soit sur la case h2 (gardée par le Pion noir h3). Les Noirs peuvent s'estimer heureux de faire cet **échec perpétuel**, puisque la supériorité de matériel et de position des Blancs serait rapidement écrasante.

5° Quand celui qui a la supériorité ne peut effectuer le mat d'une fin de partie difficile **en 50 coups** en suivant la règle. Cette règle consiste à recommencer le compte des 50 coups chaque fois qu'une pièce, blanche ou noire, est prise et même chaque fois qu'un Pion blanc ou noir est joué, puisque chacun de ces épisodes change de nouveau irrévocablement l'aspect du combat.

D'ordinaire, on réclamera donc le bénéfice des 50 coups non pas au commencement du combat, quand le va-et-vient des événements est encore très intense, mais dans une fin de partie avec des forces très réduites et presque égales, pour éviter de rendre la partie interminable parce qu'on ne peut guère forcer le mat.

36. — Comme on le voit, les cas sont assez nombreux où l'empêchement du mat rend la partie nulle et diminue ainsi l'intérêt sportif, sinon artistique, du combat. L'ancienne coutume de considérer une partie **nulle** comme **remise**, c'est-à-dire devant être rejouée, n'est pas toujours réalisable.

Prenons donc les choses comme elles sont et n'ayons pas (comme c'est le cas chez plusieurs amateurs d'Échecs intrépides) trop d'horreur devant le «fantôme de la nullité». En effet, le résultat nul ne fait après tout que constater la force égale des adversaires.

Chapitre V

Vocabulaire
des mots techniques

ADOUBER. — Toucher une pièce amie ou ennemie, non pas dans l'intention de la jouer ou de la prendre, mais seulement pour la mettre correctement en place. Pour éviter tout malentendu on énonce cette intention en disant **avant** de toucher la pièce : **« j'adoube »** (expression française qui s'est transmise dans toutes les langues et chez tous les peuples).

AILE. — C'est le **côté** — droit ou gauche — de l'échiquier, en observant (dans la notation algébrique) le point de vue des Blancs. On parlera donc de l'aile du Roi ou de celle de la Dame et, s'il s'agit des opérations qui se déroulent sur les lisières verticales de l'échiquier (colonnes a ou h), des ailes extrêmes.

ATTAQUER UNE PIÈCE. — Menacer de prendre une pièce adverse au coup suivant (cf. § 31). L'attaque contre le Roi adverse doit être annoncée par les mots : « Échec au Roi » ou « Échec ! » tout court. L'adversaire est tenu de **protéger** immédiatement d'une façon ou d'une autre (prise, fuite, interposition) son Roi menacé. S'il ne le peut, il doit se rendre, son Roi est « Mat », la partie est terminée.

ATTAQUE. — Se dit en général des opérations échiquéennes, en tant qu'elles marquent un esprit d'initiative. L'adversaire aura recours à une **défense** plus ou moins passive, sinon à une **contre-attaque**.

AVANTAGE. — Supériorité qu'on acquiert sur l'adversaire. Elle peut être matérielle ou due à la position. Si l'un des deux adversaires **rend** une pièce au soi-disant plus faible avant le commencement d'une partie, on parle des **parties à avantage**, par opposition aux **parties à but**.

BLITZ. — Voir : ÉCLAIR.

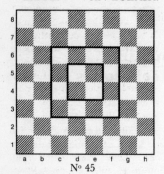

N° 45

CASE. — Chacune des **64** cases de l'échiquier a dans la notation algébrique une dénomination particulière (voir diagr. N° 6). — On nomme « cases centrales » les cases e4, d4, e5, d5 et « cases angulaires » les cases a1, h1, a8, h8. — Notons encore que le bicolorisme de l'échiquier, c'est-à-dire sa répartition en cases blanches et noires (claires et sombres), n'a pas d'influence sur le déroulement des événements ; elle n'est faite que pour mieux aider les yeux à distinguer les cases l'une de l'autre.

CASES CONJUGUÉES OU CORRESPONDANTES. — Terme qui a son rôle dans les finales **Rois et Pions**. Ce sont les cases que les Rois devront scrupuleusement rechercher pour ne pas perdre le terrain d'une façon décisive. Selon la formule « Duchamp-Halberstadt », la correspondance, dans certaines positions bien définies, obéit rigoureusement à une loi de symétrie.

CASES EFFICACES. — Terme qui joue un grand rôle dans les finales **Roi et Pion contre Roi**. Selon la règle de l'abbé Durand, énoncée en 1860, ce sont les cases d'où le Roi est à même de soutenir victorieusement son Pion passé.

CENTRE. — L'ensemble des cases situées au milieu de l'échiquier. Cette notion est surtout importante au point de vue de la portée des pièces qui exercent, sans obstacles, une influence plus grande au centre que sur les bandes de l'échiquier.

Outre le **centre** proprement dit, formé par les quatre cases e4, d4, e5, d5, on peut aussi parler d'un **centre élargi**, formé outre ces quatre cases, par les douze cases environnantes (diagr. N° 45).

46

LES NOIRS

LES BLANCS

N° 46

CLOUER UNE PIÈCE. — Paralyser une pièce, qui en se déplaçant mettrait le Roi en échec (clouage proprement dit; voir les diagrammes Nos 37 à 39) ou permettrait la prise d'une pièce d'une valeur supérieure à celle clouante. Un exemple de ce **clouage virtuel** est donné par le diagramme N° 46. Dans cette position qui se produit assez fréquemment au commencement de la partie, les Blancs éviteront de jouer leur Cavalier Roi (Cf3), car son déplacement permettrait à la pièce clouante de l'adversaire (Fou g4) de prendre la Dame blanche (Dd1). Or, la valeur d'une Dame est incontestablement de beaucoup supérieure à celle d'un Fou; on dira donc que le Cavalier f3 est «cloué».

COLONNE. — L'ensemble des huit cases formant une ligne **verticale** sur l'échiquier. On parle d'une **colonne ouverte** (très importante pour l'action intensifiée des Tours), s'il ne se trouve plus aucun pion sur cette ligne.

COUP. — Mouvement d'une pièce, soit qu'elle **marche** d'une case à l'autre, soit qu'elle **prenne** sur cette case d'arrivée une pièce ennemie. La partie d'Échecs consiste dans la série de coups joués successivement et **à tour de rôle** par chacun des deux adversaires («Blancs» et «Noirs») sur l'échiquier. Le coup **initial** est aux Blancs. Un coup **double**, c'est-à-dire effectué par deux pièces à la fois, se présente aux Échecs, à titre d'exception, dans le Roque. — Les coups **irréguliers** (par exemple, en mettant le Roi en échec) sont à rectifier selon la règle et, si l'on s'en aperçoit trop tard ou si l'on ne réussit pas à reconstituer les coups, toute la partie est à recommencer.

COUVRIR. — Parer un échec en **interposant** une pièce qui interrompra l'action de la pièce menaçante (cf. § 32). — On remarquera qu'on ne peut pas couvrir les échecs donnés par

47

un Cavalier, car cette pièce saute **par-dessus** les autres.

DAMER. — Mener un pion à la huitième case d'une colonne, où il devra se transformer immédiatement en une figure de sa couleur. Cette nouvelle figure ne doit pas être forcément une Dame, mais sa transformation en un nouveau Roi est impossible d'après le principe sur lequel se base le jeu des Échecs. — Notons qu'on dira d'un pion qu'il « va à dame » quand il atteint la huitième rangée, tandis qu'on dira plutôt qu'il « court à dame » d'un pion encore éloigné du but final, mais dont le chemin est devenu libre de tout obstacle.

DÉVELOPPEMENT. — Mobilisation des pièces allant occuper les postes les plus propices, tout en conservant une bonne liaison entre elles. — « Sortez vos pièces ! » disait le grand La Bourdonnais. « Sortez-les bien ! » pourrait-on ajouter à cette devise.

DIAGONALE. — Ligne oblique qui réunit les cases d'une même couleur (cf. diagr. N° 11). Les grands matadores de la diagonale, ce sont les Fous, et les champs d'action les plus vastes des Fous, ce sont les **grandes diagonales**, qui vont d'un angle à l'autre de l'échiquier.

ÉCHANGE. — Voir : QUALITÉ.

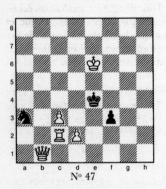
N° 47

ÉCHANGER. — Se dit quand les pièces réciproques qui disparaissent de l'échiquier, représentent une valeur **égale**, de telle sorte qu'au point de vue purement arithmétique, aucun des deux adversaires n'a rien **gagné** ou **perdu**.

ÉCHEC. — Coup qui menace le Roi adverse (cf. § 32). On l'**annonce** (cf. § 33). Remarquons toutefois que le fait d'annoncer par erreur l'échec, ou même l'échec et mat, **sans le donner**, est sans conséquence : les coups parlent.

ÉCHEC A LA DÉCOUVERTE. — Se dit quand une pièce jouée démasque un échec par une autre pièce. — Ainsi dans la position du diagramme N° 47, la Tour blanche c2, en allant par exemple à b2, va démasquer l'action diagonale de la Dame blanche b1 qui va donc donner un « échec à la découverte » au Roi adverse e4. Celui-ci pourra se garer dans le cas présent soit en faisant prendre la pièce menaçante (Db1) par son Cavalier a3, soit en interposant ce Cavalier à c2, soit enfin en s'enfuyant de e4 à une case non attaquée : f4.

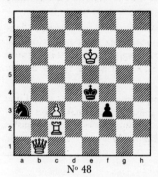

N° 48

ÉCHEC DOUBLE. — Se dit quand deux pièces à la fois donnent échec au Roi adverse. Cette éventualité ne peut se produire que comme un cas spécial d'un échec à la découverte. — Ainsi dans la position du diagramme N° 48 (qui ne se distingue du précédent que par l'absence du pion blanc d2), chaque coup de la Tour blanche réalise un échec à la découverte, mais tout spécialement le déplacement de cette Tour de c2 à e2 produit un échec double, car il est donné par deux pièces blanches (Dame et Tour) à la fois. On remarquera que bien que chacune de ces deux pièces blanches se trouve dans le cas présent elle-même « en prise », on ne peut pas simultanément éliminer les deux pièces.

De même, une interposition double n'étant pas possible, on ne peut se garer d'un double échec **que par la fuite**. Cette constatation nous laisse déjà entrevoir la vigueur qui peut résulter de ces sortes d'échecs impromptus.

ÉCHEC CROISÉ. — On couvre l'échec tout en menaçant, par la pièce interposée, le Roi adverse.

ÉCHEC PERPÉTUEL. — Un des cas (et des plus fréquents) de la nullité par retour de la position (cf. diagr. N° 44).

ÉCHEC ET MAT. — « Le Roi est pris », la partie est

terminée. — Le débutant croit parfois, mais à tort, que par une association d'idées excusable, chaque **échec** est un pas utile vers l'avantage, donc vers le but suprême : le **mat**.

« Mazette voit échec, donne échec », disait d'une façon assez expressive, sinon correcte, le bon maître franco-polonais Taubenhaus. Remarquons que bien des échecs inutiles et même nuisibles se retrouvent aussi dans les parties des plus grands maîtres. *Errare humanum est.*

ÉCHÉPHILE : joueur d'Échecs. — Ce mot créé par M. Jules Lazard dérive de l'ancien pluriel : « les Échets » et a été approuvé (juin 1933) par l'Université.

A cette occasion, citons un autre mot, dû à M. Jules Lazard : ÉCHÉMANE, celui qui joue inconsidérément.

ÉCLAIR. — Se dit d'une partie dont l'intervalle de durée entre chaque coup réciproque est, par convention, très court.

LE BLITZ OU JEU-ÉCLAIR

> Tic ! Voici le signal donné par la pendule.
> Tac ! Et le balancier force à pousser du bois.
> Tic ! Que la pièce adverse, à son tour déambule !
> Tac ! Le jeu se poursuit de même chaque fois.

Jules LAZARD, Quatrains échiquéens.

EN PRISE. — Se dit d'une pièce qui peut être prise. Encore une expression française, adoptée dans toutes les langues.

FIGURE. — Se dit des pièces qui ne sont pas les pions. — Terme employé dans le règlement international (art. 16).

N° 49

FOURCHETTE. — Un pion attaque à la fois **deux** figures. Exemple, voir diagramme N° 49 : Le pion blanc menace simultanément T et C adverses. Si le pion attaquant ne peut pas être pris et que l'une des deux figures tombe, les Noirs auront donc « perdu » une figure pour un simple pion.

GAMBIT. — Sacrifice **volontaire** d'un pion ou même d'une figure, offert **au début** de la partie, en vue de retirer de ce sacrifice matériel un avantage **d'attaque** ou quelque autre supériorité de position. — Il va sans dire que tout gambit peut être **accepté** ou **refusé** par l'adversaire.

LIGNE. — Bien qu'on emploie souvent ce terme comme synonyme de «colonne» (surtout, quand on dit : « ligne ouverte »), la notion d'une ligne droite contient tout aussi bien les colonnes que les rangées.

N° 50

MAT ÉTOUFFÉ. — Se dit quand le Roi en échec est **bloqué** sans pouvoir se mouvoir et que toute autre protection lui est impossible. — Exemple, voir diagramme N° 50 : Le Cavalier blanc donne un mat étouffé. (On remarquera, du reste, que seuls les Cavaliers, qui sautent par-dessus les autres pièces, peuvent accomplir une telle prouesse. Comme l'interposition ainsi que la fuite du Roi, immobilisé par ses propres pièces, s'excluent d'elles-mêmes, il s'agira de savoir si l'on peut parer l'échec par la prise du Cavalier dangereux.)

MATCH. — Une série de parties, en nombre fixé d'avance, entre deux **mêmes** adversaires. Voir aussi : TOURNOI.

MILIEU. — « Milieu de l'échiquier ». Cette expression concerne les événements qui se déroulent sur les colonnes du Roi (e) et de la Dame (d). — « Milieu d'une partie d'Échecs », phase où, grâce à la mobilisation plus ou moins complète des pièces, le combat bat son plein.

NOTATION. — Outre la dénomination — soit algébrique, soit descriptive — des cases (voir § 9), il faut pour pouvoir reproduire une partie d'Échecs se servir des **abréviations** (voir § 5) et des **signes conventionnels** dont voici les principaux :

0 — 0   Roque (abrégé : Roq.) avec la Tour du Roi (ou petit roque).

0 — 0 — 0   Roque avec la Tour de la Dame (ou grand roque).

— va à (p. ex. De2 — e4 ou, si c'est un Pion qui marche : e2 — e4).

: ou × prend (abrégé : pr.).

51

+ échec (abrégé : éch.).

+ déc. échec à la découverte.

++ échec double.

× échec et mat.

e. p. prise « en passant ».

Ab. Abandonnent.

éch. perp. Partie nulle par échec perpétuel.

Voici, en outre, quelques signes d'appréciation :

! bien joué.

? coup faible.

± supériorité des Blancs.

∓ supériorité des Noirs.

= équilibre.

∽ combat aux chances indécises.

Le côté gauche d'un formulaire est réservé aux coups des Blancs (B), le côté droit aux coups des Noirs (N). Le chiffre, placé tout à gauche de chaque ligne, indique l'ordre des coups. Exemples :

4. Fb5 × c6 +. Au quatrième coup d'une partie (ou d'une position donnée), le Fou, placé à b5, prend une pièce adverse à c6 et donne échec.

32. ..., f2 — f1, C ×. Au 32e coup, le pion noir, placé à f2, va à f1 (« va à Dame »), fait Cavalier et annonce échec et mat.

OPPOSITION. — Lorsque les deux Rois se trouvant sur la même ligne directe (c'est-à-dire dans la même colonne, la même rangée ou sur la même diagonale), sont séparés entre eux par un nombre IMPAIR de cases, on dit qu'ils sont **en opposition**.

Au minimum de distance, c'est-à-dire à une seule case de distance, il s'agit de l'opposition **immédiate** (ou « opposition » tout court, voir diagr. N° 51, A) ; autrement, comme c'est le cas du diagramme N° 51, B, c'est l'opposition **éloignée**.

Dans les deux cas, celui qui doit jouer, **perd** l'opposition. Constatation curieuse : le fait d'avoir le trait ne représente pas toujours aux Échecs un avantage, puisque (comme le débutant le découvrira dans la pratique du jeu) celui qui **prend** l'opposition, gagne quelquefois du terrain.

N° 51

PARTIE A AVANTAGE. — Voir: AVANTAGE.

PARTIE A LA PENDULE. — Voir: PENDULE.

PARTIE REMISE. — Expression surannée pour dire: PARTIE NULLE (cf. § 36).

PENDULE. — Pour ne pas laisser s'éterniser les parties, tout en octroyant aux adversaires **un temps** suffisant et égal **de réflexion**, il est d'usage, dans les parties sérieuses (matches, tournois, etc.), d'utiliser une pendule spéciale qui contrôle le temps de réflexion de **chacun** des joueurs.

La limite du temps qu'on choisit le plus fréquemment dans les parties sérieuses est de 15 coups à l'heure. Cette cadence donne à chaque joueur une moyenne de quatre minutes de réflexion pour chaque coup, mais le contrôle ne s'effectuant, d'après la convention citée, que tous les quinze coups, on peut réfléchir sur un coup plus longtemps aux dépens d'un autre.

Par contre, tout **dépassement de temps** au moment du contrôle équivaut à la perte de la partie par le joueur fautif, même si sa position accusait un avantage écrasant. Mesure draconienne, mais nécessaire !

PIÈCE. — Se dit de chacun des 32 représentants de la force vive sur l'échiquier ou parfois, d'une façon plus exclusive, des **figures** seules. Tout spécialement on appelle **pièce mineure**: un Fou ou un Cavalier (par opposition à la Dame et à la Tour qui sont des «pièces majeures»). — «Pièces à longue portée»: D, T, F.

PIÈCE TOUCHÉE, PIÈCE JOUÉE. — Quand un joueur **touche** une de ses pièces (si c'est à lui de jouer), sans prévenir d'avance qu'il adoube, il **doit** jouer la pièce touchée. Quand on a joué une pièce et qu'on l'a **quittée**, le coup est définitif. (Plus complète, notre règle s'énonce donc comme suit : « Pièce touchée, pièce à jouer ; pièce lâchée, pièce jouée. ») De même, si c'est une pièce de son adversaire qu'un joueur touche, il **doit** la prendre, à moins qu'il n'ait dit auparavant à son adversaire : « j'adoube », qui veut dire j'arrange.

La règle de la « pièce touchée » (encore une expression reconnue dans le monde entier) est très importante, car sans elle non seulement tout progrès sérieux, mais aussi une lutte vraiment chevaleresque deviendraient impossibles. Qu'on ne se précipite donc pas trop dans le choix du coup à jouer, mais qu'on l'exécute d'une façon franche et définitive. La tendance bénévole de **rendre** les coups faibles de l'adversaire ou surtout de **reprendre** ses propres coups est nuisible, puisqu'elle empêche le débutant de s'habituer au jeu réfléchi et ferme.

PIÈCE TOUCHÉE

> *Dans la jungle*, dit Kipling,
> *toute faute se paie.*

Loi venant de la jungle, admise à l'échiquier :
« Pécheur, l'objet touché, tu devras le jouer. »
Ainsi, que d'imprudents ont perdu la partie,
Indécis ou distraits ! Mais la règle les lie !
Jules LAZARD, Quatrains échiquéens.

PION DOUBLÉ (TRIPLÉ). — On dit qu'un Pion est doublé (triplé) quand deux (trois) Pions de même couleur se trouvent sur la même colonne (diagr. N° 52).

Le débutant découvrira dans la pratique du jeu que les « Pions liés », c'est-à-dire se trouvant sur les colonnes voisines — et surtout s'ils forment à travers trois ou quatre colonnes avoisinantes une « chaîne de Pions » bien rangés ! — déploient une vitalité bien plus grande que s'ils sont accumulés sur une même colonne.

Il cherchera donc, en général, à éviter de « doubler » ses Pions ou cherchera à les « dédoubler », sinon à les échanger.

PION ISOLÉ. — Se dit d'un Pion tant qu'il n'a pour le soutenir **aucun Pion** de même couleur sur une colonne contiguë à la sienne.

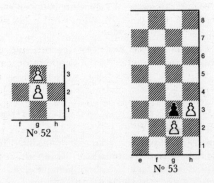

N° 52

N° 53

Tel est (diagr. N° 53) le Pion noir g3, puisque les deux colonnes contiguës à la sienne sont dépourvues d'un Pion ami. — Comme dans le cas du Pion doublé, c'est une «faiblesse» dans la structure des Pions, puisque la protection éventuelle d'un Pion isolé ne pourra se faire que par quelque figure mobile, c'est-à-dire par une pièce de valeur plus grande que ce Pion.

PION PASSÉ. — Se dit d'un Pion dont la course « à Dame » ne pourrait plus être arrêtée par des Pions adverses.

Tel est dans la position du diagramme N° 53, le Pion blanc h3. Ayant le chemin **libre** (c'est-à-dire dépourvu de Pions) devant lui, un Pion passé représente assurément un danger pour l'adversaire qui est souvent obligé de faire un sacrifice important pour l'éliminer avant qu'il réussisse à damer.

Le danger augmente, s'il s'agit de deux Pions passés, liés et avancés. Leur action est presque toujours victorieuse.

Le **mécanisme du jeu des Pions** présente, comme nous le voyons, une grande importance dans le déroulement du combat. Complétons nos notions à ce sujet en mentionnant que le Pion blanc g2 du diagramme N° 53 offre l'exemple d'un Pion «arriéré».

Le Pion noir g3 du même diagramme est «avancé», mais aussi «exposé», puisque nous avons déjà constaté plus haut son isolement. Loin d'être passé, il est même «stoppé».

PION COIFFÉ. — Les parties à avantage peuvent consister non seulement dans un handicap matériel, mais aussi, par exemple, dans l'obligation de n'effectuer le mat qu'avec un Pion, désigné d'avance.

PRISE «EN PASSANT». — Elle est facultative. Pour plus de détails, consulter § 25.

PROBLÈME D'ÉCHECS. — Une position **artificielle**, où l'auteur propose au solutionniste de réaliser le mat dans un nombre de coups (2, 3, 4 ou plus) annoncés à **l'avance**.

QUALITÉ. — Supériorité d'une Tour sur une «pièce mineure» qu'est le Fou ou le Cavalier. Bien que cette supériorité ne soit pas très grande, le joueur qui prend une Tour avec une «pièce mineure» est censé **gagner la qualité**, tandis que son adversaire **perd la qualité**.

RANGÉE. — L'ensemble des huit cases formant une ligne **horizontale** sur l'échiquier. — Quelques auteurs l'appellent aussi, d'une façon plus recherchée : TRAVERSE. — Rappelons que la première rangée de chaque côté est la position initiale des figures, tandis que la seconde rangée de chaque côté est celle des Pions. La quatrième rangée de chaque côté peut être considérée comme la zone de démarcation du combat.

«ROI DÉPOUILLÉ». — Un Roi qui est resté seul sur le champ de bataille, tous ses fidèles ayant été déjà éliminés au cours du combat.

SACRIFICE. — Quand on rompt à son détriment, mais bien volontairement, le *statu quo* matériel, en vue d'obtenir dans la suite des compensations suffisantes, on ne parle pas d'une **perte**, ni d'une **faute**, mais d'un **sacrifice**.

Les compensations consistent le plus souvent dans le fait d'obtenir une **attaque** victorieuse, mais il y a aussi bien d'autres avantages de **position** ou tout simplement la possibilité de

regagner avantageusement son matériel, qui peuvent motiver un sacrifice.

Notons que la rupture de l'équilibre matériel se produit non seulement par la perte d'une pièce, mais aussi par son échange contre une pièce adverse de valeur inférieure.

Sacrifice de position. — Si les compensations ne se manifestent que lentement, par une pression croissante, au lieu d'une action rapide et directe, on parle d'un sacrifice de **position**.

Correct est un sacrifice, si les compensations espérées se réalisent au point d'obtenir la victoire ou, du moins, le rétablissement de l'équilibre. Autrement, on parlera d'un sacrifice **incorrect**.

Notons, en tout cas, que l'idée du sacrifice qui ne permet pas de traiter une partie d'Échecs comme un simple calcul d'arithmétique, constitue la beauté principale de notre art.

SIGNES CONVENTIONNELS. — Voir : NOTATION.

TOURNOI. — Compétition de plusieurs joueurs. — Voir aussi : MATCH.

TRAIT. — Le droit (mais aussi l'obligation) de faire le coup. — Au début, ce sont selon l'usage les **Blancs** qui « ont le trait ». Cette prérogative comporte généralement sinon un avantage de position, au moins l'**initiative** dans la toute première phase du combat.

TRAVERSE. — Voir : RANGÉE.

VARIANTE. — Le choix entre plusieurs coups plus ou moins admissibles. C'est lors d'une méditation ou d'une analyse ou enfin d'une solution d'un problème d'Échecs, que la question des variantes devient surtout importante.

Quant au thème général des combinaisons possibles aux Échecs, notons qu'au début de la partie, le premier joueur a le choix de 20 coups, le second en a autant pour sa réponse.

Le nombre augmente à pas de géant avec chaque coup suivant, de telle sorte que le chiffre approximatif pour le total des combinaisons possibles dans les 4 premiers coups est, selon l'auteur anglais James Mason:

$$318.979.584.000$$

et pour les dix premiers coups:

$$169.518.829.100.544.000.000.000.000.000$$

Mais ne nous en effrayons pas! Grâce au vade-mecum choisi, nous saurons faire ressortir «le coup juste».

Chapitre VI

Conseils et observations
La règle du jeu

37. — *Pour progresser*, prêtez l'oreille aux conseils suivants :

Jouez avec des adversaires d'une **force voisine**. («On doit, pour progresser, jouer avec plus fort que soi», prétendent même quelques pédagogues. On perdra, on fera des fautes, mais c'est précisément par les fautes — si on les voit bien exploitées ! — qu'on apprend le mieux.)

En jouant contre un maître, acceptez, sans hésiter, **un avantage équitable**. Tâchez pourtant de vous montrer bientôt digne d'un handicap amoindri. (L'avenir travaille pour vous. Le grand maître américain Pillsbury qui recevait de Steinitz l'avantage d'un Cavalier, gagna, une année après, le premier prix dans le Grand Tournoi International de Hastings 1895, devant tous les champions de son temps : Steinitz, Lasker, Tchigorine, Tarrasch, etc.)

Ne reprenez jamais vos coups. La règle de la «pièce touchée» n'est pas créée **contre** vous, mais **pour** vous. La reprise de coups — si invoquée par les débutants ! — entrave la fermeté de vos décisions et **fausse** le résultat de la partie. («Mieux vaut, du reste, donner que prendre» : Consentez, si bon vous semble, à remettre à votre antagoniste un coup qu'il regrette, mais n'acceptez jamais la réciprocité.)

N'intéressez la partie que par de modestes enjeux qui suffiront pour obliger moralement les adversaires à s'en tenir à la règle : ne pas se faire de concessions.

INUTILES ENJEUX

Pour la gloire seule, on combat
Comme la France !
Quand se termine le débat,
On recommence...

Jules LAZARD, *Quatrains échiquéens.*

Habituez-vous à jouer avec les **Noirs** comme avec les **Blancs**. Préférez l'**initiative**, mais sachez aussi manier les moyens de **défense**. (C'est surtout contre les adversaires de force supérieure qu'il faudra, la plupart du temps, se borner au jeu solide et tenace. Croyez fermement à « l'équilibre de la position » et ne vous laissez donc pas impressionner par quelque attaque précoce.)

Acceptez tous les **débuts**, car les leçons pratiques sont les meilleures. Tâchez toutefois (surtout si vous jouez en seconde main) de vous **spécialiser** dans un début que vous connaissez, sur une ligne de jeu favorite.

Ne surchargez pas votre mémoire d'un grand nombre de variantes, mais cherchez plutôt à bien **comprendre** la stratégie, c'est-à-dire l'idée motrice qui anime les différents débuts.

Faites un **effort sérieux** pour vous perfectionner dans cet art captivant et sage qu'est le jeu des Échecs. (« Il y a des gens qui jouent **aux** Échecs et d'autres qui jouent **avec** des Échecs », disait le grand maître franco-polonais Janowski.) Évitez — surtout si vous êtes jeunes ! — de gaspiller votre temps et votre énergie au jeu, auriez-vous même l'espoir d'atteindre les sommités échiquéennes.

Ne jouez donc aux Échecs que pour vous **distraire** ; c'est le plus beau des jeux, mais c'est un jeu. Ses lauriers sont trompeurs, son ambition est maladive.

Quel que soit votre **tempérament** — vif, léger, timoré, ingénieux, positif ou intuitif — sachez vous **dominer**. Ainsi, vous pourrez mieux faire valoir vos qualités et l'adversaire pourra moins facilement exploiter vos défauts.

Ne considérez jamais votre cause comme perdue d'avance (c'est du «défaitisme»!), mais **ne sous-estimez pas** non plus la force de votre adversaire. Sachez qu'il y a deux degrés de force, celui que l'on s'imagine posséder et celui que l'on possède ; trop souvent ce dernier se trouve au-dessous de l'autre !

L'ILLUSION

De ce nombre « grand V », la valeur qu'il se donne,
Soustrayons « petit v », ce qu'il vaut pour de bon.
Il en résultera, ce que l'algèbre ordonne :
« Grand V » moins « petit v » — égale Illusion.

Jules LAZARD, Quatrains échiquéens.

38. — Pour être un adversaire *correct et agréable*, tenez compte des considérations suivantes :

Ne montrez pas, par un excès d'amour-propre, des airs hautains ; annoncez vos échecs, sans crier, et vos mats, sans railler ; remuez **tranquillement** vos pièces. Les coups fortement frappés sont, du reste, loin d'être les plus forts.

Ne troublez pas le recueillement de votre adversaire, surtout quand c'est à lui de jouer : ne **parlez pas**, et ne critiquez pas son jeu. Ne l'influencez pas, non plus, en faisant des mines : tristes, joyeuses, maussades, etc.

Ne vous laissez pas dominer par l'excitation du jeu. Ne mettez pas les doigts sur l'échiquier ; **n'agitez**, pendant la partie, ni les mains ni les jambes.

N'incommodez donc pas votre adversaire ; ne le pressez pas à jouer plus vite ; ne conversez pas avec vos voisins ; ne **lisez pas** des lettres ou des journaux pendant la partie.

BIENSÉANCE

Le règlement proscrit tous abus de paroles,
De rires, de tabac, de tous gestes frivoles,
Bâillement, toux, lecture ou bruit de pièce en main,
Ni surtout, gentleman ! la nargue dans le gain.

Jules LAZARD, Quatrains échiquéens.

Au surplus, si une **galerie** trop loquace (et combien incompétente !) vous entoure, signifiez-lui, à l'occasion, en toute politesse, que **ses conseils** sont superflus, qu'ils troublent votre réflexion et faussent le résultat de la partie. (D'autre part, si vous êtes vous-même spectateur, restez calme et silencieux.)

LES VOYELLES

Interjection-intervention

Ah ! Ah ! c'est la surprise ; Ha ! Ha ! L'étonnement ;
Eh ! Eh ! C'est le regret ; Hé ! Hé ! La méfiance ;
Oh ! Oh ! C'est le reproche ; O ! O ! Le compliment ;
Hi ! Hi ! Ricanement ; Hue ! Excite une chance.

Jules LAZARD, *Quatrains échiquéens.*

Habituez-vous à jouer avec un peu de vivacité, ce qui n'implique pas la précipitation. Évitez un excès de **lenteur** qui modifie le caractère de la partie et impatiente l'adversaire. Une partie amicale, en dehors des tournois et des matches, devrait durer au plus une heure : soit une demi-heure de réflexion pour chaque joueur, et en moyenne une minute par coup.

Dans toute votre attitude, **restez sportif**.

Sachez gagner avec grâce, sans répliquer aux remarques plus ou moins aigres de l'adversaire qui vient d'essuyer une défaite. Or, ce qui est encore plus important : **sachez perdre** avec bonne humeur ; ne cherchez pas, vous-mêmes, des **excuses**. On en trouve, il est vrai, toujours, mais elles sont toutes mauvaises.

Les « victoires morales » ne comptent pas. Vous venez de perdre une partie ; tâchez d'en tirer quelque enseignement : c'est déjà le premier pas vers la revanche.

COMMANDEMENTS

Correctement, tu placeras,
Sans réfléchir trop longuement,
Jouant ce que tu toucheras,
Gagne ou perds ! Mais éléganiment.

Jules LAZARD, *Quatrains échiquéens.*

39. — Pour *bien mener* une partie d'Échecs, retenez les préceptes suivants :

Ne répondez **jamais immédiatement** à un coup. Jouez avec réflexion. **Examinez** toujours l'échiquier avant de jouer. Il y a peut-être un **piège** dans le coup que vient de jouer votre adversaire.

Ne fondez pas, vous-même, votre jeu sur les pièges. L'**optimisme** qui porte à croire que l'adversaire « ne verra pas », est trop susceptible de **désillusions**. Il est bien plus sage de supposer que l'adversaire — soit par calcul, soit par intuition — fera le coup juste. La correction de votre jeu ne fera que gagner à cette conception, et vos **plans** remplaceront avantageusement les **pièges**.

L'OPTIMISTE

Il avance, il échange, il recule, il menace,
Il tombe dans un piège en s'écriant : « Vivat ! »
Il sent la galerie admirer son audace,
Prêt à crier : « Victoire ! », il périt sous le mat.

Jules LAZARD, Quatrains échiquéens.

Persévérez dans vos plans ; soyez pourtant prompt à reconnaître les défectuosités qui peuvent **compromettre** votre partie : il est presque toujours temps de réparer sa **faute**. Jugez objectivement chaque position.

Suivez dans vos opérations la ligne directe ; **ne vous attardez** surtout pas à butiner des pions.

Soyez **prudent**, sans être méticuleux. Le mystère du **coup juste** — qui échappe quelquefois aux plus grands maîtres — ne réside pas toujours, il est vrai, dans le coup le plus **solide**, mais jamais dans le coup le plus **hasardeux**.

Ne vous laissez pas impressionner par les réponses **imprévues** de l'adversaire ; reprenez, avec ténacité, le fil de vos pensées.

Ne cherchez pas des coups **trop compliqués**. « Le mieux est souvent l'ennemi du bien. »

Les **pièces** vous servent avec dévouement ; servez-vous-en avec habileté : sachez les **concentrer**, mais aussi, au besoin, en **sacrifier** pour gagner du temps ou de l'espace. Aux Échecs, bien souvent, l'idée triomphe de la matière.

Ne simplifiez pas trop le jeu par des échanges ; n'hésitez pourtant pas à échanger si **quelque avantage** en résulte, même si le seul bénéfice est de conserver l'initiative, c'est-à-dire la direction du jeu.

Les 64 **cases** de l'échiquier sont égales en superficie, mais très inégales en importance stratégique. Les cases du milieu étant, sauf obstacles, les plus efficaces, tâchez — comme premier but stratégique de la partie — de vous rendre maître du centre.

Occupez, attaquez ou observez le **centre** et en tout cas songez-y. Les coins sont amorphes ; le centre est rayonnant.

Tâchez de procurer à vos pièces la **liberté** des mouvements ; conservez — surtout en défense — la **liaison** entre elles.

En préparant une **attaque**, ne négligez pas votre **défense** ; dans la tâche, souvent pénible, de la défense, songez toujours à une **contre-attaque**.

Un élément essentiel du succès, aux Échecs, réside dans le **temps gagné**. Le développement **rapide** des pièces est le premier pas vers la victoire. « Aidez vos pièces pour qu'elles vous aident », telle était la devise du génie d'Échecs Paul Morphy.

Évitez, d'autre part, des coups **inutiles** qui perdent du temps précieux et donnent de l'avance à l'adversaire.

N'utilisez pas — surtout au début d'une partie — **une seule** pièce isolée, mais songez au déploiement concentrique de toutes vos forces. « Sortez vos pièces », ne cessait de dire le grand La Bourdonnais.

Ne donnez pas des **échecs superflus** qui peuvent seulement améliorer la position du Roi adverse ; examinez de plus en plus fréquemment la force latente des « coups tranquilles ». Songez que très souvent **la menace est plus forte que l'exécution**.

Tâchez donc — surtout au début — de doter vos coups de

menaces. Une menace simple préoccupe l'adversaire. Une menace double préoccupe même ses pièces.

Méfiez-vous du **brillant**, aimez la **simplicité**, elle existe aux sommets de l'art, elle a donc aussi sa raison d'être aux Échecs.

Méfiez-vous aussi des coups **plausibles**. Ils ne répondent pas toujours aux besoins de la réalité. Chaque position, si simple qu'elle puisse paraître, exige d'être **approfondie**.

Formez, au plus tôt, un **plan** du combat : mieux vaut un plan douteux que pas de plan du tout.

Considérez comme le plus simple (tant que le désir du nouveau ne vous entraînera pas vers quelque but plus savant et plus compliqué) : au point de vue offensif, l'occupation du centre ; au point de vue défensif, le Roque.

Joueur d'attaque, vous vous en prendrez surtout au Roi adverse (attaques directes) ; ne négligez pourtant pas d'attaquer les **points faibles** dans la position de votre adversaire. Ces « points faibles » sont surtout causés par quelque défectuosité dans la formation des pions (isolement, doublement, etc.).

Joueur de défense, évitez des positions embouteillées et encombrées ; ne vous contentez pas d'une défense **trop passive**. Sachez que le point le plus faible dans la position initiale, jusqu'au Roque, est **le Pion f7** (resp. f2), gardé par le Roi seul ; après le petit Roque, le Pion h7 (resp. h2). Toutefois, après le petit Roque, ne diminuez pas la surveillance du Pion f7 et n'affaiblissez pas le rempart du Roi par quelque pas inutile des trois pions qui l'entourent.

Sachez reconnaître les défauts de votre **tempérament**. Modérez-les : une stratégie brusque est presque toujours malhabile ; une stratégie morne est pire. Appréciez le don d'**analyse**, la joie de **combiner**, les résultats frappants de la **logique**, mais aussi les splendeurs de l'**imagination** que vous offre une partie d'Échecs.

Un dernier précepte, et des plus importants : Ne désespérez pas trop vite. Il existe aux Échecs, bien souvent, des sauvetages cachés. Les cas **d'abandon prématuré** dans une position qu'on peut redresser et qui peut même devenir gagnante, sont connus. N'en augmentez pas le nombre.

40. — RÈGLE DU JEU

LOIS, PRÉCEPTES, CONSEILS...

Voici quelques paragraphes extraits de la *Règle du jeu des Échecs*, de la Fédération Internationale des Échecs («F.I.D.E.»).

Cette institution, fondée à Paris en 1924, grâce à l'initiative du dirigeant français, M. Pierre Vincent, est la suprême juridiction dans le monde des Échecs. Son siège social est à La Haye. Les règles, élaborées par elle, sont toutes imprégnées d'un haut esprit **sportif** et **équitable**. Elles furent traduites et adoptées par presque toutes les Fédérations d'Échecs nationales. Le texte français reste toutefois seul **officiel**.

ART. 1. — *Définition et but.*

1. Le jeu d'échecs est un jeu sans hasard qui se joue sur un carré de 64 cases, alternativement claires et foncées, nommé «échiquier», entre deux joueurs disposant chacun de 16 pièces, qui sont blanches pour l'un et noires pour l'autre.

2. Le but du jeu est de faire mat le Roi du camp opposé.

Le joueur qui fait mat gagne de ce fait la partie.

ART. 9. — *De l'Échec.*

1. Le Roi est en échec lorsque sa case est battue par une pièce de l'adversaire, même si cette pièce est clouée.

2. Il est d'usage d'annoncer l'attaque contre le Roi ennemi en prononçant le mot «échec».

3. Un joueur ne doit pas exposer son propre Roi à un échec.

4. Il ne peut donc pas le jouer sur une case voisine du Roi ennemi.

5. Un échec doit toujours être paré au coup suivant.

6. Le joueur dont le Roi est en échec et qui fait un coup quelconque ne parant pas l'échec doit reprendre le coup et parer l'échec, si possible au moyen de la pièce touchée.

ART. 10. — *Du Mat.*

1. Le mat est un échec imparable et qui termine la partie.

2. Le fait d'annoncer le mat, mais de ne pas le donner immédiatement ou dans le nombre de coups annoncé, est sans conséquence.

ART. 11. — *Du trait.*

L'attribution de la couleur lors de la première partie se détermine par le sort ou par convention. Dès la partie suivante, les Blancs sont attribués alternativement aux deux partenaires, quel que soit le résultat des parties. Cependant, les parties annulées selon article 12 ne comptent pas dans ce calcul.

ART. 12. — *Des parties annulées.*

1. Si pendant ou après la partie, il est constaté que la position initiale des pièces était incorrecte ou que l'échiquier a été mal posé, la partie sera annulée.

2. Si au courant de la partie, le nombre ou la position des pièces est modifié de façon illégale, la partie doit être recommencée dès la position où cette modification a eu lieu.

3. Si la position correcte ne peut être reconstituée, la partie ne compte pas et doit être rejouée.

Remarque. — L'annulation de la partie est une mesure plus juste que la validation de l'irrégularité qui avait lieu autrefois après le quatrième coup de part et d'autre.

Notons que des inadvertances pareilles sont déjà arrivées, même dans les tournois.

ART. 13. — *De l'exécution des coups.*

Le coup est exécuté :

a) En transférant la pièce d'une case à l'autre, lorsque la main du joueur a lâché la pièce ;

b) Lors d'une capture, quand la pièce capturée a été enlevée de l'échiquier et que la main du joueur a lâché sa propre pièce ;

c) Lors du Roque, quand la main du joueur a lâché la Tour ;

d) Lors de la promotion d'un Pion, quand le joueur a posé sur la case la figure choisie par lui.

ART. 14. — *De l'ajustement des pièces sur leur case.*

1. Le joueur ayant le trait peut ajuster sur leur case une ou plusieurs de ses propres pièces, sous réserve de prévenir son partenaire. Il est de coutume d'employer l'expression : « j'adoube ».

2. Il est interdit d'adouber les pièces du partenaire. Celui-ci est cependant tenu de rectifier, sur demande, la position de ses pièces sur l'échiquier.

3. Si les pièces sont dérangées involontairement, les pendules doivent être arrêtées immédiatement et la position doit être rétablie avec le concours du directeur du tournoi. Si, d'autre part, on constate soit au cours de la partie, soit après que la position a été incorrectement rétablie, la partie doit être reprise depuis la position correcte.

ART. 15. — *De la pièce touchée.*

Si le joueur ayant le trait touche :

a) Une de ses pièces, il doit la jouer ;

b) Une des pièces de l'adversaire, il doit la prendre ;

c) Une de ses pièces et une des pièces de l'adversaire, il doit prendre la pièce adverse avec la sienne.

Au cas où la prise est impossible, l'adversaire peut exiger soit que son adversaire joue la pièce touchée, soit qu'il prenne régulièrement la pièce adverse avec une de ses propres pièces. Le choix de cette dernière appartient au joueur fautif.

Si aucun des coups indiqués sous *a)* *b)* et *c)* ne peut se faire légalement, la faute commise n'entraînera aucune pénalité.

d) Plusieurs de ses pièces, l'adversaire a le droit de désigner la pièce touchée qui devra être jouée.

Si aucune de ces pièces ne peut être jouée légalement, aucune pénalité ne sera exigée ;

e) Plusieurs des pièces de l'adversaire, celui-ci déterminera laquelle sera prise.

Si aucune de ces pièces ne peut être prise légalement, il n'y aura pas de pénalité.

Remarque. — La décision de la F.I.D.E. de supprimer, autant que possible, la pénalité, si usitée autrefois, de jouer le Roi, est très louable.

ART. 16. — *De la partie nulle.*

1. La partie est nulle :

a) Lorsque, n'ayant pas son Roi en échec, le joueur qui a le trait ne peut faire aucun coup régulier. On dit alors que le Roi est «pat» ;

b) Lorsque le joueur démontre qu'il peut donner échec perpétuel ;

c) Par retour de position, lorsque la même position se reproduit trois fois, le même joueur ayant le trait. A l'effet de cette disposition, il n'y a pas lieu de distinguer entre les deux T, les deux C, ni enfin entre deux figures, dont l'une est le résultat de la promotion d'un Pion.

La nullité devra être réclamée à ce moment-là et ne saurait être revendiquée si les joueurs continuent en modifiant la position.

Remarque. — Cet article modifie justement l'ancienne règle qui exigeait pour la nullité que les joueurs refassent trois fois de suite les mêmes coups ou les mêmes séries de coups.

d) Par convention mutuelle, après le 30e coup des Noirs;

e) La partie sera déclarée nulle au cas où un joueur démontrera que 50 coups ont été faits de part et d'autre sans que le mat soit intervenu et sans qu'une capture de pièce ou un mouvement de Pion aient eu lieu.

f) Chacun des joueurs peut, à n'importe quel moment de la partie, exiger de son adversaire de le faire mat en 50 coups, selon les conditions énoncées sous *e)*. Si le mat n'est pas donné en 50 coups, la partie sera déclarée nulle. Toutefois, on recommencera à compter les 50 coups après chaque prise d'une pièce quelconque et après chaque mouvement de Pion.

Exception sera faite pour certaines positions où la théorie a démontré que plus de 50 coups sont nécessaires pour forcer la décision. Dans ce dernier cas, il sera accordé un nombre de coups double du nombre établi comme nécessaire par la théorie.

2. La nullité doit être réclamée à l'instant où les conditions envisagées sous *e)* et *f)* sont réalisées; elle ne saurait être revendiquée plus tard.

ART. 17. — *Des coups irréguliers.*

Si un joueur fait un coup irrégulier et que son adversaire le remarque avant de toucher lui-même une pièce pour y répondre, le coup faux doit être repris et on procédera comme suit :

a) Au cas où il ne s'agit pas d'une capture, le joueur qui est en faute devra jouer de façon régulière la pièce faussement jouée.

Si cette pièce ne peut exécuter aucun coup légal, le coup erroné demeure sans conséquence.

b) S'il s'agit d'une capture, le joueur devra ou bien prendre la pièce adverse de façon régulière, ou faire un autre coup légal avec la pièce touchée, au choix de l'adversaire.

Si ni l'un ni l'autre n'est possible, l'erreur n'entraînera aucune suite.

c) Lorsqu'un coup irrégulier est mis sous enveloppe et que l'erreur ne peut être réparée avec certitude absolue par le directeur de la rencontre, la partie sera considérée comme perdue par l'auteur du coup.

d) Si au cours d'une partie on constate qu'un coup irrégulier a été joué et non rectifié, la position au moment de l'irrégularité sera rétablie et la partie recommencera dès cet instant.

Si la position ne peut être reconstituée, la partie sera annulée.

Art. 18. — *Des pénalités.*

1. Un joueur ne peut exiger une pénalité que tant qu'il n'a touché aucune de ses pièces.

2. Le coup prescrit comme pénalité ne sera jamais le Roque.

3. Si l'adversaire exige comme pénalité un coup illégal, sa demande sera traitée comme non avenue et il perdra le droit de réclamer la pénalité pour l'erreur commise.

4. Avant d'exécuter une pénalité quelconque, on devra rétablir la position qui précédait l'erreur commise.

Art. 19. — *De l'abandon obligatoire.*

La partie sera déclarée perdue pour le joueur :

1° Qui, délibérément, renverse l'échiquier ou dérange les pièces ;

2° Qui refuse de reprendre une partie suspendue dans un délai raisonnable et conformément au règlement habituel des tournois et rencontres individuelles ;

3° Qui refuse de donner suite à une requête réglementaire de son adversaire ;

4° Qui, au cours de la partie, refuse d'obéir aux règles ou aux dispositions de la direction du tournoi ;

5° Qui, présent ou absent, dépasse le délai régulier de réflexion.

Sauf cas de force majeure, les joueurs dans un tournoi sont tenus de demeurer à la disposition du directeur.

ART. 22. — *Des parties à avantage.*

1. Dans une série de parties, un joueur peut faire avantage à son partenaire en renonçant au trait dans toutes les parties.

2. Le joueur qui reçoit l'avantage d'un ou de plusieurs traits doit les exécuter au début de la partie, à son premier tour de jouer.

3. Si l'avantage est de plusieurs coups, ceux-ci comptent pour un nombre égal de coups dans le calcul éventuel du temps ; de même le premier coup de celui qui fait l'avantage compte pour deux ou plusieurs coups dans le même but.

4. Celui qui reçoit l'avantage de deux ou plusieurs coups ne doit pas, en les faisant, dépasser la ligne médiane de l'échiquier.

5. Celui qui fait l'avantage d'une pièce a droit au trait, à moins que ce dernier ne soit compris dans l'avantage accordé.

6. Si on concède l'avantage d'un Pion, ou d'un Pion et d'un ou plusieurs traits, on enlèvera de l'échiquier le Pion du Fou du Roi.

7. Si on fait l'avantage d'une Tour, d'un Fou ou d'un Cavalier, la pièce offerte est, en règle générale, et sauf accord contraire, la Tour, le Fou ou le Cavalier de la Dame.

8. Celui qui fait l'avantage de la Tour peut roquer du côté de la Tour enlevée, comme si celle-ci se trouvait encore sur sa case, à condition toutefois que cette case ne soit occupée par aucune autre pièce.

ART. 24. — *Des contestations.*

1. Une contestation se rapportant à une question de fait peut être soumise d'un commun accord à la décision d'un spectateur désintéressé, auquel cas les partenaires seront tenus d'accepter son jugement qui sera sans appel.

2. Lorsqu'il s'agit d'un cas spécial et non prévu par la présente

règle, ou s'il y a désaccord entre les partenaires quant à l'interprétation et l'application de la règle, la question sera soumise :

a) A un arbitre, qui décidera sur-le-champ et sans appel ;

b) Au comité directeur, si la partie a lieu dans un tournoi.

Dans l'un et l'autre cas, la partie sera suspendue jusqu'à décision de l'arbitre ou du comité.

ART. 25. — *De l'interprétation
et de l'application de la règle.*

En cas de doute quant à l'application et à l'interprétation de la présente règle, le Bureau de la F.I.D.E. se déclare qualifié pour exprimer, en réponse à une demande, une décision officielle et définitive à ce sujet.

ANNEXE

De la conduite des joueurs.

1. Au cours d'une partie, il est interdit de se servir de notes manuscrites ou imprimées se rapportant à la partie ; il est également défendu de recourir aux conseils ou à l'avis de tiers.

2. Aucune analyse n'est permise dans les salles de tournoi.

3. Les joueurs doivent s'abstenir de toute remarque au sujet des coups faits de part et d'autre.

4. Il est défendu d'indiquer du doigt ou de toucher les cases de l'échiquier afin de faciliter le calcul des coups possibles.

5. On ne reprend jamais un coup aux Échecs.

6. Le coup s'exécute en transportant la pièce touchée directement vers la nouvelle case ; la pièce jouée doit être immédiatement lâchée.

En cas de roque, le déplacement du Roi doit précéder celui de la Tour.

En cas de promotion de Pion, la nouvelle pièce sera immédiatement substituée au Pion.

En cas de prise, le joueur enlèvera immédiatement la pièce capturée de l'échiquier.

7. Il est interdit d'ajouter des remarques au coup mis sous enveloppe, ainsi que d'y joindre l'abandon de la partie ou une proposition de nullité.

8. Le partenaire qui s'aperçoit que le temps s'écoule au détriment de son adversaire, doit se sentir appelé à l'en prévenir.

9. Il est interdit de distraire ou d'incommoder son adversaire, de quelque façon que ce soit.

AVIS

Conseilleur, mon ami, le règlement t'ordonne
D'éviter les propos où ton rôle est petit.
L'avis ne fait plaisir qu'à celui qui le donne ;
Inutile au plus fort, le plus faible en pâtit.

Jules LAZARD, *Quatrains échiquéens.*

Chapitre VII

Valeur des pièces.
Mats techniques

41. — Valeur des pièces. — La valeur comparative des pièces — abstraction faite de leur **position** sur l'échiquier — est au commencement d'une partie à peu près la suivante :

Pion pris comme unité 1
Fou ou **Cavalier** («pièces mineures») 3 1/4
Tour 5
Dame 10

Disons tout de suite que — bien que dictées par l'expérience des maîtres et bien que représentant pour tout joueur un guide précieux — ces évaluations ne peuvent pourtant être qu'**approximatives**. En outre, une fois la partie engagée, elles changent avec la **position**, c'est-à-dire l'interaction virtuelle des pièces sur l'échiquier, leur portée, leur éloignement, leurs menaces, leurs chances d'attaque, etc. Un Cavalier pourra, par exemple, être quelquefois plus utile qu'une Tour, grâce à sa position.

D'une manière générale, les Tours gagnent en valeur vers la fin du combat où, grâce aux divers échanges, bien des colonnes deviennent «ouvertes». Terribles sont deux Tours qui réussissent à pénétrer sur la rangée des pions adverses, tenant emprisonné le Roi ennemi. Tandis que la Dame est, grâce à sa mobilité, quelque peu supérieure à deux Tours au commencement de la partie, il en est autrement dans la phase finale du combat.

La supériorité de l'«échange» (Tour contre pièce mineure) est assez bien exprimée par le tableau ci-dessus. La pratique enseigne que deux pièces mineures (p. ex. F et C) sont plus fortes qu'une Tour plus un pion ; par contre une Tour plus deux pions dépasse en valeur le duo sus-indiqué.

Bien que théoriquement un Fou et un Cavalier soient de force égale, il y a des connaisseurs qui insistent sur la longue portée du Fou et prétendent qu'il représente en comparaison avec un Cavalier «la petite qualité». Une vigueur toute spéciale est reconnue à la coopération des deux Fous qui dominent les cases des deux couleurs. «Celui qui a les deux Fous, a l'avenir devant lui», pourrait-on prétendre.

Parlons maintenant des Pions. Ainsi que les Tours, leur importance augmente sensiblement vers la fin de la partie, où leur marche triomphale à Dame sur les colonnes devenues libres est souvent difficile à arrêter. Aussi, dans les finales, 3 Pions, surtout s'ils sont liés, peuvent se révéler supérieurs à un Fou ou à un Cavalier. Même 2 Pions, s'ils sont liés — passés — avancés, représentent dans la plupart des cas une force redoutable et leur menace de damer coûte, d'ordinaire, une figure. — D'autre part, c'est surtout vers la fin de la partie que les faiblesses dans le squelette des Pions (isolement, doublement) apparaissent.

La valeur intrinsèque du Roi est bien difficile à établir, puisque le souci de le tenir à l'abri de tout échec prédomine. Dès que, dans les fins de partie, la menace du mat diminue, à cause de l'effondrement matériel des deux armées, les Rois commencent à prendre une part très active aux opérations et se révèlent, selon l'expression de l'ancien champion Steinitz, comme «pièces fortes». Ainsi nous voyons que la phase avancée du combat favorise trois sortes de pièces : R, T, P.

42. — Formule du mat. — Si dans le milieu de la partie, où la fantaisie a libre cours, la possibilité de mater fait très souvent triompher l'esprit de la matière, il n'en est pas ainsi dans les fins de partie où le matériel est réduit et qui représentent, pour ainsi dire, la phase technique de la partie.

Ainsi, pour mater le Roi **dépouillé**, le poursuivant a besoin d'une supériorité matérielle **d'au moins 5 unités**, selon le tableau énoncé plus haut (voir § 41). Pour parler plus concrètement, c'est la supériorité **d'une Tour** qu'il faut ou d'un F et C, d'une D, etc. Une **exception** à cette formule est donnée par **deux C** qui, tout en représentant 3 1/4 + 3 1/4 = 6 1/2 unités, ne réussissent pourtant pas à forcer le mat contre le Roi adverse, resté seul.

Quant à la fin de partie R + P contre R, la victoire **peut** être acquise dans les cas exposés plus loin, et cela n'a rien d'illogique. En effet, le Pion possède, outre sa valeur intrinsèque bien modeste d'une seule unité, une **valeur potentielle** considérable, puisqu'il peut se transformer éventuellement en figure : « Chaque soldat porte dans sa giberne le bâton de maréchal. » Toute la question sera donc de réussir à forcer la promotion du Pion.

42 *bis.* — **Applications.** — En faisant l'application de notre formule nous reconnaîtrons que les fins de partie : R + F contre R ou R + C contre R n'aboutissent — tout comme le duel des deux Rois dépouillés — qu'à la nullité. Il en résulte que le « coefficient de nullité » est aux Échecs assez considérable, une figure ne suffisant pas toujours pour gagner la partie.

Une sorte d'application de notre formule sera aussi la constatation que les fins de partie : R + T contre R + F ou R + T contre R + C doivent devenir nulles (sauf quelques exceptions résultant des particularités de la position). Par contre, la constellation R + D contre R + T donne une victoire lente mais sûre au mieux armé.

Après ces préambules qui ne concernent, bien entendu, que les cas les plus simples, passons une revue de ce qu'on pourrait appeler « les mats techniques » (mats avec les différentes pièces contre le Roi dépouillé).

Le débutant doit, au plus tôt, les connaître pour pouvoir s'en servir au besoin, comme on se sert de ses bras. La connaissance des mats techniques, c'est le tremplin de la victoire. On ne marchera plus dans les ténèbres, on suivra un plan clair et logique, tandis qu'autrement on manœuvrera sans avoir un but précis devant soi. La moindre faute, voire inadvertance, peut alors arracher, au tout dernier moment (p. ex. par le piège du pat), une victoire méritée. « Il ne suffit pas d'avoir une partie gagnée, il faut encore savoir la gagner », dit un vieil ouvrage.

43. — **Roi et Dame contre Roi.** — Supériorité écrasante, si écrasante même que le débutant doit se méfier des possibilités astucieuses du pat. — La méthode du gain en est pourtant bien simple et n'exige, dans n'importe quelle position, que 9 coups au maximum. La Dame refoulera le Roi adverse jusqu'à une bande et, son propre Roi venant en aide, elle matera le dépouillé sur une case adjacente à la bande.

N° 54

Exemple (diagr. N° 54).

1. Dh1 — h5 pour barrer le passage au Roi adverse.

1. ..., Re6 — f6 ou p. ex. **1.** ..., Rd6; **2.** Df5, etc.

2. Ra1 — b2 rapprochement du Roi; **2.** ..., Rf6 — e6; **3.** Rb2 — c3, Re6 — f6; **4.** Rc3 — d4, Rf6 — e6; **5.** Dh5 — g6+ évidemment plus fort que **5.** Dh6+, Rf5.

5. ..., Re6 — e7.

6. Rd4 — e5, Re7 — f8 ou p. ex. **6.** Rd7; Dd6+, etc.

7. Dg6 — h7! ne tombant pas dans le piège; **7.** Rf6? (ou **7.** Re6?, ou **7.** Rd6?) — pat!

7. ..., Rf8 — e8; **8.** Re5 — e6, Re8 — d8 ou **8.** ..., Rf8; **9.** Df7✕; **9.** Dh7 — d7✕.

44. — Roi et Tour contre Roi. — Pas aussi commodément qu'avec la Dame, mais quand même assez facilement, on repoussera le Roi adverse jusqu'à la bande, où le mat sera forcé au plus tard au 16ᵉ coup.

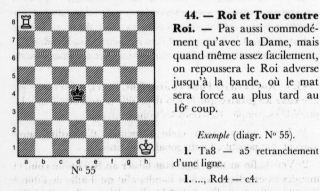

N° 55

Exemple (diagr. N° 55).

1. Ta8 — a5 retranchement d'une ligne.

1. ..., Rd4 — c4.

2. Rh1 — g2 rapprochement du Roi. Sa coopération devra ici être plus intense que dans la finale de la Dame.

2. ..., Rc4 — b4 le Roi peut s'attaquer à une Tour, tandis qu'il ne pourrait s'approcher d'une Dame.

3. Ta5 — g5, Rb4 — c4 ; **4.** Rg2 — f3, Rc4 — d4 ; **5.** Tg5 — h5 un coup d'attente.

5. ..., Rd4 — d3 ; **6.** Th5 — h4 pour couper encore une ligne du Roi.

6. ..., Rd3 — d2 ; **7.** Rf3 — e4 ! les Rois luttent pour l'«opposition».

7. ..., Rd2 — c3 si **7.** ..., Re2, mat au 14e coup ; si **7.** ..., Rc2, mat au 15e coup.

8. Re4 — e3, Rc3 — c2.

9. Re3 — d4 !, Rc2 — d2 si **9.** ..., Rb3 ; **10.** Th2 accélérera le mat.

10. Th4 — h2+ les échecs de la Tour sont dans cette finale surtout efficaces, si les Rois sont en opposition et aussi dans le voisinage des bandes.

10. ..., Rd2 — e1 ; **11.** Rd4 — d3, Re1 — f1 évidemment non **11.** ..., Rd1 ; **12.** Th1✕.

12. Rd3 — e3, Rf1 — g1 ; **13.** Th2 — f2 usant de l'appui du Roi.

13. ..., Rg1 — h1 ; **14.** Re3 — f3, Rh1 — g1 ; **15.** Rf3 — g3, Rg1 — h1 ; **16.** Tf2 — f1✕.

44 *bis*. — La ténacité du Roi, même dépouillé, est bien soulignée par le fait que, malgré la grande supériorité d'une Dame ou d'une Tour, la coopération des **deux** pièces est indispensable et le mat ne peut être réalisé qu'aux **bandes**. En effet, partout ailleurs, le Roi poursuivi aurait quelque case de fuite.

45. — Roi et deux Fous contre Roi. — Ici, ce n'est que sur une **case angulaire** que le Roi dépouillé pourra être maté. Le procédé est simple. Retenons les points suivants :

1º Les Fous ont pour tâche principale d'interdire, aussi souvent que possible, les diagonales successives ;

2º Vers la fin surtout, il ne faut laisser au Roi qu'un coin, et une des cases adjacentes à la bande, afin qu'il aille de l'une à l'autre pendant que l'on prend les dispositions nécessaires pour le mat ;

3° Deux écueils à éviter : reperdre du terrain et tomber dans le piège du pat ;

4° Le mat se donne avec le Fou qui commande la case angulaire.

Exemple (diagr. N° 56).

N° 56

1. Ff1 — h3, Re8 — d8 ; **2.** Fc1 — f4 interdiction successive.

2. ..., Rd8 — c7 ; **3.** Re1 — f2, Re7 — f6 ; **4.** Rf2 — f3, Rf6 — e6 ; **5.** Fh3 — f5, rapprochement progressif.

5. ..., Re7 — f6 ; **6.** Rf3 — g4, Rf6 — e7 ; **7.** Rg4 — g5, Re7 — d8 ; **8.** Rg5 — f6, Rd8 — e8 ; **9.** Ff4 — c7, Re8 — f8 ; **10.** Ff5 — d7, Rf8 — g8.

11. Rf6 — g6 pour enlever encore au Roi dépouillé la case de fuite h7.

11. ..., Rg8 — h8 ou **11.** ..., Rf8 ; **12.** Fd6+Rg8 ; **13.** Fe6+Rh8 ; **14.** Fe5×.

12. Fc7 — d6 mesure prévoyante qui astreint définitivement le Roi adverse aux 2 cases h8 et g8. Trop énergique serait, par contre,

12. Fe6 ?? — pat.

12. ..., Rh8 — g8 ; **13.** Fd7 — e6+, Rg8 — h8 ; **14.** Fd6 — e5×.

N° 57

46. — Roi, Fou et Cavalier contre Roi. — Un mat difficile mais réalisable, qui exige, si l'on joue d'une façon précise, 36 coups au maximum. Retenons les détails suivants :

1° Le mat ne peut se faire que dans le **coin** où la case angulaire est de la couleur du Fou ;

2° Le C doit interdire au R les cases de couleur opposée à celle du F ;

3° On réussit à amener assez facilement le R adverse contre la bande. Poursuivons dans la position assez caractéristique du diagramme N° 57 la manière d'amener le Roi dépouillé du « coin faux » au « coin juste ».

1. Cg5 — f7+, Rh8 — g8 ; **2.** Ff5 — e4 un coup d'attente.

2. ..., Rg8 — f8 ; **3.** Fe4 — h7 pour empêcher le R de revenir.

3. ..., Rf8 — e8 ; **4.** Cf7 — e5, Re8 — f8 ou ci-dessous A ; **5.** Ce5 — d7+, Rf8 — e8 ; **6.** Rf6 — e6, Re8 — d8 ; **7.** Re6 — d6, Rd8 — e8.

Si **7.** ..., Rc8 ; **8.** Cc5, Rd8 ; **9.** Fg6, etc.

8. Fh7 — g6+, Re8 — d8 ; **9.** Fg6 — f7, Rd8 — c8 ; **10.** Cd7 — c5, Rc8 — d8.

C'est en tout cas plus efficace que **10.** ..., Rb8 ; **11.** Rd7, Ra7 ; **12.** Rc7 et le R adverse est définitivement astreint à deux cases a8 et a7.

11. Cc5 — b7+, Rd8 — c8 ; **12.** Rd6 — c6.

On a réussi à confiner le R adverse dans le carré de 9 cases formant le coin où doit se produire le mat. La fin est proche.

12. ..., Rc8 — b8 ; **13.** Rc6 — b6, Rb8 — c8 ; **14.** Ff7 — e6+, Rc8 — b8 ; **15.** Fe6 — d7, ...

Un coup d'attente. Le Roi adverse étant dorénavant astreint à deux cases : a8 et b8, on va prendre les dernières dispositions pour le mat.

15. ..., Rb8 — a8 ; **16.** Cb7 — c5, Ra8 — b8 ; **17.** Cc5 — a6+, Rb8 — a8 ; **18.** Fd7 — c6✕.

A

4. ..., Re8 — d8 ; **5.** Rf6 — e6, Rd8 — c7.

On croirait que le Roi noir pourra s'enfuir, mais il en est autrement.

6. Ce5 — d7, Rc7 — c6 ; **7.** Fh7 — d3 !, ...

Manœuvre importante qui empêche le Roi adverse de s'échapper vers a1 (« faux coin »).

7. ..., Rc6 — c7 ; **8.** Fd3 — e4, Rc7 — d8 ; **9.** Re6 — d6, Rd8 — e8 ; **10.** Fe4 — g6+, Re8 — d8 ; **11.** Fg6 — f7 avec la suite conforme à la variante principale.

46 *bis.* — Beaucoup d'auteurs, et parmi eux tout un groupe de joueurs français — Philidor, Th. Herlin (« l'Anonyme de

Lille »), comte Jean Villeneuve d'Esclapon, Lamare (« un amateur de l'ex-U.A.A.R. »), Délétang, G.-A. Cognet, Chéron, Raymond Roussel, etc. — se sont efforcés de doter d'une formule stricte et compréhensible ce « mat élégant par excellence ».

Pour éviter d'encombrer la mémoire du débutant, nous devons renoncer à citer ces formules, toutes ingénieuses, et savantes.

47. — Roi et deux Cavaliers contre Roi. — Le mat n'est pas forcé. — On réussira, il est vrai, à refouler le Roi adverse contre la bande et même jusqu'aux alentours d'un coin, mais dès lors, la pression des deux Cavaliers se révélera insuffisante pour forcer le mat.

Exemple (diagr. N° 58).

1. Cg5 — h7 évidemment non **1.** Cf7 pat !

1. ..., Rg8 — h8.

2. Ce6 — g5 évidemment non **2.** Cf6 pat !

N° 58

2. ..., Rh8 — g8.

3. Ch7 — f6+ évidemment non **3.** Cf7 pat. Le coup du texte est un piège.

3. ..., Rg8 — f8 !

Un « harakiri » serait **3.** Rh8 ??? à cause de **4.** Cf7✕. On voit que, théoriquement, la position de mat avec les deux Cavaliers est possible.

4. Rg6 — f5, Rf8 — g7.

Et le Roi dépouillé continue à déjouer toute menace de mat.

47 *bis.* — « Du plus au superflu, il n'y a qu'un pas » : La situation peut changer de fond en comble, si le Roi poursuivi possède encore quelque pion. Ce n'est pas que les deux Cavaliers recouvrent une puissance de mat, mais c'est que le pion superflu enlève à son Roi une case de **fuite**, ou que sa mobilité élimine la possibilité du **pat**. Les deux exemples suivants sont très instructifs :

ÉTUDE DE MENDHEIM

Les Blancs jouent et gagnent

N° 59

A. — Voir diagr. N° 59.

1. Rd2 — c3, Ra1 — a2 ; **2.** Rc3 — b4, Ra2 — a1 ; **3.** Rb4 — a4, Ra1 — a2 ; **4.** Cb1 — c3, Ra2 — a1 ; **5.** Ca3 — c2✕.

La case b2 est « morte » pour le R noir.

B. — Voir diagr. N° 60.

1. Ce4 — f6, Rg1 — h1 ; **2.** Rg3 — f2 ! !

Les Blancs renoncent à juste titre à un de leurs Cavaliers.

2. ..., Rh1 ✕ h2 ; **3.** Cf6 — g4+, Rh2 — h1 ; **4.** Rf2 — f1, h3 — h2.

ÉTUDE DE LOYD

Les Blancs jouent et gagnent

N° 60

PROBLÈME DE MUSSET

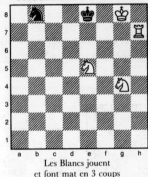

Les Blancs jouent et font mat en 3 coups

N° 61

« L'obligation de jouer » : non seulement le pion noir empêche le pat, mais encore il va enlever à son Roi une case de fuite.

5. Cg4 — f2✕.

C. — Citons encore, à cette occasion, le célèbre problème d'Alfred de Musset (qui excellait aux Échecs !). Voir diagr. N° 61.

L'énoncé de ce problème est : « Les Blancs jouent et font mat en trois coups. » Voici la solution :

1. Th7 — d7 ! !,...

Sacrifice brillant d'une pièce pour le triomphe de l'idée. C'est le **seul** moyen de réaliser le mat dans le nombre de **coups annoncé**.

1. ..., Cb8 × d7.

Sur tout autre coup des Noirs suit **2.** Cf6×.

2. Ce5 — c6, ...

«Coup tranquille», mais d'autant plus puissant. La «pointe» du sacrifice précédent des Blancs était que le Roi noir est maintenant empêché par son propre Cavalier de s'échapper par la case d7.

2. ..., Cd7 — f6+.

De même, si le C noir joue ailleurs, suit **3.** Cf6×.

3. Cg4 × f6×.

48. — Roi et Pion contre Roi. — C'est la question de la promotion. Le Pion triomphera, même sans l'aide de son propre Roi, s'il est assez éloigné du Roi adverse pour que celui-ci ne soit pas **«dans le carré»**. Ainsi, dans la position du diagramme N° 62, les Blancs gagneront par l'avance de leur pion, s'ils ont le trait mais la partie sera nulle dans le cas contraire, parce que le Roi noir pourra rattraper l'impétueux pion.

N° 62

N° 63

49. — R et P contre R *(suite)*. **—** Quand il ne s'agit pas de la course libre du pion, mais d'une lutte des Rois pour le terrain, la partie reste nulle, si le Roi du plus fort **ne peut** pas se mettre **devant** son pion. En effet, l'aide qu'il prête derrière ou à côté du pion se révèle insuffisante pour forcer le gain.

Exemple (voir diagr. N° 63).

1. f4 — f5 avance pleine de promesses.

1. ..., Rf6 — f7.

Ou **1.** ..., Rg7 ou **1.** ..., Re7, puisque dans chacune de ces trois retraites, le Roi noir contrôle suffisamment les pièces ennemies. Une bévue serait, par contre, **1.** ..., Re5?? à cause de **2.** Rg5 et le Roi blanc arrive devant son pion avec gain de cause.

2. Rg4 — g5, Rf7 — g7.

Tenant, tant qu'il peut, le terrain. Fâcheux serait l'abandon volontaire du terrain par tout autre coup, p. ex. **2.** ..., Rf8? (à cause de **3.** Rf6) ou aussi **2.** ..., Re7? (à cause de **3.** Rg6).

3. f5 — f6+, Rg7 — f7; **4.** Rg5 — f5, Rf7 — f8!!

Moment critique. Ne pouvant empêcher son refoulement progressif jusqu'à la bande, le Roi noir trouvera pourtant, au dernier moment, son **sauvetage** dans l'opposition (Cf. «Vocabulaire», diagr. N° 51). Pour assurer ce stratagème, son recul sur la rangée initiale doit se produire **vis-à-vis du pion** adverse. Les deux autres reculs perdraient, à savoir : **4.** ..., Rg8?; **5.** Rg6, Rf8; **6.** f7, Re7; **7.** Rg7 et gagne ou pareillement **4.** ..., Re8?; **5.** Re6, etc.

5. Rf5 — g6 (ou **5.** Re6, Re8, etc.), Rf8 — g8!

Voici le moment solennel de l'**opposition**, où celui des Rois qui doit jouer, perd du terrain. En effet, puisque ce sont les Blancs qui ont ici le trait, ils ne peuvent rien obtenir ni par **6.** Rh6, Rf7, etc., ni par **6.** Rf5, Rf7, etc. C'est pourquoi ils font encore un effort suprême avec leur Pion.

6. f6 — f7+, Rg8 — f8; **7.** Rg6 — f6, pat!

50. — R et P contre R *(suite)*. — Même **devant** son Pion, le Roi ne force le gain que s'il obtient l'opposition contre le Roi adverse (p. ex. Roi blanc b4 et Pion blanc b3 contre le Roi noir b6. — Gain des Blancs, si le trait est aux Noirs). Toutefois, le Roi du plus fort parti obtient toujours l'opposition et par conséquent le gain, s'il devance de **deux cases** son Pion (p. ex. Roi blanc b5 et Pion blanc b3 contre le Roi noir b7. Les Blancs gagnent avec ou sans le trait). — Au surplus, si le Roi du plus fort parti atteint **la 6ᵉ** (respectivement 3ᵉ) rangée, tout en **précédant** son Pion, il force le gain **avec ou sans** opposition. Ainsi, dans le cas du diagramme N° 64, considérons les deux suites :

1. Rf6 (ou **1.** Rh6 avec suite analogue).

1. ..., Rf8 (si **1.** ..., Rh8 ; **2.** Rf7 gagne).

2. g6, Rg8 ; **3.** g7, Rh7 ; **4.** Rf7 et gagne.

Trait aux Noirs.

1. ..., Rf8 (ou **1.** ..., Rh8 ; **2.** Rf7 avec suite analogue).

2. Rh7 et le Pion des Blancs va sans obstacle à Dame.

51. — R et P contre R *(suite et fin).* — Une exception à la règle précédente est donnée, s'il s'agit des Pions courant le long des bandes, c'est-à-dire sur les colonnes a ou h. En effet, le Roi dépouillé s'y assure toujours la nullité dès qu'il atteint le coin critique.

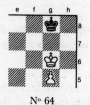

N° 64

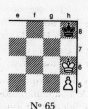

N° 65

Exemple (diagr. N° 65).

1. Rh6 — g6, Rh8 — g8 ; **2.** h5 — h6, Rg8 — h8 ; **3.** h6 — h7, pat.

Même, sans atteindre lui-même le coin, le Roi dépouillé obtient la nullité dans le **cas très fréquent** du diagramme N° 66.

1. h5 — h6, Rf7 — f8 !

Bien maladroit serait, par contre, **1.** ..., Re7 ?? ; **2.** Rg7 et gagne, ou même **1.** ..., Rf6 ?.

2. Rg8, Rg6 ; **3.** h7 et gagne.

2. Rh7 — h8.

Ou **2.** Rg6, Rg8 et le Roi noir a atteint le port de salut.

2. ..., Rf8 — f7; **3.** h6 — h7, ...

Ou **3.** Rh7, Rf8 avec nullité par répétition de coups.

3. ..., Rf7 — f8; pat !

N° 66

N° 67

51 *bis.* — La chance minime de faire dame que possède le **Pion de la Tour** est confirmée par ce fait que même s'il est secouru par un Fou, la partie reste **nulle** (!), si le Roi dépouillé a atteint le coin critique dont la **case angulaire** n'est pas de la **couleur du Fou** (diagr. N° 67).

Inutile de dire que la même relation de forces amène un gain facile si le Fou commande la case de transformation, de même que s'il s'agit de tout autre Pion. Un gain certain est offert aussi par la finale R + C + P contre R, bien que là aussi il y ait quelques curieuses exceptions s'il s'agit d'un PT.

52. — Roi, Tour et Pion contre Roi et Tour. — La fréquence de cette finale obligera le débutant à s'assimiler les directives suivantes :

Premier cas. — Le Roi du parti le plus faible se trouve **devant** le Pion adverse. Le jeu correct assure alors la **nullité**. Un exemple bien instructif fut donné par Philidor (diagr. N° 68).

1. Ta3 — b3.

Au mieux. La Tour ne doit pas quitter la **3**e **rangée**, tant que le Pion adverse ne s'y est pas placé. Une faute décisive serait, par exemple, **1.** Ta8? à cause de **1.** Rf3 ! avec les deux suites suivantes : *a)* **2.** Ta3+ e3 et gagne ; *b)* **2.** Tf8+ Re3 et gagne.

1. ..., Th2 — a2; **2.** Tb3 — c3, e4 — e3; **3.** Tc3 — c8 !

Dès que le Pion adverse parvient sur la rangée critique, la Tour se hâte de préparer une action de longue portée contre le Roi adverse. Un échec, terrible de conséquences, serait par contre **3.** Tc4+?? à cause de **3.** ..., Rf3 et les Noirs gagnent.

3. ..., Rf4 — f3.

4. Tc8 — f8+ et la Tour réitère ses échecs, tant que le Roi adverse reste auprès de son Pion. En cas d'éloignement du Roi, le Pion sera attaqué. **Nulle.**

ÉTUDE DE PHILIDOR

N° 68

Second cas. — Le Roi du parti le plus faible est «coupé» par la Tour adverse. Le Pion triomphe (sauf quelques cas exceptionnels). La dernière phase de ce triomphe est très instructive, voir diagr. N° 69.

1. Tf1 — f4!, ...

La finesse de cette manœuvre se révélera au 7e coup.

1. ..., Th2 — h1 ; **2.** Tf4 — e4+, ...

ÉTUDE
DE SALVIO

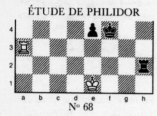

N° 69   N° 70

Retranchant une colonne au Roi ennemi :

2. ..., Re8 — d7 ; **3.** Rg8 — f7, Th1 — f1+ ; **4.** Rf7 — g6, Tf1 — g1+ ; **5.** Rg6 — f6, Tg1 — f1+.

Si Tg2, **6.** Te5 pour faire suivre Tg5.

6. Rf6 — g5, Tf1 — g1+ ; **7.** Te4 — g4 et gagne.

53. — Roi et Dame contre Roi et Pion. — La Dame gagne toujours contre un pion, tant qu'il n'a encore pas atteint la 7ᵉ (respectivement 2ᵉ) rangée. Elle réussit aussi à triompher — grâce aux échecs, aux clouages ainsi qu'au rapprochement du Roi — des **Pions à la septième** rangée tant qu'il ne s'agit pas des pions de la Tour ou bien de ceux des Fous. Car alors le pat neutralise sa puissance, si son Roi n'est pas assez près pour entrer en lice.

Le cas du PF (diagr. Nᵒ 70).

1. Df4 — g4+, Rg2 — h2 ; **2.** Dg4 — f3, Rh2 — g1 ; **3.** Df3 — g3+, Rg1 — h1 ! !

Deux ex Machina : Les Noirs n'ont pas besoin de protéger leur Pion, car si **4.** D : h2 pat !

Bien maladroit serait, par contre, **3.** ..., Rf1, paralysant son Pion, ce qui permettrait au Roi adverse de se rapprocher : **4.** Re4, etc.

4. Dg3 — f3+, Rh1 — g1 ;
et la partie reste nulle.

Le cas du PT (diagr. Nᵒ 71).

1. Dh3 — g3+, Rg1 — h1.

Et, bien que le Pion soit paralysé, le Roi blanc n'a pas le temps de se

Nᵒ 71

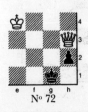

Nᵒ 72

rapprocher à cause du pat. Or, dès que la Dame quitte la colonne CR, le R noir pourra sortir de sa prison, menaçant de nouveau : h2 — h1D.

53 *bis.* — La proximité de l'autre Roi peut pourtant ménager de grandes surprises et assurer le triomphe de la Dame.

Exemple (diagr. N° 72).

1. Dh3 — g3+, Rg1 — h1 ; **2.** Dg3 — f3+, Rh1 — g1 ; **3.** Re4 — e3, ...

Ce « coup tranquille » est décisif.

3. ..., h2 — h1D ; **4.** Df3 — f2×.

54. — Roi et Dame contre Roi et Tour. — Le gain est chose acquise pour la Dame, mais pourtant cette finale est loin d'être «automatique». Pour gagner de l'espace et restreindre le champ de la pièce adverse, la Dame doit maintes fois avoir recours aux coups de repos, manœuvres de rapprochement et autres finesses, dont les détails sont arides pour le débutant.

A titre de documentation, nous montrerons un cas-modèle (diagr. N° 73).

N° 73

Si c'était maintenant aux Noirs de jouer, leur défense serait compromise. Les Blancs obtiennent la transmission du trait par les manœuvres suivantes :

1. De8 — e4+, Rh7 — h8 (ou Rg8) ; **2.** De4 — a8+, Rh8 — h7.

Évidemment non **2.** ..., Tg8 à cause de **3.** Dh1×.

3. Da8 — e8, ...

Le but est atteint. Les Noirs, qui ont maintenant le trait, sont voués dans toutes les variantes à la perte.

3. ..., Tg7 — a7.

Ceci permet une résistance un peu plus longue que tout autre coup de la Tour. Et si **3.** ..., Rh6 ; **4.** Df8, gagnant immédiatement la Tour.

4. De8 — e4+, Rh7 — g8 (le mieux) ; **5.** De4 — c4+, Rg8 — h7 ;

6. Dc4 — c2+, Rh7 — g8 ; **7.** Dc2 — b3+, Rg8 — h7 ; **8.** Db3 — b1+, Rh7 — g8 ; **9.** Db1 — b8+ gagnant la Tour et la partie.

54 *bis*. — Dans les divers épisodes de la lutte D contre T, les pats sont à éviter. Dans la position du diagramme N° 74, la Tour **force** même la nullité :

1. Tg2 — h2+, Rh4 — g4.

Si **1.** ..., Rg3 ; **2.** Th3+ ! ! avec nullité.

2. Th2 — g2+, Rg4 — f4.

Ou **2.** ..., Rf3 ; **3.** Tg3+ ! R : g3 pat. De même si **2.** ..., Rh3 ; **3.** Th2+ ! R : h2 pat.

3. Tg2 — f2+, Rf4 — g3.

Car si **3.** ..., Re4. **4.** Te2 s'échangeant contre la Dame. Pour ce motif, le Roi noir reste confiné sur les trois colonnes : f, g, h.

4. Tf2 — g2+, partie nulle.

55. — Roi et Dame contre Roi, Tour et Pion. — Le pion bien campé et servant d'appui à la Tour, une nullité peut maintes fois s'ensuivre. Il n'en est pas ainsi pour les Pions de la Tour.

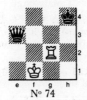

N° 74   N° 75

Exemple (diagr. N° 75).

1. Dg5 — e5+, Rh8 — g8.

2. De5 — e7 un coup d'attente, Rg8 — h8.

Si la Tour quitte sa base, elle sera aussitôt capturée.

3. De7 — f8+, Tg6 — g8 ; **4.** Df8 — f6+, Tg8 — g7 ; **5.** Rh5 — h6, suivi du mat.

56. — Roi, Tour et Fou contre Roi et Tour. — Même dans

cette fin de partie **compliquée**, on a aussi cherché sinon une formule stricte, du moins un procédé empirique qui démontrerait le gain forcé du plus fort.

Ce dernier possède, en tout cas, des chances pratiques qu'il pourra essayer de réaliser pendant les 50 coups réglementaires qui sont encore à sa disposition (v. § 35, 5°). A cet effet, il devra tout d'abord chercher à confiner le Roi adverse à la bande. Quelques positions, une fois atteintes, se prêtent à une analyse complète, comme celle dite **de Philidor** (diagr. N° 76), où le champion démontra avec une perspicacité étonnante le gain des Blancs.

« POSITION DE PHILIDOR »

N° 76

Bien que cette fin de partie — comme aussi bien d'autres (p. ex. Roi et Pions contre Roi et Pions) — dépasse le cadre de ce chapitre, puisqu'elle est trop minutieuse pour le débutant et ne présente pas des règles de gain absolues, la beauté universellement reconnue de l'analyse qui suit nous incite à la publier ici pour couronner dignement nos dissertations sur les « mats techniques ».

Le gain s'y produit impeccablement de la façon suivante:

1. Tc1 — c8+, Td7 — d8; **2.** Tc8 — c7, Td8 — d2.

Le mieux.

3. Tc7 — b7, ...

Un coup d'attente pour obliger la Tour adverse à occuper une case moins favorable (d1 ou d3).

3. ..., Td2 — d1; **4.** Tb7 — g7!, Td1 — f1 (a); **5.** Fe5 — g3!, Re8 — f8 (b); **6.** Tg7 — g4!, Rf8 — e8.

Le seul coup pour parer la menace **7.** Fd6+, Re8; **8.** Tg8+, etc.

7. Tg4 — c4, Tf1 — d1 (c); **8.** Fg3 — h4, Re8 — f8; **9.** Fh4 — f6, Td1 — e1+; **10.** Ff6 — e5, Rf8 — g8; **11.** Tc4 — h4 et gagne.

(a) **4.** ..., Re8 — f8; **5.** Tg7 — h7, Td1 — g1; **6.** Th7 — c7, Rf8 — g8.

Le mieux, car si **6.** ..., Tg6+; **7.** Ff6 avec un mat imparable.

7. Tc7 — c8+, Rg8 — h7; **8.** Tc8 — h8+, Rh7 — g6; **9.** Th8 — g8, gagnant la Tour.

(b) **5.** ..., Tf1 — f3; **6.** Fg3 — d6, Tf3 — e3+; **7.** Fd6 — e5, Te3 — f3.

Si **7.** ..., Rf8; **8.** Th7 forçant le mat.

8. Tg7 — e7+, Re8 — f8.

Si **8.** ..., Rd8; **9.** Tb7 gagne.

9. Te7 — c7, Rf8 — g8; **10.** Tc7 — g7+, Rg8 — f8.

Si **10.** ..., Rh8; **11.** Tg3+ déc. gagnant la Tour.

11. Tg7 — g4!, Rf8 — e8.

Si **11.** ..., Te3; **12.** Th4 gagne. **12.** Fe5 — f4 et doit gagner.

(c) **7.** ..., Re8 — f8; **8.** Fg3 — e5, Pf8 — g8.

9. Tc4 — h4 suivi du mat en deux coups.

Chapitre VIII

Quelques jolies
parties miniatures

57. — Une partie d'Échecs exige, d'ordinaire, pour aboutir au résultat (mat ou nullité), le déploiement de forces aux manœuvres ingénieuses, aux échanges raisonnés, à l'attaque intrépide ou à la défense résolue. Très souvent, le champ de bataille se vidant, on arrive vite aux fins de partie dont les plus simples furent exposées dans le précédent chapitre.

Parfois, l'élan d'un des joueurs réussit à briser quasi instantanément les bastions adverses et à réjouir notre sens esthétique par un beau mat en plein échiquier. Sans doute, **ces parties miniatures** sont non seulement **amusantes** mais aussi **instructives**. Dans le petit choix qui suit, nous tâcherons de dévoiler au débutant quelques mystères de la stratégie.

Nº 1. — Un harakiri.

Blancs	Noirs
1. f2 — f3	e7 — e5
2. g2 — g4????	Dd8 — h4×

Nº 2. — Trop d'impétuosité !

1. e2 — e3	f7 — f5
2. d2 — d4	g7 — g5???
3. Dd1 — h5×	

Nº 3. — Un « mat étouffé ».

1. e2 — e3	Cb8 — c6
2. g2 — g3	Cc6 — e5
3. Cg1 — e2???	Ce5 — f3×

N° 4. — « Mat du berger ».

1. e2 — e4	e7 — e5
2. Ff1 — c4	Ff8 — c5
3. Dd1 — f3	...

D'ordinaire, il n'est pas recommandable de faire sortir la **Dame** devant les lignes dès le commencement de la partie : sa valeur est trop grande pour qu'elle risque, aux premières escarmouches, d'être attaquée, poursuivie, prise.

Ici, les Blancs espèrent qu'un adversaire qui serait peu expérimenté, ne verra pas l'**attaque simultanée** de la Dame et du Fou sur le pion f7.

Calcul, purement psychologique, qui pourrait tout aussi bien ne pas réussir.

3. ...,   d7 — d6 ???

Insouciance ! La menace prémentionnée était facilement parable par **3.** ..., Cf6 ou même par l'opposition de la Dame : **3.** ..., Df6.

4. Df3 : f7✕

Connu sous le nom de « mat du berger », ce désastre que nous venons de décrire se produit assez souvent chez les débutants. En effet, leurs premiers essais sur l'échiquier seront **sans plan** ; puis, ils commenceront à ourdir des **menaces**, mais sans trop prendre en considération celles de leur **adversaire**.

Voici un déroulement semblable au précédent, et qui se produit des milliers de fois, en des milliers d'endroits contre des milliers de novices :

N° 4a. — Menace et contre-menace.

Blancs	Noirs
Un prétendu maître qui, après cette victoire, se croit champion mondial.	Un débutant qui, après cette catastrophe, croit que les Échecs sont basés sur l'injustice.
1. e2 — e4 (« Allons-y carrément ! »).	**1.** e7 —e5 (« Eh bien, je tiens bon »).
2. Ff1 — c4 (« Tout comme Philidor le Classique »).	**2.** Cb8 — c6 (« Quel fier coursier ! »).
3. Dd1 — f3 (« Verra-t-il la menace ? Si oui, je sais que j'aurai	**3.** Cc6 — d4 (« Décidément, j'ai du talent, se dit le débutant,

96

seulement perdu du temps avec la Dame, mais sinon, je pourrai triompher d'une façon facile »).

4. Df3 × f7 × (« Presque forcé ! » — « Vous allez trop fort. » — « J'ai dit ce que j'ai dit. » — « Voyons, votre victoire est imméritée. » — « Soit, mais vous avez, en tout cas, mérité la perte »).

sans voir qu'il commet une bévue. J'en suis à ma cinquième partie et je peux déjà concevoir des plans magnifiques. Mon adversaire ne paraît pas très fort. Je me demande s'il verra ma menace de lui enlever sa Reine »).

★

Ayant appris par une défaite semblable, entre autres choses, qu'il ne faut pas se trop **précipiter** sur les pièces ennemies, ni, à cet effet, faire trop promener **la même pièce**, le débutant succombera pourtant encore maintes fois dans les variantes du **« mat du berger »**, par exemple :

Nº 4b. — Une escapade qui réussit.

1. e2 — e4	e7 — e5
2. Ff1 — c4	Ff8 — c5
3. Dd1 — h5	...

Cette sortie de la Dame l'expose encore plus qu'à f3. Toutefois, elle produit la **double menace** : **4.** D : f7 × et **4.** D : e5+.

3. ...,   Cg8 — f6 ? ? ?

Au lieu de cette riposte instinctive, il fallait parer la menace adverse en jouant **3.** ..., Df6 ou **3.** ..., De7.

4. Dh5 × f7 × Tableau !

Nº 4c. — Une défense défaillante.

1. e2 — e4	e7 — e5
2. Ff1 — c4	Ff8 — c5
3. Dd1 — f3	Cg8 — h6 ?

Tout en voyant la menace du mat, les Noirs la parent d'une façon insuffisante, car la pièce qui défend, aura aussitôt elle-même besoin de soutien. Le mieux était **3.** ..., Cf6, masquant la case f7, tout en développant son CR d'une manière concentrique.

4. d2 — d4 !   ...

Un coup de massue qui attaque au centre, mais vise aussi ailleurs.

4. ...,   e5 ×d4.

Après ce coup ou aussi **4.** ..., F × d4, les Noirs perdent une pièce. Ils pouvaient pourtant atténuer la catastrophe, en jouant **4.** ..., d5 (interruption de l'action du Fou c4, émancipation du Fou c8); **5.** F × d5, Fg4 et les Noirs peuvent encore lutter.

5. Fc1 × h6   g7 × h6 (?)

Sauvant la pièce, mais « perdant » le Roi. Le moindre des maux était **5.** ..., 0 — 0.

6. Df3 × f7 ×

Dans tous ces « mats du berger » — comme aussi dans tant d'autres ! —nous pouvons constater la faiblesse du **point f7** qui n'est, en effet, protégé au début d'une partie que par le Roi seul.

N° 5. — Un « mat étouffé ».

Partie jouée au Tournoi mineur
d'Écosse. Dundee, 1893.

Blancs   Noirs

MAC GROUTHER   MAC CAM

1. e2 — e4   c7 — c5
2. Cg1 — f3   Cb8 — c6
3. d2 — d4   c5 × d4
4. Cf3 × d4   e7 — e5

Au lieu de cette avance impétueuse, le coup plus modeste : **4.** ..., e6 sauvegardait mieux la position du Roi, tout en permettant à une nouvelle pièce (Fou f8) de sortir. Une fois ce Fou f8 et le Cavalier g8 développés, le petit roque — ce premier but stratégique d'une partie — deviendrait possible, le Roi serait dans le coin (à g8) plus en sûreté et la partie se déroulerait normalement.

5. Cd4 — f5   Cg8 — e7???.

Cet « embouteillement » de la position du Roi est immédiatement puni. Un coup raisonnable était, par exemple, **5.** ..., d6, pour empêcher l'échec à d6 (**6.** Cd6+) et même éliminer, par son Fou c8, le Cavalier gênant de l'adversaire (Cf5).

6. Cf5 — d6×

La partie entre les deux Mac finit avant de commencer.

N° 6. — Une semblable catastrophe.

Partie jouée au Tournoi local
de Munich en 1932.

Blancs	Noirs
ARNOLD	BOEHM
1. e2 — e4	c7 — c6
2. d2 — d4	d7 — d5
3. Cb1 — c3	d5 × e4
4. Cc3 × e4	Cb8 — d7
5. Dd1 — e2	...

Un coup astucieux auquel les Noirs auraient dû répondre simplement par **5.** ..., Cd7 — f6.

5. Cg8 — f6??

6. Ce4 — d6×

C'est aussi un « mat étouffé ». Le PR des Noirs est cloué.

N° 7. — « Mat de Legal. »

Blancs	Noirs
KERMUY	UN
DE LEGAL	AMATEUR
1. e2 — e4	e7 — e5
2. Ff1 — c4	d7 — d6

Préférable était, selon le principe : « Sortez vos pièces ! », **2.** ..., Fc5 et, seulement après cela, d7 — d6.

De bons coups de développement pourraient aussi être **2.** ..., Cf6 ou **2.** ..., Cc6.

3. Cg1 — f3	Fc8 — g4

« Voici un Cavalier bien cloué », pense l'amateur, mais il en sera bien autrement.

4. Cb1 — c3   **g7 — g6??**

La réponse que les Blancs trouvent maintenant, est vraiment géniale.

Au lieu du coup du texte qui voudrait développer le Fou f8 à g7, les Noirs pouvaient encore se réserver le développement de leur FR (à e7 ou éventuellement à g7).

Encore ici, une bonne continuation du développement était 4. ..., Cf6 ou 4. ..., Cc6, ce qui préviendrait, en tout cas, la débâcle qui suit.

5. Cf3 × e5 ! ! !

Sacrifiant la Dame pour construire avec 3 pièces mineures un réseau de mat.

5. ...,   **Fg4 × d1 ?**

Ne voyant pas le danger et acceptant le cadeau, pourtant trop magnifique pour être irréfléchi.

Il fallait jouer 5. ..., Fg4 — e6 (**6.** F × e6, f × e ; **7.** Cf3, Fg7) et continuer la lutte avec un pion de moins.

6. Fc4 × f7+   Re8 — e7

Seul coup.

7. Cc3 — d5× (diagr. N° 77).

Prédécesseur de Deschapelles, de Philidor et de La Bourdonnais, Kermuy de Legal avait été champion de son temps.

Imaginé par lui, ce mat surprenant peut bien se répéter dans la pratique.

POSITION FINALE

N° 77

N° 8. — L'irruption.

*Partie à avantage jouée à Paris,
en 1933.*

Blancs	Noirs
ADOLPHE SILBERT	T

(sans le Cb1)
1. e2 — e4   e7 — e5
2. Cg1 — f3   d7 — d6
3. c2 — c3   Fc8 — g4

Au lieu de cette escapade, il fallait se développer du côté Roi :
3. ..., Cf6 ; 4. Fc4, Fe7 suivi du roque.

4. Ff1 — c4   Cb8 — d7

Complément psychologique du coup précédent des Noirs.
5. Dd1 — b3   Fg4 × f3 ? ?

Prise irréfléchie. Il fallait combiner la défense avec la contre-attaque,
en jouant 5. ..., Cc5.

6. Fc4 × f7+   Re8 — e7
7. Db3 — e6×

N° 9. — Un coup de foudre.

Partie jouée à Vienne, en 1899.

Blancs	Noirs
HAMLISCH	N

1. e2 — e4   d7 — d6
2. d2 — d4   Cb8 — d7
3. Ff1 — c4   g7 — g6
4. Cg1 — f3   Ff8 — g7 ?

Là-dessus, une tragédie se déroule autour du point névralgique f7. Le
plus sûr était 4. ..., e6

5. Fc4 × f7 + ! !   Re8 × f7

Mécaniquement, les Noirs acceptent le cadeau suspect. Mieux valait,
en tout cas, 5. ..., Rf8, bien que les Blancs obtiennent alors aussi, en
continuant 6. Cg5 (p. ex. 6. ..., Cdf6 ; 7. Df3, etc.), une attaque

victorieuse. On voit, en effet, que les remparts du Roi noir sont entamés.

6. Cf3 — g5+   Rf7 — f6

Si **6.** ..., Rf8 ; **7.** Ce6+ au Roi et à la Reine (« échec familial », comme l'appellent les goguenards).

Si **6.** ..., Re8 ; **7.** Ce6 gagnant, d'une façon bien comique, la Dame noire, embouteillée.

Or, pour ne pas perdre leur Dame, les Noirs vont maintenant «perdre» leur Roi :

7. Dd1 — f3 ✕

N° 10. — Une catastrophe.

Partie jouée à Brooklyn, en 1912.

Blancs	Noirs
SCHRŒDER	BLACKE

1. Cg1 — f3   d7 — d5
2. e2 — e4   ...

« Gambit » d'un pion central en vue d'un développement plus rapide.

2. ...,   d5 ✕ e4
3. Cf3 — g5   Cg8 — f6
4. Cb1 — c3   Fc8 — f5
5. Dd1 — e2   ...

Avec la double menace de regagner le pion sacrifié — attaqué maintenant pour la troisième fois — ou d'inquiéter l'adversaire par la diversion latérale : **6.** Db5+.

5. ...   c7 — c6

Parant celle des deux menaces sus-indiquées qui paraît la plus gênante (**6.** Db5+).

6. Cg5 ✕ e4   Cb8 — d7 ? ? ?

Tombant dans le gouffre d'un mat étouffé, pareil à celui de la partie N° 6.

Un dégagement utile se produisait par **6.** ..., C ✕ e4 ; **7.** C ✕ e4, e6, etc., ou bien aussi le coup immédiat **6.** ..., e6.

7. Ce4 —. d6 ✕

N° 11. — Le C triomphant.

Partie jouée à Cologne, en 1911.

Blancs	Noirs
MUELOCK	KOSTITCH

1. e2 — e4 ?   e7 — e5
2. Cg1 — f3   Cb8 — c6
3. Ff1 — c4   Cc6 — d4

Au lieu de développer une **nouvelle** pièce (p. ex. **3.** ..., Fc5 ou **3.** ..., Cf6), les Noirs essaient de «bluffer» leur adversaire ; une stratégie qui tient à la psychologie !

4. Cf3 × e5 ?   ...

Acceptant le don suspect. Le plus simple est **4.** C × d4, e × d ; **5.** 0 — 0 et on voit que non seulement les Noirs n'ont encore aucune pièce sortie, mais aussi qu'ils se sont laissé, sans nécessité, «doubler» leur PD.

4. ...   Dd8 — g5 !

POSITION FINALE

N° 78

Par cette sortie vigoureuse, les Noirs attaquent à la fois le Cavalier e5 et le Pion g2 adverses.

5. Ce5 — f7   ...

Volens nolens, les Blancs continuent leur action.

5. ...   Dg5 × g2

L'irruption. Les Blancs ne peuvent déjà, d'aucune manière, éviter le désastre.

6. Th1 — f1   Dg2 × e4+

7. Fc4 — e2   ...

Ou **7.** De2, C × e2 et la perte de la Dame équivaudrait aussi à la perte de la partie.

7. ...   Cd4 — f3 ×

Encore un « mat étouffé » (diagr. N° 78).

N° 12. — Une prouesse.

Partie jouée à Strasbourg,
en 1880.

Blancs	Noirs
B.	ALPHONSE GŒTZ

1. e2 — e4   e7 — e5

2. f2 — f4   ...

Par ce gambit d'un Pion latéral connu sous le nom de « Gambit du Roi », on obtient dès le début de la partie des combats fougueux.

2. ...   e5 × f4

3. b2 — b3 ?   ...

Trop lent, pour ne pas dire indolent. Les suites correctes sont ici **3.** Cf3 (« Gambit du Cavalier du Roi ») ou **3.** Fc4 (« Gambit du Fou du Roi »).

3. ...   Dd8 — h4+

4. g2 — g3   ...

Perte du matériel. Le moindre des maux était **4.** Re2, bien que cette promenade forcée du Roi n'eût rien d'agréable.

4. ...   f4 × g3

5. h2 — h3

Ou **5.** Fg2, g × h + déc. gagnant le Cg1.

Ou **5.** Cf3, g2 + déc.; **6.** C × h4, g × hD, gagnant une Tour.

Ou encore **5.** Re2 (pour échapper à l'échec à la découverte);
5. ..., D × e4×.

Après le coup du texte, les Noirs annoncent un mat en trois coups:

5. ...	g3 — g2 + déc.
6. Re1 — e2	Dh4 × e4+
7. Re2 — f2	g2 × h1 fait C×

Quelle prouesse du PR des Noirs!

N° 13. — La Dame sacrifiée.

Partie jouée dans une séance
de simultanées à Leysin, en 1929.

Blancs	Noirs
ANDRÉ CHÉRON	JEANLOZ
1. e2 — e4	e7 — e5
2. Cg1 — f3	Cb8 — c6
3. Ff1 — c4	d7 — d6
4. Cb1 — c3	Fc8 — g4
5. h2 — h3 !	...

Raffiné. (Une hallucination serait, par contre, le sacrifice immédiat:
5. C × e5!?? à cause de **5.** ..., C × e5 et non seulement la menace contre
le point f7 est éliminée, mais aussi le Fou g4 défendu.)

5. ...	Fg4 — h5

Au lieu de cette retraite mécanique, il fallait s'accommoder de
l'échange: **5.** ..., F × f3; **6.** D × f3, Cf6 (parant la menace saugrenue:
7. D × f7×); **7.** d3, etc. avec l'équilibre.

6. Cf3 × e5 !!	Fh5 × d1

Fatal. L'autre variante qui était, en tout cas, à jouer, était:
6. ..., C × e5; **7.** D × h5, C × c4; **8.** Db5+, suivi de **9.** D × c4 et les
Blancs restent avec un bon pion en plus.

7. Fc4 × f7+	Re8 — e7

8. Cc3 — d5 ×
Un nouvel aspect du « mat de Legal » (partie N° 7).

N° 14. — Un mat diagonal.

Partie jouée à Londres, en 1932.

Blancs	Noirs
DAMANT	N.

1. e2 — e4		c7 — c6
2. d2 — d4		Cg8 — f6
3. Ff1 — d3		d7 — d5

Provoquant une action redoutable du PR ennemi. Bien plus prudent était le coup réservé **3.** ..., d6.

4. e4 — e5	Cf6 — d7

Cédant le terrain.

5. e5 — e6 !	...

Ce n'est plus une avance, c'est une ruée.

5. ...	f7 × e6 ?

Au lieu d'accepter l'offre du Pion, il fallait récupérer le terrain en jouant **5.** ..., Cf6; **6.** e × f+, R × f7. Le Roi noir serait, il est vrai, **déroqué**, mais la partie quand même défendable.

6. Dd1 — h5+	g7 — g6
7. Dh5 × g6+	...

C'est encore plus élégant que **7.** F × g6+.

7. ...	h7 × g6
8. Fd3 × g6×	

N° 15. — Encore un mat diagonal.

Blancs	Noirs
N.	NN.

1. d2 — d4	b7 — b6

Défense « en fianchetto » (« Fianchetto di Donna »).

2. e2 — e4	Fc8 — b7
3. Ff1 — d3	f7 — f5 ?

106

Trop optimiste. Un coup raisonnable était **3.** ..., e6.

4. e4 × f5 !   Fb7 × g2

Les quatre coups des Noirs n'ont servi qu'à faire travailler **une seule** pièce qui se précipite maintenant sur la Tour adverse.

Rien d'étonnant, voire d'illogique, si l'action que les Blancs entreprennent maintenant contre le Roi adverse triomphe.

5. Dd1 — h5+   g7 — g6

6. f5 × g6   Cg8 — f6

7. g6 × h7 + déc. (Très élégant) Cf6 × h5

8. Fd3 — g6×

N° 16. — Un sacrifice de déviation.

Blancs	Noirs
X.	Y

1. d2 — d4   f7 — f5
2. Fc1 — g5   h7 — h6
3. Fg5 — h4   g7 — g5
4. Fh4 — g3   f5 — f4

Gagnant le Fou, mais compromettant la position de son Roi.

5. e2 — e3   ...

Avec la menace du mat par **6.** Dd1 — h5.

5. ...   h6 — h5

6. Ff1 — d3   Th8 — h6

Protégeant encore les deux cases : g6 et h5. Le Roi se défendait mieux lui-même par **6.** ..., Rf7.

7. Dd1 × h5+ !!   ...

Encore ici, comme dans les deux exemples précédents, la **Dame** se sacrifie pour faire triompher l'idée.

7. ...   Th6 × h5

Forcé, mais maintenant la Tour est déviée de la surveillance qu'elle exerçait sur la case g6.

8. Fd3 — g6×

Nº 17. — L'action des 2 Fous.

Partie à avantage jouée en Angleterre.

Blancs	Noirs
Mackenzie	Un Amateur
(sans le Cb1)	
1. e2 — e4	e7 — e5
2. Ff1 — c4	Cg8 — f6
3. d2 — d4	c7 — c6

Mieux 3. ..., e × d.

4. d4 × e5	Cf6 × e4
5. Cg1 — e2	Ce4 × f2

En prévoyant que si les Blancs prennent ce Cavalier, soit **6.** R × f2, alors **6.** ..., Dh4+ suivi de **7.** ..., D × c4 et les Noirs ont non seulement regagné leur pièce, mais encore gagné un pion.

Or, une réponse aussi géniale qu'inattendue de l'adversaire déjoue tous les calculs des Noirs :

6. 0 — 0 !!	Cf2 × d1 ?

Il fallait, en tout cas, jouer **6.** ..., Fc5.

7. Fc4 × f7+	Re8 — e7
8. Fc1 — g5×	

Nº 18. — Une double menace.

*Partie jouée aux États-Unis
en 1914.*

Blancs	Noirs
Capablanca	Un Amateur
1. e2 — e4	e7 — e5
2. Cg1 — f3	Cb8 — c6
3. Cb1 — c3	Ff8 — c5
4. Cf3 × e5	...

Un « pseudo-sacrifice », puisque la pièce va être regagnée par la « fourchette » du coup suivant.

4. ...	Cc6 × e5
5. d2 — d4	Fc5 × d4
6. Dd1 × d4	Dd8 — f6

Toutefois, avec la menace **7.** ..., Cf3+; **8.** g × f, D × d4.

7. Cc3 — b5 !   ...

Avec la double mission de défendre la Dame et d'aller attaquer, lui-même, un Pion adverse (c7). Une petite expédition qui aura pourtant de grands effets !

7. ...   Re8 — d8

8. Dd4 — c5   ...

Avec la double menace à c7 et à f8.

8. ...   Ce5 — c6 ? ?

Protégeant le Pion c7, mais l'autre menace des Blancs est encore plus terrible :

9. Cc5 — f8×

N° 19. — Un contrecoup.

Partie jouée par
correspondance, en 1900.

Blancs	Noirs
MANKO	JAKNOVITCH

1. e2 — e4   e7 — e5
2. Cg1 — e2. (Encombrant.)
2. ...   Ff8 — c5
3. f2 — f4   Dd8 — f6
4. c2 — c3   Cb8 — c6
5. g2 — g3   Cg8 — h6
6. Ff1 — g2   Ch6 — g4

Menaçant de gagner la qualité par **7.** ..., Cf2.

7. Th1 — f1   ...

Les Blancs ont déjà un jeu bien difficile. Mieux que le coup du texte — dont le plan sera réfuté — était **7.** Da4.

7. ...   Cg4 × h2

8. f4 × e5   ...

109

Ne s'attendant qu'à **8.** ..., D × e5 ; **9.** d4 ou **8.** ..., Dg6 ; **9.** Th1, etc., mais il y a un « mais » :

8. ...	Df6 × f1+ ! !

Brillant.

9. Fg2 × F1	Ch2 — f3×

Nº 20. — Une belle combinaison.

Partie jouée à Moscou, en 1903.

Blancs	Noirs
B. BLUMENFELD	N.

1. e2 — e4	e7 — e5
2. Cg1 — f3	Cb8 — c6
3. d2 — d4	e5 × d4
4. Cf3 × d4	Cg8 — e7

Défense encombrante. Les bons coups usités ici sont **4.** ..., Fc5 ou **4.** ..., Cf6.

5. Cb1 — c3	g7 — g6 ?

Cet affaiblissement de la case f6 s'avère décisif.

6. Fc1 — g5	Ff8 — g7
7. Cc3 — d5 ! !	...

Avec la menace **8.** C × c6 suivi de F × e7, gagnant ainsi une pièce. Le fait que les Blancs laissent en prise par leur coup du texte le Cavalier d4, est bien prévu par eux.

7. ...	Fg7 × d4

Si **7.** ..., C × d4 ; **8.** F × e7 gagnant la Dame.

Si **7.** ..., Ff8 ; **8.** Cf6 ×.

8. Dd1 × d4 ! !	...

Un sacrifice d'élimination.

8. ...	Cc6 × d4
9. Cd5 — f6+	Re8 — f8
10. Fg5 — h6×	

N° 21. — Un mat splendide.

Partie jouée à Vienne,
en 1910.

Blancs	Noirs
RÉTI	TARTAKOVER

1. e2 — e4		c7 — c6
2. d2 — d4		d7 — d5
3. Cb1 — c3		d5 × e4
4. Cc3 × e4		Cg8 — f6
5. Dd1 — d3		e7 — e5

POSITION FINALE

N° 79

Ouvrant les lignes. Plus prudent était l'échange : **5.** ..., C × e4 ; **6.** D × e4, Cd7 suivi de Cf6 et les Noirs regagnent le terrain par cette attaque contre la Dame.

6. d4 × e5		Dd8 — a5
7. Fc1 — d2		Da5 × e5

Les Noirs ont regagné leur Pion, mais au prix de quelques « temps » perdus.

8. 0 — 0 — 0 !!   ...

Au lieu de défendre leur Cavalier par **8.** f3, les Blancs conçoivent un plan génial qui met bien en évidence leur avantage de développement (quatre pièces en jeu, au lieu de deux!).

8. ...   Cf6 × e4?

Tombant dans le piège. Les Noirs s'attendent seulement à la réponse **9.** Tel qui regagne la pièce, mais ne soupçonne pas que l'adversaire, en laissant « en prise » le Cavalier e4, a ourdi un plan bien plus diabolique.

Mauvais était, du reste, aussi **8.** ..., D × e4 à cause de **9.** Tel gagnant la Dame. Le meilleur coup de défense était **8.** ..., Fe7 avec la triple fonction de renforcer la case d8, masquer la colonne-Roi et accélérer le Roque.

9. Dd3 — d8+!!!   Re8 × d8
10. Fd2 — g5++   Rd8 — c7
Ou **10.** ..., Re8;   **11.** Td8×.
11. Fg5 — d8×

Voir diagr. N° 79. — Mieux que toute parole, cette partie illustre la force d'un **échec double**.

N° 22. — Coopération.

Partie jouée dans une séance de parties simultanées à Gradiska, en 1931.

Blancs	Noirs
ALEKHINE	VASIC

1. e2 — e4   e7 — e6
2. d2 — d4   d7 — d5
3. Cb1 — c3   Ff8 — b4
4. Ff1 — d3   Fb4 × c3+

Mieux **4.** ..., c5 ou **4.** ..., d × e.

5. b2 × c3   h7 — h6

Mesure prudente, mais qui coûte du temps. Mieux valait poursuivre le développement des pièces en jouant **5.** ..., Ce7.

6. Fc1 — a3   Cb8 — d7
7. Dd1 — e2   d5 × e4
8. Fd3 × e4   Cg8 — f6
9. Fe4 — d3   b7 — b6?

Essayant de parachever son développement sous le feu ennemi ;
9. ..., c5 s'imposait.

10. De2 × e6+!! f7 × e6

11. Fd3 — g6×

La coopération des deux Fous des Blancs est frappante. On observera, du reste, que le malheureux 5ᵉ coup des Noirs a aussi fâcheusement affaibli la case g6.

Nº 23. — Un abordage.

*Partie jouée à Hambourg,
en 1905.*

Blancs	Noirs
N.	BIER

1. f2 — f4	e7 — e5
2. f4 × e5	d7 — d6
3. e5 × d6	Ff8 × d6
4. Cg1 — f3	g7 — g5
	A l'assaut !
5. e2 — e4	g5 — g4
6. e4 — e5 ?	g4 × f3
7. e5 × d6	Dd8 — h4+
8. g2 — g3	Dh4 — e4+
9. Re1 — f2	De4 — d4+
10. Rf2 — e1	...

Ou **10.** R × f3, Fg4+ suivi de F × d1.

10. ...	f3 — f2+
11. Re1 — e2	Fc8 — g4×

Nº 24. — Le point f7.

*Partie jouée au Championnat de France
à Chamonix, en 1927.*

Blancs	Noirs
CHÉRON	POLIKIER

1. d2 — d4	g7 — g6

Défense « en fianchetto ». (« Fianchetto del Re ».)

2. e2 — e4	Ff8 — g7
3. Cg1 — f3	d7 — d6
4. Cb1 — c3	Cb8 — d7
5. Ff1 — c4	Cg8 — f6

Et les Blancs sont à même de franchir avec leur infanterie la zone de démarcation. Mieux valait **5.** ..., e5.

6. e4 — e5! d6 × e5

Ouvrant trop de lignes, ce qui tourne dans les situations difficiles presque toujours à l'avantage de **l'attaquant**.

Préférable était immédiatement **6.** ..., Ch5.

7. d4 × e5 Cf6 — h5

Comme réponse, les Noirs n'attendent maintenant que **8.** g4 qui semble gagner le Cavalier mais se révèle après **8.** ..., Cb6! **9.** Fb5 + c6, etc., comme peu efficace.

Au lieu de cela, les Blancs réussissent une fois de plus à soulever une tempête autour du point f7:

8. Fc4 × f7+!! Re8 × f7

Si **8.** ..., Rf8; **9.** e6 gagnant une pièce puisque le Cavalier d7 est virtuellement «cloué».

9. Cf3 — g5+ Rf7 — g8

Dure nécessité, car après **9.** ..., Rf8; **10.** Ce6+ ou **9.** ..., Re8; **10.** Ce6 la Dame noire serait perdue. (Cet emprisonnement de la Dame caractérise aussi la partie N° 9.)

10. Dd1 — d5+ ...

Ici, les Noirs abandonnèrent, car:

10. ...	e7 — e6
11. Dd5 × e6+	Rg8 — f8
12. De6 — f7×	

N° 25. — Les pièges.

Jouée dans une séance de 60 parties
simultanées à Paris, en 1929.

Blancs	Noirs
Dʳ O. S.	Un
Bernstein	Amateur

1. e2 — e4   e7 — e6

2. d2 — d4   d7 — d5

3. Cb1 — c3   c7 — c5

Un coup hasardeux.

4. e4 × d5   e6 × d5

5. Ff1 — b5+   Cb8 — c6

6. Cg1 — f3   ...

Timeo Danaos et dona ferentes (Je crains les Grecs, même quand ils font des présents). Les Blancs auraient pu gagner ici un pion, en jouant **6.** d × c, par exemple **6.** ..., F × c5; **7.** C × d5, etc., ou **6.** ..., d4; **7.** De2 + Fe6; **8.** Ce4, etc., mais alors les Noirs auraient pu commencer une forte attaque.

C'est pourquoi les Blancs préfèrent soutenir la pression des Pions au centre qui leur assure l'initiative.

6. ...   Cg8 — f6

7. Cf3 — e5   ...

Un Cavalier aux avant-postes.

7. ...   Dd8 — c7

8. Fc1 — g5   Cf6 — e4

Jouant le tout pour le tout. Les amateurs déploient souvent beaucoup d'**imagination**, mais omettent dans leurs calculs quelques petites «pointes» dont font alors usage les maîtres.

Mieux que le coup du texte valait **8.** ..., Fe6, défendant le pion faible d5.

9. Cc3 × d5 !   Dc7 — d6

Avec l'espoir ferme de gagner une des deux pièces simultanément attaquées : soit le Cavalier d5 (attaqué par la Dame), soit le Fou g5 (attaqué par le Cavalier).

Quel beau rêve donc de monter une combinaison gagnante contre un maître !

10. Fg5 — h4 !   Dd6 × d5 ?

Le rêve semble se réaliser.

11. Fb5 — c4 !   ...

Le rêve s'évanouit, car :

11. ...   Dd5 — d6

Seule case non attaquée.

12. Fc4 × f7×

N° 26. — Travail concentrique.

Blancs	Noirs
STEINITZ	N.

1. e2 — e4	e7 — e5
2. Cb1 — c3	Cb8 — c6
3. f2 — f4	e5 × f4
4. Cg1 — f3	Ff8 — b4

Mieux **4.** ..., g5.

5. Cc3 — d5	Fb4 — a5
6. Cd5 × f4	d7 — d6
7. c2 — c3	Fc8 — g4
8. Ff1 — b5	Re8 — f8
9. 0 — 0	Cc6 — e5
	Fatal.

10. Cf3 × e5 !   ...

A la manière de Legal (partie N° 7).

10. ...   Fg4 × d1

Acceptant le don « danaïque ». Mieux était **10.** ..., d × e ; **11.** D × g4, e × f ; **12.** D × f4, De7 et les Noirs n'ont perdu qu'un Pion. Leur partie serait pourtant même alors compromise, attendu que les Blancs possèdent :

1° une forte attaque sur la colonne TR ouverte ;

2° un centre puissant ;

3° un avantage de développement.

11. Cf4 — g6+   h7 — g6

12. Ce5 × g6× (ou aussi **12.** Tf1 × f7×).

Nº 27. — Avant le Roque.

Blancs	Noirs
POLLOK	N.

1. e2 — e4	e7 — e5
2. Cb1 — c3	Cb8 — c6
3. Cg1 — f3	Ff8 — b4
4. Ff1 — c4	Cg8 — f6
5. 0 — 0	d7 — d6
6. Cc3 — d5	Fc8 — g4
7. c2 — c3	Fb4 — c5
8. d2 — d3	Cc6 — e7

Mieux **8.** ..., 0 — 0. *Primum roquari, deinde philosophari.* (D'abord roquer et seulement après philosopher.)

9. Cf3 × e5 !

A la manière de Legal.

9. ...   Fg4 × d1

Acceptant le don «danaïque». Si **9.** ..., C × d5; **10.** C × g4, etc. Faute de mieux, il fallait s'accommoder à la variante **9.** ... de **10.** C × f6+, g × f; **11.** D × g4, etc., sans perte immédiate.

10. Cd5 × f6+   g7 × f6

Ou **10.** ..., Rf8: **11.** Ced7+, D × d7 (forcé); **12.** C × d7+, Re8; **13.** C × c5, d × c; **14.** T × d1 et les Blancs restent avec une pièce de plus.

11. Fc4 × f7+   Re8 — f8

12. Fc1 — h6×

Nº 28. — Le Roi errant.

Blancs	Noirs
SEGUIN	N.

1. e2 — e4	e7 — e5
2. Cg1 — f3	d7 — d6
3. Ff1 — c4	f7 — f5

Une réponse hasardeuse.

4. d2 — d4	Cg8 — f6
5. Cb1 — c3	e5 × d4
6. Dd1 × d4	Fc8 — d7

Nécessaire était immédiatement **6.** ..., Cc6.

| **7.** Cf3 — g5 | ... |

(Décisif.)

7. ...	Cb8 — c6
8. Fc4 — f7+	Re8 — e7
9. Dd4 × f6+	...

Par ce superbe « sacrifice d'élimination », la cause des Blancs triomphe.

| **9.** ... | Re7 × f6 |

Si **9.** ..., g × f; **10.** Cd5×

10. Cc3 — d5+	Rf6 — e5
11. Cg5 — f3+!	Re5 × e4
12. Cd5 — c3×	

No 29. — **Un double sacrifice.**

Partie jouée à Hambourg, en 1910

| Blancs | Noirs |
| V. Holzhausen | Dr Tarrasch |

1. e2 — e4	e7 — e5
2. Cg1 — f3	Cb8 — c6
3. Ff1 — c4	Cg8 — f6
4. Cb1 — c3	Ff8 — e7
5. d2 — d4	e5 × d4
6. Cf3 × d4	d7 — d6
7. 0 — 0	0 — 0
8. h2 — h3	Tf8 — e8

La suite montrera que cet abandon de la surveillance du **point f7** est douteux. Mieux valait simplifier la tension des pièces au centre, en jouant **8.** ..., C × d4; **9.** D × d4, Fe6.

| **9.** Fc1 — f4 | Cf6 — d7? |

Au lieu de cette manœuvre artificielle qui provoque une catastrophe, il fallait encore ici s'accommoder de l'échange :

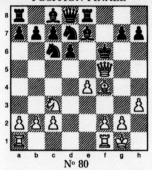

N° 80

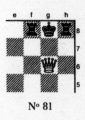

N° 81

9. ..., C × d4 ; **10.** D × d4, Fe6 et les parties sont à peu près équilibrées.

10. Fc4 × f7 !!	Rg8 × f7
11. Cd4 — e6 !!	...

Attirant le Roi adverse dans un réseau de mat. Le Cavalier doit être pris, car autrement la Dame noire serait perdue.

11. ...	Rf7 × e6
12. Dd1 — d5+	Re6 — f6
13. Dd5 — f5×	

Voir diagr. N° 80. — C'est bien un exemple curieux d'un « mat à guéridon », où le Roi noir voit ses deux cases de fuite (e7 et g7) occupées par ses propres pièces.

Parmi les autres positions de mat curieuses qui se produisent assez souvent, citons le « mat à épaulette » (voir diagr. N° 81).

N° 30. — Un autre sacrifice double.

Partie jouée à Berlin, en 1914.

Blancs	Noirs
TEICHMANN	N.
1. e2 — e4	d7 — d5
2. e4 — d5	Dd8 × d5

3. Cb1 — c3	Dd5 — d8
4. Cg1 — f3	Fc8 — g4
5. Ff1 — c4	e7 — e6
6. h2 — h3	Fg4 × f3
7. Dd1 × f3	c7 — c6
8. d2 — d3	Dd8 — f6
9. Df3 — g3	...

A juste titre, les Blancs se refusent à l'échange des Dames qui simplifierait par trop la lutte. La manœuvre du texte renferme deux menaces tactiques : celle de l'irruption par **10.** Dc7 et celle de la poursuite de la Dame adverse par **10.** Fg5.

9. ...	Cg8 — h6 ?

Une faute. Le Cavalier est mal placé et exigera une protection soutenue. Si **9.** ..., h6 ; **10.** Dc7. Pour toutes ces raisons, les Noirs auraient dû reconnaître la précipitation de leur 8e coup et réparer le dommage — même au prix du temps perdu ! — par le retour de la Dame : **9.** ..., Dd8. En effet, leur partie aurait été seulement difficile, tandis que maintenant elle devient vite compromise.

10. Fc1 — g5	Df6 — g6
11. Cc3 — b5 !	...

Une très belle combinaison. Le Cavalier qui se sacrifie si courageusement, menace **12.** Cc7+ suivi de C × a8.

11. ...	c6 × b5 ?

Cet aveuglement sera immédiatement puni. Il fallait se défendre, tant qu'on le pouvait, par **11.** ..., Ca6.

12. Dg3 × b8+ ! !	...

Cette seconde surprise est la «pointe» de la première. En prenant le Cavalier, les Noirs ne s'attendaient apparemment qu'à la suite **12.** F × b5+, Cc6, etc., où ils pourraient encore se défendre, tandis que le sacrifice du texte élimine précisément la pièce défensive des Noirs.

12. ...	Ta8 × b8
13. Fc4 × b5×	

L'action des deux Fous des Blancs dans cette position de mat produit un effet vraiment artistique.

N° 31. — **Attaque pour Pion.**

Partie jouée au Tournoi mineur,
Munich, 1927.

Blancs	Noirs
SPRINGE	GEBHARD

1. d2 — d4	Cg8 — f6
2. Cg1 — f3	e7 — e6
3. Fc1 — g5	c7 — c6

Plus énergique est **3.** ..., c5.

4. e2 — e4	Dd8 — b6
5. Cb1 — d2?	Db6 × b2

Une expédition qui coûte du temps. Mieux **5.** ..., d5.

6. Ff1 — d3	d7 — d5
7. 0 — 0	Db2 — b6

La Dame, trop éloignée de ses propres retranchements, se hâte de revenir.

8. Dd1 — e2	d5 × e4
9. Cd2 × e4	Cf6 × e4
10. De2 × e4	Cb8 — d7
11. c2 — c4	h7 — h6?

Affaiblissement fatal de la case g6. Il fallait se défendre péniblement par **11.** ..., Dc7.

12. De4 × e6+!!

Duplicité des combinaisons : cf. partie N° 22.

12. ...	f7 × e6
13. Fd3 — g6 ×	

N° 32. — **Après le roque (noir).**

Partie jouée à Leipzig.

Blancs	Noirs
MIESES	N.

1. e2 — e4	e7 — e5
2. Cb1 — c3	Cg8 — f6

3. Ffl — c4	Cf6 × e4
4. Ddl — h5	Ce4 — d6
5. Fc4 — b3	Ff8 — e7
6. d2 — d3	0 — 0
7. Cg1 — f3	...

Au lieu de regagner le pion par **7.** D × e5, les Blancs préparent une attaque impitoyable contre la position de roque ennemi.

7. ...	Cb8 — c6
8. Cf3 — g5	h7 — h6

Si **8.** ..., F × g5 ; **9.** F × g5, De8 ; **10.** Cd5.

9. h2 — h4 !	...

Un stratagème qui a sa raison d'être, tant qu'on n'a pas encore roqué soi-même du même côté que l'adversaire.

9. ...	Cd6 — e8

Fatal serait, en effet, **9.** ..., h × g ? ; **10.** h × g et les Blancs produisent sur la colonne TR ainsi «dénudée» le mat au coup suivant.

Une meilleure défense que le coup du texte permettait pourtant **9.** ..., Cd4.

10. Cc3 — d5	Ce8 — f6
11. Dh5 — g6 ! !	...

Avec la menace **12.** C × f6+, F × f6 ; **13.** Dh7 ×.

11. ...	f7 × g6

Si **11.** ..., h × g ; **12.** h × g, f × g ; **13.** C × e7 (ou **13.** C × f6) avec échec et double mat.

Si **11.** ..., Rh8 ; **12.** C × f7+ gagnant la qualité, ce qui était pourtant relativement le meilleur parti à prendre pour les Noirs.

12. Cd5 × e7++	Rg8 — h8
13. Ce7 × g6×	

No 33. — Le Roi mal gardé.

Jouée dans une séance de parties
simultanées à Delft, en 1925.

Blancs	Noirs
OSKAM	N.
1. d2 — d4	d7 — d5

2. c2 — c4	Cg8 — f6
3. c4 × d5	Cf6 × d5
4. e2 — e4	Cd5 — f6
5. Cb1 — c3	...

Ayant occupé avec gain de temps le centre, les Blancs ont une meilleure partie.

| **5.** ... | Cb8 — c6 |

Douteux. Une variante pourrait ici être **5.** ..., e5 p. ex. **6.** d × e (mieux **6.** Cf3); **6.** ..., D × d1+; **7.** R × d1, Cg4; **8.** Re1, C × e5 et les Noirs ont regagné le Pion tout en simplifiant, par l'échange des Dames, le combat.

| **6.** Cg1 — f3 | Fc8 — g4 |
| **7.** d4 — d5 | Cc6 — e5 ? |

Plausible, mais fatal. Il fallait reconnaître la défectuosité de son 5e coup et chercher à accroître — même au prix du temps perdu — son développement en jouant **7.** ..., Cb8 suivi plus tard de Cb8 — d7.

| **8.** Cf3 × e5 ! ! | ... |

Un sacrifice de la Dame à la manière de Legal (révolte du Cavalier blanc cloué).

| **8.** ... | Fg4 × d1 |
| **9.** Ff1 — b5+ | c7 — c6 |

Ou **9.** ..., Cd7 : **10.** F × d7+ regagnant la Dame.

| **10.** d5 × c6 | Dd8 — b6 |

Espérant en vain atténuer quelque peu la force de l'échec à la découverte qui va suivre.

11. c6 × b7 + déc.	Db6 × b5
12. b7 × a8 fait T +	Db5 — b8
13. Ta8 × b8 ×	

No 34. — Le Roi voyageur.

Partie jouée à Budapest,
en 1929.

| Blancs | Noirs |
| Dr JANNY | N. |

| **1.** e2 — e4 | c7 — c5 |
| **2.** Cg1 — f3 | Cb8 — c6 |

3. Cb1 — c3	e7 — e6
4. d2 — d4	d7 — d5

Une suite plus prudente est **4.** ..., c × d; **5.** C × d4 et seulement maintenant **5.** ..., d5.

5. d4 × c5	Ff8 × c5

Au lieu de perdre un Pion (d5) sans compensation, il fallait gagner du terrain par l'avance préalable **5.** ..., d4.

6. e4 × d5	c6 × d5
7. Dd1 × d5	Dd8 × d5
8. Cc3 × d5	...

Malgré l'échange des Dames, la pression des Blancs qui menacent **9.** Cc7+, est très grande.

8. ...	Re8 — d7

Mieux **8.** ..., Fd6

9. Fc1 — f4	Fc5 — d6
10. Ff4 × d6	Rd7 × d6
11. 0 — 0 — 0	...

Avec la menace **12.** Cb6+ déc. suivi de C × a8.

11. ...	Rd6 — c5
12. Cf3 — g5	Cg8 — h6

Défendant les biens terrestres (Pion f7), mais perdant le Roi. Mieux **12.** ..., Cd8.

13. Cg5 — e4×

N° 35. — La chasse au Roi (blanc).

Partie jouée à Melbourne,
en 1931.

Blancs	Noirs
N.	FAUL

1. e2 — e4	d7 — d5
2. c4 — e5	e7 — e6
3. d2 — d4	Cb8 — c6
4. f2 — f4	Cg8 — e7

5. c2 — c3	Ce7 — f5
6. Ff1 — d3	...

Faute qui gâche le jeu. Il fallait empêcher l'échec destructeur à h4, en jouant **6.** Cf3.

6. ...	Dd8 — h4+
7. Re1 — d2	...

Si **7.** g3, C × g3 !

Si **7.** Rf1 (ou **7.** Re2), alors **7.** ..., Cg3+ gagnant la qualité, ce qui était relativement le meilleur parti à prendre pour les Blancs.

7. ...	Dh4 × f4+
8. Rd2 — c2 ?	...

Cet asile est trompeur. Il fallait, en tout cas, revenir sur ses pas : **8.** Re1 ou essayer **8.** Re2.

Maintenant, les Noirs annoncent un mat forcé en six coups :

8. ...	Cc6 × d4+ !
9. c3 × d4	Cf5 × d4+
10. Rc2 — c3	Ff8 — b4+ !

Une nouvelle surprise.

11. Rc3 × b4	Cd4 — c6++
12. Rb4 — c3	Df4 — b4+
13. Rc3 — c2	Cc6 — d4×

Il faut reconnaître l'économie des moyens par lesquels les Noirs obtiennent ce mat.

Nº 36. — Mat à l'étouffé.
Recueil de Greco.

Blancs	Noirs
1. e2 — e4	e7 — e5
2. Cg1 — f3	Cb8 — c6
3. Ff1 — c4	Ff8 — c5
4. 0 — 0	Cg8 — f6
5. Tf1 — e1	0 — 0
6. c2 — c3	Dd8 — e7
7. d2 — d4	e5 × d4
8. e4 — e5	...

Au lieu de tenter de précipiter les événements, il fallait jouer simplement **8.** c × d, établissant le centre.

8. ...   Cf6 — g4
9. c3 × d4   Cc6 × d4 ! !

Une réponse inattendue.

10. Cf3 × d4   De7 — h4
11. Cd4 — f3   ...

Une défense était possible en jouant **11.** Fe3.

11. ...   Dh4 × f2+
12. Rg1 — h1   Df2 — g1+

Une combinaison convaicante.

13. T (ou C) × D   Cg4 — f2 ×

N° 37. — Écroulement du centre.

Partie jouée à Berlin, en 1932.

Blancs   Noirs
NADEL   N.

1. d2 — d4   d7 — d5
2. c2 — c4   c7 — c6
3. Cg1 — f3   Cg8 — f6
4. Cb1 — c3   d5 × c4

Au lieu de ce gain temporaire d'un Pion, les Noirs servent mieux leur cause en jouant **4.** ..., e6.

5. a2 — a4   Fc8 — f5
6. Cf3 — e5   c6 — c5

Le terrain s'ouvre au profit de l'attaquant. Le meilleur coup de défense est ici **6.** ..., Cbd7 (« développement par opposition »).

7. e2 — e4 !   Cf6 × e4
8. Dd1 — f3   ...

Les menaces des Blancs s'accumulent.

8. ...   c5 × d4
9. Df3 × f5   Ce4 — d6
10. Ff1 × c4   ...

Un beau détail (car si **10.** ..., C × D; **11.** F × f7×).

10. ...	e7 — e6
11. Fc4 — b5+	Re8 — e7

Le dernier voyage.

12. Ce5 — g6+!!	h7 × g6

Si **12.** ..., f × g; **13.** Fg5×

13. Cc3 — d5+!!	e6 × d5
14. Df5 — e5×	

No 38. — Une partie historique.

Jouée le 20 mars 1804
à Malmaison.

Blancs	Noirs
NAPOLÉON Ier	Mme DE RÉMUSAT

1. Cb1 — c3	e7 — e5
2. Cg1 — f3	d7 — d6
3. e2 — e4	f7 — f5
4. h2 — h3	f5 × e4
5. Cc3 × e4	Cb8 — c6
6. Cf3 — g5	...

Cavalier intrépide.

6. ...	d6 — d5
7. Dd1 — h5+	g7 — g6
8. Dh5 — f3	Cg8 — h6
9. Ce4 — f6+	Re8 — e7
10. Cf6 × d5+	Re7 — d6
11. Cg5 — e4+!	Rd6 × d5

Sacrifice.

12. Ff1 — c4+!	Rd5 × c4

Sacrifice.

13. Df3 — b3+	Rc4 — d4
14. Db3 — d3×	

Les Échecs se glorifient de l'intérêt que leur porta l'Empereur.

N° 39. — Escarmouches.

Jouée dans une séance de parties
simultanées à Paris, en 1932.

Blancs	Noirs
TARTAKOVER	N.

1. e2 — e4   c7 — c6
2. d2 — d4   d7 — d5
3. f2 — f3   d5 × e4
4. f3 × e4   e7 — e5
5. Cg1 — f3   ...

Ne tombant évidemment pas dans le piège : **5.** d × e ??, Dh4+ ;
6. g3, D × e4+, etc.

5. ...   e5 × d4
6. Ff1 — c4 !   ...

Au lieu de reprendre le Pion d4, les Blancs poursuivent le
développement ultra-rapide de leurs pièces.

6. ...   Ff8 — b4+

Espérant alléger leur position difficile par cet échec. Le meilleur est
6. ..., Fe7.

(Une faute instructive serait, dans la position du texte, la sortie
optimiste **6.** ..., Fg4, à cause de **7.** F × f7+, R × f7 ; **8.** Ce5+, Re8 ;
9. D × g4, où les Blancs ont non seulement déroqué le Roi adverse, mais
encore gagné un pion dans l'affaire.)

7. c2 — c3 !   d4 × c3
8. Fc4 × f7+. Décisif.
8. ...   Re8 × f7

Espérant « refaire » avec profit — grâce à l'échec à la découverte —
la Dame qu'ils perdent, mais la combinaison de l'adversaire va encore
plus loin.

Relativement le mieux était **8.** ..., Re7 ; **9.** Db3, c × b+ déc. ;
10. D × b4+, R × f7 ; **11.** F × b2 et quoique les Blancs aient une position
d'attaque très forte, la résistance des Noirs est possible.

9. Dd1 × d8   c3 × b2+ déc.
10. Re1 — e2   b2 × a1D

Les Noirs ont maintenant une Tour et un Fou de plus, mais leur Roi
est dans une souricière.

11. Cf2 — g5+	Rf7 — g6
12. Dd8 — e8+	Rg6 — h6

Si **12.** ..., Rf6 ; **13.** Tf1+

13. Cg5 — e6+ déc.	g7 — g5
14. Fc1 × g5×	

N° 40. — Pion pour attaque.

Blancs	Noirs
Prince Dadian	X.
de Mingrélie	

1. e2 — e4	e7 — e5
2. Cg1 — f3	Cg8 — f6
3. Ff1 — c4	Cf6 × e4
4. Cb1 — c3	Ce4 × c3
5. d2 × c3	f7 — f6
6. 0 — 0	d7 — d6
7. Cf3 — h4	g7 — g6
8. f2 — f4	f6 — f5
9. Ch4 — f3	Dd8 — f6
10. f4 × e5	d6 × e5
11. Fc1 — g5	Df6 — b6+
12. Rg1 — h1	Db6 — d6
13. Cf3 × e5 ! !	...

Une belle solution.

13. ...	Dd6 × D1

Ce coup équivaut à l'abandon de la partie. On pouvait encore essayer quelque résistance en jouant **13.** ..., Fe7.

14. Fc4 — f7×	

N° 41. — Attaque frontale.

Partie jouée à Berlin,
en 1864.

Blancs	Noirs
Anderssen	Schallop

1. e2 — e4	e7 — e5

2. f2 — f4	d7 — d5
3. Cg1 — f3	d5 × e4
4. Cf3 × e5	Ff8 — d6
5. Ff1 — c4 !	Fd6 × e5
6. f4 × e5	Dd8 — d4

Par cette attaque simultanée du Fou c4 et du Pion e5, les Noirs font du butin, mais perdent un temps précieux au lieu de se développer.

| **7.** Dd1 — e2 | Dd4 × e5 |
| **8.** d2 — d4 ! | ... |

Sacrifiant un second pion dans l'intérêt d'une attaque soutenue.

8. ...	De5 × d4
9. Cb1 — c3	Cg8 — f6
10. Fc1 — e3	Dd4 — d8

La Dame pourchassée.

| **11.** 0 — 0 | h7 — h6 |

Si **11.** ..., 0 — 0 ; **12.** Fg5, clouage très gênant.

| **12.** Fe3 — c5 | Cb8 — d7 ? |

Plausible, mais fatal. Si pourtant **12.** ..., b6, **13.** Tad1. Il fallait donc essayer de se débrouiller par la contre-manœuvre **12.** ..., Fg4, bien que la suite : **13.** F × f7+ !, R × f7 ; **14.** D × g4, etc., serait, alors aussi, assez triste.

| **13.** De2 × e4+ ! ! | Cf6 × e4 |

(Brillant.)

14. Fc4 × f7×

N° 42. — Un sacrifice imprévu.

Partie jouée à Cologne, en 1911.

Blancs	Noirs
ALEKHINE	TENNER

1. e2 — e4	e7 — e5
2. f2 — f4	Ff8 — c5
3. Cg1 — f3	d7 — d6

(Si **3.** f × e ??, Dh4+).

| **4.** Cb1 — c3 | Cg8 — f6 |
| **5.** Ff1 — c4 | Cb8 — c6 |

| **6.** d2 — d3 | Fc8 — g4 |
| **7.** Cc3 — a4 | e5 × f4 |

Mieux vaut ici la contre-action **7.** ..., Cd4.

8. Ca4 × c5	d6 × c5
9. Fc1 × f4	Cf6 — h5
10. Ff4 — e3	Cc6 — e5

Si **10.** ..., Cd4; **11.** F × d4, c × d; **12.** F × f7+!, R × f7; **13.** Ce5+ suivi de D × g4 — attaque connue que le débutant n'apprendra que trop souvent à ses dépens!

Néanmoins, le coup du texte trouve lui aussi sa réfutation. Les meilleures perspectives de défense auraient été données par: **10.** ..., De7.

| **11.** Cf3 × e5!! | ... |

A la manière de Legal (voir partie N° 7).

11. ...	Fg4 × d1
12. Fc4 × f7+!	Re8 — e7
13. Fe3 × c5+	Re7 — f6
14. 0 — 0+!	...

Triomphe de la colonne FR ouverte.

| **14.** ... | Rf6 × e5 |

| **15.** Tf1 — f5× |

N° 43. — Un coup de foudre.

Partie jouée en Syrie, en 1932.

| Blancs | Noirs |
| Dr Reinle | N. N. |

1. e2 — e4	e7 — e5
2. Cb1 — c3	Cg8 — f6
3. f2 — f4	e5 × f4

Coup faible, car il permet à l'adversaire de gagner du terrain. Trop passif est ici pourtant **3.** ..., d6; le plus vigoureux est, sans doute, **3.** ..., d5.

| **4.** e4 — e5 | Dd8 — e7 |
| **5.** Cg1 — f3 | Ff8 — d6 |

Mieux immédiatement **4.** ..., Cg8. **5.** Dd1 — e2, Cf6 — g8. Retour forcé.

6. Cg1 — f3   d7 — d6 ?

Faute décisive. Une meilleure défense continuait la politique de retraite : **6.** ..., Dd8.

7. Cc3 — d5   De7 — d8
8. e5 × d6+ déc.   Fc8 — e6
9. Cd5 × c7+   ...

Forçant l'attaque. Un gain résultait du reste, aussi **9.** d × c, Dc8 (**9.** ..., D × d5 ; **10.** c8D+) ; **10.** c × bD, gagnant une pièce.

9. ...   Re8 — d7
10. Cf3 — e5+   Rd7 — c8

Refuge trompeur. Pourtant si **10.** ..., R × d6 ; **11.** C × e6 !, De7 (**11.** ..., f × e ; **12.** Cf7+ ou **11.** ..., R × e6 ; **12.** Cc6+) ; **12.** Cc4+ et les Blancs conservent une pièce de plus.

11. Cc7 × e6 !   f7 × e6
12. De2 — c4+   Cb8 — c6
13. Dc4 × c6+ ! !   b7 × c6

(Brillant.)

14. Ff1 — a6+   Rc8 — b8
15. Ce5 × c6×

N° 44. — Une contre-attaque.

Partie jouée au championnat
féminin à Londres, en 1932.

Blancs	Noirs
MRS. PATTISON	MRS. STEVENSON

1. d2 — d4   d7 — d5
2. c2 — c4   c7 — c6
3. e2 — e3   Cg8 — f6
4. Cb1 — c3   e7 — e6
5. Cg1 — f3   Ff8 — d6
6. c4 × d5   e6 × d5
7. Ff1 — d3   Fc8 — g4

132

On voit que le 6ᵉ coup des Blancs à seulement, sans nécessité, ouvert la diagonale c8 — h3 au FD des Noirs.

8. Fd3 — e2   Cb8 — d7
9. 0 — 0   Dd8 — c7

Avec la menace de gagner un Pion par **10.** ..., F × f3 ; **11.** F × f3, F × h2+ ; **12.** Rh1, Fd6, etc.

Les Noirs ont déjà l'initiative qu'ils vont augmenter par leur coup suivant :

10. g2 — g3   ...

(Mieux **10.** h3.)

10. ...   h7 — h5 !

Cherchant à ouvrir la colonne TR par l'avance éventuelle h5 — h4, suivie de h4 × g3.

11. h3 — h4   ...

Les Blancs parent la menace, mais au prix d'un nouvel affaiblissement de leur position de roque. **11.** Rg2 eût montré plus de sang-froid.

11. ...   Fg4 — h3

Incrustation.

12. Tf1 — e1   Fd6 × g3 ! !

Sacrifice.

13. Cf3 — g5   Fg3 × f2+ ! !

Une nouvelle surprise. On voit que les amazones du jeu des Échecs sont très résolues[1]

14. Rg1 × f2   Dc7 — h2+
15. Rf2 — f3   Fh3 — g4×

Nᵒ 45. — Un échec imprévu.

*Partie jouée au Grand Tournoi International
à Baden-Baden, en 1925.*

Blancs	Noirs
Gruenfeld	Torre

1. d2 — d4   e7 — e6

---

1. Championne incontestée, Mrs. Stevenson (Miss Véra Menchik) fut en 1944 victime civile de la Seconde Guerre mondiale.

2. Cg1 — f3	f7 — f5
3. g2 — g3	Cg8 — f6
4. Ff1 — g2	d7 — d5
5. 0 — 0	Ff8 — d6
6. c2 — c4	c7 — c6
7. Dd1 — c2	0 — 0
8. b2 — b3	Cf6 — e4
9. Fc1 — b2	Cb8 — d7
10. Cf3 — e5	Dd8 — f6
11. f2 — f3	Cd7 — e5 !

Une mesure intermédiaire bien importante.

12. d4 × e5 ??	...

Réponse mécanique qui ne prévoit pas la tournure tragique qui s'ensuit. On voit donc que même dans les tournois des plus grands maîtres, des fautes graves se commettent. Ce5 — g4, etc.

Il fallait jouer **12.** f3 × e4.

12. ...	Fd6 — c5+
13. Rg1 — h1	Ce4 × g3+ !
	Mortel.
14. h2 × g3	Df6 — h6+
15. Fg2 — h3	Dh6 × h3×

N° 46. — Décision frontale.

Joué dans une séance de 20 parties simultanées **sans voir l'échiquier**. *Anvers, 1931.*

Blancs	Noirs
KOLTANOWSKI	N. N.

1. e2 — e4	c7 — c6
2. d2 — d4	d7 — d5
3. Cb1 — c3	d5 × e4
4. Cc3 × e4	Cg8 — f6
5. Ff1 — d3	...

Sacrifice d'un Pion dans l'intérêt du développement ultra-rapide des pièces.

5. ...	Dd8 × d4
6. Cg1 — f3	Dd4 — d8

La Dame pourchassée.

7. Dd1 — e2	Fc8 — f5

Une idée intéressante qui a l'apparence d'une faute.

8. Ce4 × f6+	g7 × f6
9. Fd3 × f5	Dd8 — a5+
10. Fc1 — d2	Da5 × f5

Les Noirs ont donc regagné leur pièce, mais aux dépens d'un temps précieux pour le développement.

11. 0 — 0 — 0!	Df5 — e6

Espérant forcer l'échange des Dames, mais en réalité — comme le montrera la réponse brillante du maître — le premier pas vers l'abîme.

12. De2 — d3!	...

Les forces s'accumulent de front.

APRÈS LE 12ᵉ COUP
DES NOIRS

N° 82

12. ...	De6 × a2??

En butinant ce Pion, les Noirs ne s'attendent qu'aux coups suivants :

I. — **13.** Fc3?, Fh6+! et gagne ;

135

II. — **13.** Fe3, Da1+; **14.** Rd2, Da5+; **15.** Re2, Dc7 avec consolidation;

III. — **13.** c3, Dd5 et l'élan des Blancs est apaisé.

Mais, en est-il vraiment ainsi? Voilà la question (voir diagr. N° 82).

13. Dd3 — d8+!!! ...

Les forces accumulées de front sur la colonne-Dame, celle-ci est sacrifiée; ainsi les Blancs réussissent à vaincre les obstacles du terrain (conquête de la case d8) et du temps (déplacement du Fou d2).

Relevons la **duplicité des combinaisons**: un sacrifice analogue, basé lui aussi sur la force de l'échec double, a eu déjà lieu dans la partie N° 21 (Réti-Tartakover).

13. ... Re8 × d8

Attiré sous les rayons foudroyants d'un échec double — contre lequel ni l'interposition, ni la prise ne sont possibles —, le Roi noir succombe.

14. Fd2 — a5++R *ad libitum.*
15. Td1 — d8×

Le jeu « à l'aveugle ». — Najdorf en détient depuis 1943 le record mondial, ayant joué à Rosario 40 parties avec le score de 36 gagnées, 3 perdues et 1 nulle en dix-sept heures trente-cinq minutes.

Même au point de vue purement physique, cette performance atteint à peu près les limites des facultés humaines.

Les grands champions précédents du jeu «à l'aveugle» — qui exige assurément quelques aptitudes particulières — avaient été Philidor, Morphy, Zukertort, Pillsbury, Breyer, Réti, Alekhine et Koltanowski.

Notons encore que pour les performances massives (au-dessus de 15 parties), la mémoire visuelle est de moindre importance que celle de l'enchaînement des coups.

Les bases scientifiques de cet art qui amuse et étonne le grand public, furent magistralement exposées dans une étude de Binet, parue en 1894.

N° 47. — « En piqué ».

Pendant la Seconde Guerre mondiale, les Échecs ont pris dans l'armée britannique (et tout spécialement, parmi les aviateurs) un essor formidable.

Ci-après une partie jouée en 1945 dans un match entre deux sections de la fameuse R.A.F. («Royal Air Force»).

Blancs	Noirs
HEMBROW	COUSINS
1. d2 — d4	d7 — d5
2. c2 — c4	c7 — c6
3. Cb1 — c3	Cg8 — f6
4. Fc1 — f4	d5 × c4
5. e2 — e4	b7 — b5
6. a2 — a3	a7 — a6
7. e4 — e5	Cf6 — d5
8. Dd1 — f3	e7 — e6
9. Ff4 — d2	Cb8 — d7
10. Cc3 — e4	Ff8 — e7
11. Cg1 — h3	h7 — h6
12. Df3 — g4	g7 — g6

Le déroulement, jusqu'ici assez tranquille, de la lutte ne laisse guère prévoir un dénouement ultra-rapide.

13. Ch3 — f4	h6 — h5
14. Dg4 — g3	Fe7 — h4
15. Cf4 × g6 ! !	Fh4 × g3

Préférant une fin instantanée à la mort lente qui s'ensuivrait en cas de **15.** ..., f × g; **16.** D × g6+, Rf8; **17.** Cd6!, De7; **18.** Fh6+, T × h6; **19.** D × h6+, Rg8 (si **19.** ..., Dg7; **20.** D × h5 et gagne); **20.** g3, Fg5; **21.** Dg6+, Dg7 (ou **21.** ..., Rf8; **22.** f4 et gagne); **22.** D × e6+, Rh7; **23.** Fh3, etc.

16. Ce4 — d6×.

Tableau !

LA DAME ERRANTE

58. — Une des **fautes** les plus fréquentes des débutants consiste à trop **promener** au début de la partie la **même** pièce à travers l'échiquier.

Tout spécialement la Dame, qu'il faudrait manier très exactement, est employée par un novice à un va-et-vient continuel : elle s'élance, retourne, repart, va butiner un pion, s'éloigne, pour cela, du théâtre principal de la guerre, s'expose sans nécessité et succombe parfois en entraînant par sa perte celle de la partie. En voici quelques exemples ;

Partie N° 48. — **1.** e2 — e4, e7 — e5 ; **2.** f2 — f4, d7 — d6 ; **3.** Cg1 — f3, Dd8 — e7 (sortie inutile) ; **4.** Ff1 — c4, e5 × f4 ; **5.** 0 — 0 !, De7 × e4 ?? (butin suspect) ; **6.** Tf1 — e1 gagnant la Dame et la partie.

Partie **N° 48** *bis.* — **1.** e2 — e4, e7 — e5 ; **2.** f2 — f4, d7 — d5 ; **3.** e4 × d5, Dd8 × d5 ? (**3.** ..., e5 — e4 !) ; **4.** Cb1 — c3, Dd5 — e6 (mieux **4.** ..., Dd8) ; **5.** Cg1 — f3 !, e5 × f4+déc. ; **6.** Re1 — f2 !, Ff8 — c5+ ? (échecomanie. Mieux **6.** ..., Fe7, masquant au moins la colonne-Roi) ; **7.** d2 — d4, Fc5 — b6 ? ; **8.** Ff1 — b5+, Re8 — d8 (ou p. ex. **8.** ..., c6 ; **9.** Te1 gagnant la Dame) ; **9.** Th1 — e1 et la Dame noire est quand même perdue, car si p. ex. **9.** ..., De6 — h6 ; **10.** Te1 — e8+.

Partie **N° 49.** — **1.** e2 — e4, e7 — e5 ; **2.** Cg1 — f3, Dd8 — f6 ? (sortie prématurée) ; **3.** Ff1 — c4, Df6 — g6 ? (sc réjouissant de pouvoir attaquer deux Pions à la fois : e4 et g2) ; **4.** d2 — d3, Dg6 × g2 ?? (tombant dans le piège) ; **5.** Th1 — g1, Dg2 — h3 ; **6.** Fc4 × f7+ !, Re8 — e7 (car si **6.** ..., R ×f7 ; **7.** Cg5+ suivi de C × D) ; **7.** Tg1 — g3 et la Dame noire est perdue.

Partie **N° 50** (jouée par deux maîtres !). — **1.** d2 — d4, Cg8 — f6 ; **2.** Cg1 — f3, e7 — e6 ; **3.** Fc1 — g5, c7 — c5 ; **4.** e2 — e4, Dd8 — b6 (si **4.** ..., c × d ; **5.** e5. Le mieux est **4.** ..., h6) ; **5.** Cb1 — d2 !, Db6 × b2 ? (prise fatale) ; **6.** Cd2 — c4 !, Db2 — b4+ (si **6.** ..., Db5 ; **7.** Cd6+ et si **6.** ..., Dc3+ ; **7.** Fd2, en prenant dans ces deux cas la Dame) ; **7.** c2 — c3 ! !, Db4 × c3+ (triste nécessité !) ; **8.** Fg5 — d2, gagnant la Dame et la partie.

Partie **N° 50** *bis* (jouée au tournoi de Moscou, en 1935, entre les grands maîtres Botvinnik et Spielmann). — **1.** c2 — c4, c7 — c6 ; **2.** e2 — e4, d7 — d5 ; **3.** e4 × d5, c6 × d5 ; **4.** d2 — d4, Cg8 — f6 ; **5.** Cb1 — c3, Cb8 — c6 (le plus simple est **5.** ..., d × c) ; **6.** Fc1 — g5, Dd8 — b6 ; **7.** c4 × d5, Db6 × b2 ? (s'aventurant dans le gouffre. Nécessaire était **7.** ..., C × d4) ; **8.** Ta1 — c1 !, Cc6 — b4 (relativement le mieux était **8.** ..., Cb8) ; **9.** Cc3 — a4, Db2 × a2 ; **10.** Ff1 — c4, Fc8 — g4 ; **11.** Cg1 — f3 et les Noirs abandonnent, car après **11.** ..., F × f3 ; **12.** g × f, Da3 ; **13.** Tc3, ils ne peuvent sauver leur Dame qu'au prix d'une pièce.

Chapitre IX

Innovateurs, Réformateurs et Hérésiarques

59. — Échec aux Échecs ! — L'esprit critique s'acharna de tout temps à trouver des changements au jeu des Échecs sans toujours prétendre à des améliorations. Parmi ces propositions — toutes mal fondées, puisque arbitraires ! — mentionnons les suivantes :

I. — Prétendant que les combinaisons s'épuisent et que les bons joueurs ne peuvent guère éviter la nullité, l'ex-champion du monde Capablanca aurait voulu agrandir l'échiquier et ajouter au combat deux nouvelles pièces : le héraut et le ministre.

II. — Sans toucher au matériel, un autre ex-champion du monde, le Dr Lasker, voulait abroger la faculté du Roque.

III. — « Les Échecs sphériques ». Proposition d'un médecin hanséate, le Dr Maack, de donner à l'échiquier la troisième dimension, en faisant dérouler une partie d'Échecs sur huit échiquiers superposés. Une variété de cette idée, se jouant sur quatre échiquiers superposés et transparents, a été proposée en 1945, sous le nom de *total chess*, par Mr. Charles Beatty.

IV. — « Les Échecs cylindriques ». Proposition similaire.

V. — « Le Jeu Lauréat ». Proposition d'un professeur tchécoslovaque, le Dr Kratky, d'introduire sur un échiquier plus étendu une nouvelle pièce : l'aéroplane.

VI. — « Le *Kriegspiel* » (assez répandu en Angleterre) remplace le calcul par l'intuition et laisse exécuter la mobilisation, comme aussi tout le déroulement ultérieur du combat, sur deux échiquiers, séparés par un paravent, et invisibles l'un pour l'autre. Nécessité d'un arbitre.

VII. — « Les Échecs à quatre » (d'origine très ancienne). Il y a 64 cases supplémentaires. Un Roi maté peut y être délivré par l'allié.

VIII. — « Le Jeu Marseillais » (assez amusant), où chaque adversaire exécute à tour de rôle deux coups consécutifs.

IX. — Les Échecs « battu-battant », où gagne celui qui a réussi à se débarrasser le premier de toutes ses pièces. La prise y est obligatoire.

X. — Échec-prohibition.

XI. — Partie à dés.

XII. — Changements dans la position initiale des pièces, etc. Mentionnons dans cette rubrique l'idée de F. Ladendorf (1928) d'intervertir les cases du R et de la D. Une proposition semblable a été faite en 1944 par Lord Brabazon.

60. — Coup d'œil historique. — On pourrait continuer cette liste ; elle suffit pour constater que ces « réformes » ne serviraient qu'à déformer l'idée du jeu des Échecs, sans garantir que le jeu devienne plus intéressant, ni moins susceptible d'être étudié, classifié, mécanisé par les théoriciens.

Ne raillons pas trop ces propositions savantes, sinon sagaces, car il faut reconnaître que le jeu d'Échecs actuel, tel qu'il est pratiqué dans le monde depuis des siècles, n'est que le résultat des « Échecs réformés », conséquence de quelques innovations heureuses.

Invention orientale, le jeu d'Échecs avait été primitivement excessivement lent (puisqu'il ne possédait que des pièces « sautantes », c'est-à-dire à mouvement restreint) et monotone (puisque le mat ne se laissait guère réaliser, de sorte que presque toutes les parties devaient viser le « gain par dépouillement »).

Ce ne fut qu'au XVᵉ siècle que l'esprit vif des Européens intervint et que des auteurs italiens et espagnols introduisirent dans le jeu quelques pièces à longue portée, c'est-à-dire pouvant aller, dans la direction prescrite, d'un bout de l'échiquier à l'autre: D, T, F.

Le nom donné à ce «nouveau» jeu fut bien significatif: LA RABIOSA («Les Échecs déchaînés»). En effet, la mobilisation devint rapide (sans plus nécessiter les «ta'biats» arabes, c'est-à-dire les tableaux d'une quinzaine de coups imposés d'avance); le combat fut plein de manœuvres ingénieuses et de combinaisons brillantes: le mat, le résultat fréquent et fascinant d'une partie.

Le danger d'un mat ultra-rapide devint si grand, qu'on chercha à y remédier par la règle du Roque dont le but principal est, comme on voit, de mettre le Roi plus en sûreté qu'il ne l'est, d'ordinaire, au milieu de l'échiquier. Introduite vers 1610, la règle du Roque peut être considérée comme le dernier chaînon des réformes qui donnèrent au jeu des Échecs cette forme que nous connaissons et admirons actuellement.

60 *bis*. — Conclusions. — Concluons que sans contester en principe la possibilité des évolutions ultérieures, nous considérons le jeu d'Échecs, sous son aspect actuel, comme encore très viable.

En effet, malgré l'effervescence des théoriciens, il a — et cela non seulement pour les amateurs, mais même pour les plus grands maîtres! — assez de nouvelles combinaisons à inventer, de nouveaux plans à forger, de vieilles fautes à éviter, de problèmes techniques, stratégiques et psychologiques à résoudre; enfin de beautés à admirer.

La tension du combat est — surtout dans les parties des amateurs — encore très grande, trop grande pour qu'on ait besoin de se hasarder dans la voie des changements arbitraires.

Si, dans **quelques centaines d'années**, l'on pourra parler avec plus de fondement de l'épuisement de la «théorie» (comme on se plaît à appeler la science des débuts), on pourrait rajeunir notre jeu séculaire par quelque réforme d'utilité universellement reconnue, avant de le laisser tomber en désuétude.

60 *ter*. — Le fantôme de la nullité. — Il ne faut pas

confondre les parties amicales — où les nullités sont bien rares ! — avec les parties de tournois, où les nullités résultent très souvent de combats acharnés.

Si l'on considère que le coefficient trop élevé des parties nulles dans les compétitions mondiales (matches, tournois, etc.) gâche l'effet sportif de la lutte, on pourrait — sans toucher aux règles constitutives du jeu — introduire une évaluation plus précise des résultats obtenus.

Telles furent, par exemple, les suggestions faites par l'auteur de ces lignes ainsi que par les maîtres Lasker, Spielmann et Réti, d'introduire dans les tournois le système décimal d'évaluation, à savoir :

une partie gagnée = 10 points ;
demi-victoire (si l'on reste avec quelque avantage matériel, par ex. Roi et
Cavalier contre Roi seul) = 6 points ;
demi-perte = 4 points ;
une nullité normale = 5 points.

Que les organisateurs de tournois commencent à combattre le spectre de la nullité, les maîtres les suivront...

61. — Quelques hérésies. — Elles portent atteinte à la Règle.

I. *Pas double.* — Quelques faibles joueurs se plaisent — bien à tort ! — à inaugurer leur partie par deux coups (de pions) à la fois, par exemple **1.** e2 — e4 et d2 — d4 ; e7 — e6 et d7 — d5.

II. « *Gardez !* » — L'exigence illogique de maints joueurs de se faire annoncer « Gardez (la Dame) ! », tout comme on annonce « Échec (au Roi) ! » Pourquoi alors ne pas annoncer aussi chaque fois : « Danger de mort (au Pion) ! » Exclamations superflues, puisque toutes les pièces — sauf le Roi ! — peuvent être volontairement sacrifiées.

III. *Roque libre*, tel qu'il fut pratiqué très longtemps dans quelques contrées italiennes, en mettant le Roi sur n'importe quelle case (par ex. à g1 ou à h1) au-delà de la Tour du Roque.

IV. La non-reconnaissance de la prise « en passant » est surtout à constater dans le jeu d'Échecs actuel chez les Asiatiques (Inde, Japon, etc.).

V. La transformation du Pion seulement en une Dame ; ou seulement en une figure absente de l'échiquier ; ou même — comme cela faisait loi pendant longtemps en Angleterre — le droit de la *non-transformation* du Pion, lequel pouvait devenir « mort » et remplir la case, sans l'animer.

VI. La considération du *pat comme gain* pour celui qui est « paté ». Voilà une punition trop grave pour le plus fort, mais aussi un cadeau trop splendide pour le plus faible !

VII. Proclamation d'une partie comme nulle en cas d'un « Roi dépouillé ». Ce serait une règle injuste, bien que chevaleresque !

VIII. Proclamation d'une partie nulle comme gagnée pour les *Noirs*. C'est transformer toute partie à but en une partie à avantage.

IX. Prohibition — bien puérile pourtant ! — de l'échange des *Dames*. Si l'on commence à prohiber, on n'en finit plus.

X. « *Reine près Roi.* » — Une règle bien ancienne.

XI. L'assistance de *seconds*, comme dans un duel. Est recommandée dans un ouvrage de Stamma le Syrien, paru en 1737, mais correspond peu à l'idée du combat loyal que l'Européen s'impose dans ses parties d'Échecs. Toutefois, dans les compétitions sérieuses (matches, tournois, etc.), un directeur, ou même un comité, est institué pour régler les différends.

« FAIR PLAY »

Sans bruit, cherchant à se distraire,
Aimables sans salamalecs,
Souriants même au sort contraire,
Voilà les amateurs d'échecs.

Jules LAZARD, *Quatrains échiquéens*.

Chapitre X

Les trois phases

62. — Les trois facteurs. — La partie d'Échecs dépend de trois facteurs : la **matière** (représentée par les 32 pièces), l'**espace** (représenté par les 64 cases de l'échiquier) et le **temps** (représenté par les coups).

62 *bis*. — Les trois phases. — En décomposant ce dernier, le temps, on peut distinguer d'une façon générale, trois phases principales qui ne sont pas strictement limitées : le **début**, où les deux adversaires cherchent à développer leurs pièces ; le **milieu**, où le combat des armées bat son plein ; la **fin**, où la réduction du matériel diminue le danger du mat, mais exige une précision d'autant plus grande dans tous les mouvements, car les erreurs y sont, malgré la simplicité apparente de la position, très faciles à commettre et très difficiles à réparer. Disons tout de suite que tous les champions du monde — Philidor, Morphy, Steinitz, Lasker, Capablanca, Alekhine, Euwe — excellaient dans les fins de partie.

63. — Classement des finales. — Il est donc hasardeux, comme le font quelques auteurs, de disserter sur les fins de partie **avant** de le faire sur les autres phases. L'opinion que les positions «réduites» sont plus simples, donc plus faciles à étudier pour le débutant, est discutable. C'est, du reste, fausser l'esprit d'un novice que de commencer son enseignement par la fin d'une partie.

Il y a pourtant «fin» et «fin» ! Les positions où les manœuvres précises du mat remplacent le combat, peuvent être considérées

145

comme appartenant aux notions élémentaires, tout comme un élève ignorant la philosophie peut prendre connaissance des différentes écoles philosophiques.

Notre essai de présenter au débutant les différents «mats techniques», lors des explications préliminaires (voir chapitre VII), se rattache à cette opinion.

Remarquons que la distinction entre les trois phases n'a rien de strict. Bien des parties finissent en se passant de toute phase technique; il y en a d'autres, où une catastrophe ultra-rapide (mat, perte d'une pièce, échec perpétuel, etc.) exclut même la phase du milieu, comme nous l'avons vu dans le chapitre VIII (parties miniatures).

64. — Théorie et pratique. — Le combat s'engage. Malgré la richesse quasi angoissante des variantes échiquéennes, les recherches **théoriques** tendent à faciliter une bonne pratique des débuts. Par contre, dans les milieux compliqués — dont la diversité constitue la beauté et la raison d'être des Échecs! — la «théorie» devenant impossible, nous trouverons des guides précieux dans certains **principes généraux**, basés sur la logique et confirmés par l'expérience.

65. — Variantomanie. — Le champ exploré par la «théorie» est énorme. Si l'on prend, par exemple, pour base la «classification des débuts», élaborée par la F.I.D.E. (Fédération Internationale des Échecs), on comptera à peu près 200 débuts différents, dont les ramifications (variantes, sous-variantes, etc.) se comptent par milliers. On en prévoit le déroulement très souvent jusqu'au-delà du 20e coup.

Toutes ces recherches, tous ces efforts n'ont, à vrai dire, pour but que de démontrer que le **trait**, c'est-à-dire un «temps» de plus, ne donne pas aux Blancs un avantage définitif et que les Noirs sont à même d'**égaliser** les chances par des réponses justes. On conçoit donc que les Échecs perdraient tout leur charme, si la possibilité stricte de gagner pour les Blancs (ou pour les Noirs!) était démontrée. Aussi, le travail de la théorie se termine chaque fois qu'un jugement précis (égalité, avantage léger ou sérieux des Blancs ou des Noirs) est établi.

Tous ceux — et même les maîtres renommés! — qui passent

leur temps à garnir la mémoire d'un tas de variantes pour surprendre l'adversaire avec quelque analyse préparée, peuvent obtenir un succès passager, mais en sont aussi très souvent pour leurs frais, car ils renoncent à **juger** et à **comprendre** la position, ce qui est bien plus important que la mémoire de variantes mortes.

La moindre déviation de l'adversaire du chemin présumé bouleverse fort souvent le sang-froid et la clarté du jugement de ceux qui voudraient mécaniser leur jeu.

66. — Directives de l'ouvrage. — Il en résulte que nous nous garderons bien, dans le présent ouvrage, d'encombrer la mémoire du débutant par un bagage inutile, voire presque nuisible, pour la marche du jeu.

Le débutant trouvera ici l'enseignement des débuts les plus importants et les plus pratiqués. Les analyses sèches feront place à une exposition vivante. L'**idée** particulière de chaque début devra distinctement apparaître devant l'imagination du lecteur. Les démonstrations s'efforceront d'être **simples et claires** et d'invoquer avant tout les **règles générales**. Faire comprendre le sens et le but de chaque coup, voilà la tâche de l'auteur.

Les parties modèles, choisies parmi les meilleures et les plus expressives, premettront de constater les applications immédiates des principes exposés. En même temps, l'amateur s'initiera aux prouesses mirifiques des plus grands maîtres de toutes les époques.

Chaque début a son sens et son but, ses dangers et ses espoirs — en un mot, sa « vie intérieure ». Outre les grandes lignes stratégiques, il faut toujours compter avec quelques surprises d'ordre purement tactique, qui peuvent survenir dès le début du combat. Aussi, l'élève sera initié aux **pièges de début**. Plus ou moins amusants, ils sont tous instructifs.

La ligne de jeu générale qui domine la plupart des débuts est la suivante : recherche de l'initiative, sinon de l'attaque, par les Blancs ; recherche de l'émancipation, sinon de la contre-attaque, par les Noirs. Ce dualisme des tendances stratégiques, avant d'en arriver aux situations plus éclaircies des phases ultérieures, s'affirme d'une façon plus ou moins active, dans chaque ouverture. Aussi, nous en tiendrons compte en exposant quelques débuts caractéristiques, aussi bien du **point de vue des Noirs**.

Il n'est nullement démontré qu'il doive exister aux Échecs, dans chaque position, un unique **coup juste**. Les conseils qui vont suivre visent donc la plupart du temps la ligne de jeu, si ce n'est la seule bonne, du moins la plus pratique.

Encore une remarque : mieux vaut comprendre que retenir. Mieux vaut oublier que se souvenir « de tout ». Votre propre pratique, avec des adversaires de force supérieure, vous permettra de vous assimiler de plus en plus profondément vos connaissances des débuts.

DEUXIÈME SECTION

Ce qu'on doit connaître des débuts

Chapitre XI

Un coup d'œil général
sur les débuts

67. — Coup initial. — On reconnaîtra que, dans la position initiale, les figures (sauf toutefois les Cavaliers) sont immobilisées par leurs propres Pions. Pour rendre possible le déploiement de nos forces, nous devrons jouer un de nos huit Pions.

Même si l'on est incrédule sur les avantages de l'occupation du centre, on reconnaîtra que seuls les Pions du Roi et de la Dame ouvrent par leur moindre mouvement la voie à quatre pièces (à savoir le Roi, la Dame, un Fou et un Cavalier), tandis que le premier mouvement de tout autre Pion n'en ouvre qu'une seule !

Bien que nous sachions déjà qu'il ne faut pas mobiliser la Dame sans nécessité, dans la toute première phase du combat, ni surtout le Roi — que nous devons protéger et non pas promener ! — il reste assez de raisons pour considérer les coups initiaux du PR et du PD comme les meilleurs débuts.

D'autre part, un pas initial double de chacun de ces deux Pions centraux se fera avantageusement valoir pour les trois motifs suivants :

1º Ce double pas (c'est-à-dire **1.** e2 — e4 ou **1.** d2 — d4) court affronter l'armée adverse, sans trop s'aventurer, puisqu'il n'a pas encore franchi la ligne de démarcation (c'est-à-dire la quatrième rangée) ;

2º Il s'empare d'une case centrale et même, si son voisin vient au second coup ou peu après se placer à côté de lui, voici le centre occupé !

3° Le pas double d'un Pion central laisse même le champ libre à une cinquième pièce, l'autre Fou, dès que le mouvement du second Pion central le permettra.

Si nous voulons choisir entre les deux coups initiaux : **1.** e2 — e4 et **1.** d2 — d4, nous reconnaîtrons que le pas double du Pion-Roi est le plus franc, surtout pour les deux raisons suivantes :

1° Arithmétiquement, il ouvre à la Dame quatre cases (à savoir e2, f3, g4, h5), au lieu de deux comme le réalise le pas double du Pion-Dame (à savoir les cases d2 et d3).

2° Positionnellement, il accélère le développement des pièces du côté-Roi pour aboutir au petit Roque, ce dernier s'effectuant, au point de vue mécanique, plus vite que le grand, puisqu'il n'exige que la sortie de deux pièces (F et C), au lieu de trois.

Par contre, on peut considérer le coup initial **1.** d2 — d4 comme le plus solide et appuyer cette assertion sur le fait que ce pion se trouve à d4 sur une case déjà protégée (par la Dame), tandis que l'autre pion n'est encore défendu à e4 par aucune pièce, ce qui peut occasionner plus de soucis.

68. — Quelques réflexions sur les pièces. — Sachant que la sortie prématurée de la Dame est un coup risqué et voyant nos deux Tours encore immobilisées, nous tâcherons dans la toute première phase du combat de développer nos pièces mineures : **F** et **C**.

Contrairement à l'opinion ancienne (soutenue aussi par Philidor), nous préférons sortir le **Cavalier-Roi** avant le Fou correspondant, parce que le Cavalier se contente rarement d'un poste durable et entreprendra bientôt, d'une façon intrépide, de nouvelles actions, tandis que le Fou se contente, d'ordinaire, de la diagonale choisie et peut alors rester à son poste assez longtemps.

Faisons donc un peu plus tard le choix, si important, du champ d'action des Fous, mais alors d'autant plus efficacement et plus définitivement. Le principe de conserver autant que possible (et même si cela ne s'obtient que pour un seul « temps ») notre choix, et d'augmenter par cela l'**élasticité** du combat, s'affirme aussi dans le choix du Roque.

Un joueur qui ne veut pas dévoiler trop vite ses plans pour ne pas faciliter les décisions de l'adversaire, tâchera assez souvent de préparer la possibilité des deux Roques dont il pourra ainsi se réserver le choix au tout dernier moment. Disons tout de suite qu'un joueur impétueux cherchera même à se ménager un Roque du côté opposé à celui choisi par l'adversaire, pour réaliser par ce stratagème des Roques **opposés**, un combat plus acharné.

En effet, chaque adversaire pourra et devra entamer alors une attaque hasardeuse, tandis que dans le cas des Roques symétriques, une telle action pourrait compromettre la position de son Roi.

D'ordinaire, la **Tour-Dame** entre en action bien plus tard que celle du Roi. C'est même par la mobilisation réussie de la Tour-Dame que se caractérisent assez souvent l'accomplissement du début proprement dit et le commencement de cette lutte vive du milieu de partie.

Le sacrifice d'un Pion au début de la partie, pour accélérer le développement, ouvrir le terrain et entamer une attaque, est assez fréquent et plus ou moins rémunérateur. Ces « gambits » faisaient la délectation de nos ancêtres ; moins goûtés à notre époque scientifique, où l'on a trop étudié les menaces qui en résultent, les **gambits** sont encore, malgré tout, pratiqués quelquefois dans les tournois et peuvent, en tout cas, servir de thème assez agréable dans les parties amicales.

69. — Division des débuts. — Voici les grands principes d'après lesquels la théorie procède. (Remarquons qu'au lieu du mot « partie », on emploie aussi les termes : « ouverture », si le coup constitutif est fait par les Blancs ; « défense », s'il s'agit d'un coup caractéristique des Noirs).

Premier groupe : Débuts du PR (**1.** e2 — e4).

1. ..., e7 — e5 **Débuts ouverts.** Tels sont surtout :

2. Cg1 — f3.	Partie du CR. Très répandue (voir chapitres XII à XIV).
2. d2 — d4.	Partie du centre (voir chap. XV).
2. Cb1 — c3.	Partie viennoise (voir chap. XVI).
2. Ff1 — c4.	Partie du FR. Tombée en désuétude (voir § 89).
2. f2 — f4.	Gambit du Roi qui peut être accepté (**2.** ..., e5 × f4) ou refusé. Combats très acharnés (voir chapitres XVII et XVIII).

1. ... Autrement que **1.** ..., e5. **Débuts semi-ouverts.** Tels sont surtout :

1. ..., e7 — e6.	Partie française. Très solide. (voir chap. XIX).
1. ..., c7 — c6.	Partie Caro-Kann (voir § 95).
1. ..., c7 — c5.	Partie sicilienne (voir § 96).
1. ..., d7 — d5.	Partie scandinave (voir § 97).
1. ..., g7 — g6. **1.** ..., b7 — b6.	Fianchetto-Roi Fianchetto-Dame { permettant l'occupation immédiate du centre par l'adversaire.
1. ..., Cg8 — f6.	Partie Alekhine (voir § 98).
1. ..., Cb8 — c6.	Partie Nimzowitch { Inventions modernes, pleines de ruses tactiques.

Deuxième groupe : Débuts du PD (**1.** d2 — d4). Ce sont les **Jeux fermés.**

1. ..., d7 — d5.	Partie des Pions-Dames. La suite la plus pratiquée est **2.** c2 — c4, Gambit de la Dame, qui peut être accepté (**2.** ..., d5 × c4) ou refusé. Combats très scientifiques (voir chap. XXI à XXIII).
1. ..., f7 — f5.	Partie (ou défense) hollandaise (voir chapitre XXIV).
1. ..., g7 — g6. **1.** ..., b7 — b6.	Fianchetto-Roi Fianchetto-Dame { permettant, tout comme en réponse à **1.** e4, l'occupation immédiate du centre par l'adversaire.
1. ..., Cg8 — f6.	Partie (ou défense) indienne. Très à la mode (voir chap. XXV).

154

Troisième groupe : **Débuts irréguliers** (autres que **1.** e4 ou **1.** d4). Appartenant aussi à la grande catégorie des jeux fermés, ces débuts tendent à retarder le corps à corps immédiat des troupes réciproques. Ce sont surtout :

1. Cg1 — f3.	Début Zukertort-Réti. Très astucieux (voir § 109).
1. c2 — c4.	Début anglais (voir § 110).
1. e2 — e3.	Début Van Kruitz ⎫ renonçant à une ini-
1. c2 — c3.	Début de Saragosse ⎬ tiative immédiate.
1. f2 — f4.	Début Bird.

70. — Débuts ouverts. — On voit que la catégorie relativement restreinte des débuts ouverts (**1.** e2 — e4, e7 — e5) peut être opposée à celle qui résulte de tous les autres coups des Blancs ou des Noirs, ces derniers formant des débuts fermés (ou demi-fermés).

Si restreinte qu'elle soit, la catégorie des débuts ouverts est surtout soumise aux recherches de la théorie, parce que le corps à corps immédiat, rempli de menaces directes, se prête mieux aux analyses exactes, bien que détaillées, que le « louvoiement » prudent qui est propre aux débuts fermés.

Il n'est pas surprenant que dans les siècles précédents ç'ait été presque exclusivement les débuts ouverts (et parmi ceux-ci surtout les Gambits du Roi, si chevaleresques !) qui se pratiquaient, tandis que « tout le reste » était considéré comme un jeu languissant. Il en est autrement à notre époque scientifique, où l'on creuse plus profondément et où l'on reconnaît que des manœuvres d'apparence anodine peuvent renfermer beaucoup d'énergie latente. On renonce aussi dans les parties des maîtres actuels très souvent aux débuts ouverts, parce qu'ils sont trop étudiés et reconnus non dangereux de part et d'autre par les ouvrages théoriques.

Il en est autrement pour le débutant qui fera bien d'exercer sa force sur les thèmes si variés et si instructifs des débuts ouverts.

Examinons donc ces derniers de plus près, au point de vue de leur caractère général. Les Noirs annoncent par leur réponse symétrique : **1.** ..., e7 — e5, la décision ferme de croiser, le plus vite possible, le fer avec l'adversaire et de traiter avec lui d'égal à égal (malgré le trait en moins !) au milieu de l'échiquier, tandis qu'une réponse passive, comme par exemple **1.** ..., g7 — g6 (Fianchetto-Roi) ou **1.** ..., b7 — b6 (Fianchetto-Dame) ou **1.** ..., d7 — d6, etc., permettrait aux Blancs l'occupation immédiate et durable du centre au moyen de **2.** d2 — d4.

Après les coups constitutifs : **1.** e2 — e4, e7 — e5, nous assistons donc souvent à un combat vif, tendant surtout à se rendre prépondérant dans la zone centrale de l'échiquier. Chaque coup dans la toute première phase de ces débuts doit « porter », c'est-à-dire renfermer quelque menace immédiate (attaque d'un Pion, clouage effectif d'une pièce, déclouage, contre-attaque, etc.) et la partie d'Échecs de ce genre ressemble surtout à une rencontre de deux escrimeurs, où l'attaque et la parade se suivent et s'annulent.

Débuts ouverts

Chapitre XII

Ouvertures du Cavalier-Roi

(1. e2 — e4, e7 — e5 ; **2.** Cg1 — f3)

71. — Un Cavalier sagace. — Sans sacrifier du matériel, comme le fait le « Gambit du Roi » **2.** f2 — f4 (voir chap. XVII), la sortie du CR des Blancs : **2.** Cg1 — f3 poursuit une stratégie saine et énergique, à savoir :

1° Ce coup constitue une menace directe du Pion-Roi adverse à e5 ;

2° Il développe aussitôt une pièce mineure ;

3° Il correspond non seulement au principe de sortir, si possible, les Cavaliers avant les Fous, mais aussi au conseil pratique de préparer au plus vite le petit roque qui mettra le Roi (blanc) plus en sûreté, tout en introduisant la Tour du Roque dans la zone du combat ;

4° Le poste occupé par le CR à f3 est, d'une façon générale (sans parler de l'attaque immédiate d'un pion adverse dans notre cas), plus efficace qu'à h3, par où il s'éloignerait, au lieu de s'approcher de la zone centrale ; ainsi qu'à e2, où il gênerait, tout au moins momentanément, ses propres pièces (Fou f1 et Dame d1).

72. — Que répondre ? — Voici les réponses principales des Noirs qui prennent plus ou moins acte de la menace, faite par le second coup adverse :

2. ..., f7 — f6 ?   Défense Damiano. Elle est réfutée.
2. ..., f7 — f5 ?   Contre-gambit Greco. Il est incorrect.

2. ..., Dd8 — f6 ?
2. ..., Dd8 — e7 ?
2. ..., Ff8 — d6 ?

⎧ Défenses encore plus faibles : l'une en-
⎪ combre son CR, l'autre son FR, la
⎨ troisième son PD. Serait-ce en outre
⎪ raisonnable d'employer sa Dame comme
⎩ gardienne d'un simple pion ?

Défenses efficaces.

2. ..., d7 — d6.   Défense Philidor. Elle est solide, mais serrée.

2. ..., Cg8 — f6.   Défense Pétroff (alias : Déf. russe). La protection du Pion e5 s'effectue par la contre-menace du Pion-Roi adverse. C'est jouable.

2. ..., Cb8 — c6   Défense normale. Une pièce mobile entre en jeu, tout en protégeant le Pion-Roi menacé. Pour les suites, voir § 77.

73. — Défense Damiano (**2.** ..., f7 — f6 ?) — La protection du Pion e5 s'effectue non seulement sans favoriser le déploiement de nouvelles pièces, mais encore en prenant une bonne case de développement (f6) à son CR et surtout en **affaiblissant** la position du Roi. C'est sur cette considération tactique que se base la réfutation suivante de la Défense Damiano :

1. e2 — e4, e7 — e5 ; **2.** Cg1 — f3, f7 — f6 ? ; **3.** Cf3 × e5 !, ...

Un sacrifice qui va donner — cas rare dans la première phase de la partie — un bénéfice immédiat. — Un autre bon coup est, du reste, **3.** Fc4, ce Fou occupant la diagonale a2 — g8, affaiblie par le second coup des Noirs.

3. ..., f6 × e5 (ou A) ; **4.** Dd1 — h5+, Re8 — e7.

Si **4.** ..., g6 ; **5.** D × e5+, De7 ; **6.** D × h8, et les Blancs ont gagné, pour leur Cavalier sacrifié, une Tour, c'est-à-dire « la qualité ».

5. Dh5 × e5+, Re7 — f7 ; **6.** Ff1 — c4+, d7 — d5.

Pour permettre à son Fou c8 de participer à la défense. En effet, si

immédiatement **6.** ..., Rg6, alors **7.** Df5+, Rh6; **8.** d4+déc., g5: **9.** h4!
(avec la menace de l'échec double par **10.** (h × g). **9.** ..., Rg7 (le Roi
poursuivi essaie de se sauver lui-même, car tout autre coup amènerait
aussi une défaite immédiate). **10.** Df7+, Rh6; **11.** h × g échec double et
mat.

7. Fc4 × d5+, Rf7 — g6; **8.** h2 — h4.

Avec la menace **9.** h5+, Rh6; **10.** d4+déc., g5; **11.** h5 × g6
(e. p.) ++, R × g6: **12.** Dh5+ suivi de **13.** Df7×.

Au lieu du coup du texte, la poursuite du Roi adverse par **8.** Dg3+
pourrait, du reste, aussi assurer la victoire.

8. ..., h7 — h6.

Pour procurer une case de refuge au Roi poursuivi. Si **8.** ..., Fd6, alors
les Blancs peuvent exécuter leur menace, en jouant **9.** h5+, etc.

9. Fd5 × b7!, ...

Un sacrifice de déviation. En effet, si les Noirs l'acceptent en jouant
9. ..., F × b1, alors **10.** Df5×.

D'autre part, les Blancs menacent de gagner une Tour par le coup du
texte.

9. ..., Ff8 — d6.

Attaque intermédiaire de la Dame blanche.

10. De5 — a5, Cb8 — c6.

Offrant le Cavalier pour sauver la Tour. Impossible encore ici de
jouer **10.** ..., F × b7?? à cause de **11.** Df5×.

11. Fb7 × c6, Ta8 — b8; **12.** c2 — c3, ...

Prudence. Une bévue terrible serait, en effet, **12.** d4?? à cause de
12. ..., Fb4+ gagnant la Dame.

12. ..., Cg8 — e7; **13.** Fc6 — a4,

et les Blancs qui ont, sans défauts de position quatre (!) Pions, en plus,
doivent gagner.

A

3. ..., Dd8 — e7!

C'est mieux que d'accepter aveuglément le sacrifice, mais la partie des
Noirs reste, quand même, inférieure, sinon compromise.

4. Ce5 — f3, ...

Doublement attaqué, le Cavalier revient sur ses pas. Une hallucination — fort instructive, d'ailleurs! — serait ici l'échec optimiste **4.** Dh5+? à cause de **4.** ..., g6; **5.** C × g6 (ne s'attendant qu'à **5.** ..., h × g; **6.** D × h8 avec le gain de la qualité); **5.** ..., D × e4+! suivi de **6.** ..., D × g6 et les Noirs ont, cette fois-ci impunément, gagné une pièce!

4. ..., d7 — d5.

C'est en tout cas, supérieur à **4.** ..., D × e4+; **5.** Fe2. Les Noirs regagneraient immédiatement, il est vrai, leur Pion, mais resteraient avec un jeu non développé, leur Dame étant plutôt «exposée» que «développée».

5. d2 — d3, d5 × e4; **6.** d3 × e4, De7 × e4+.

Pour rétablir toutefois l'équilibre matériel.

7. Ff1 — e2.

APRÈS 7.Ff1-e2

N° 83

Suivi du Roque, et le déploiement rapide des forces des Blancs assure à ces derniers une position d'attaque éclatante.

Jugeons, en effet, la situation obtenue (diagr. N° 83): Les Noirs n'ont encore aucune pièce mineure «en jeu»; leur Dame, prématurément engagée, sera harcelée par les forces ennemies (par ex. par Cb1 — c3); le dénouement de la diagonale a2 — g8 ne sera guère propice à la réalisation du petit Roque des Noirs. Par contre, chez les Blancs — qui vont achever par le petit Roque la mobilisation de leur côté droit, les deux colonnes ouvertes («d» et «e») vont puissamment favoriser leurs perspectives d'attaque.

74. — Contre-gambit Greco (**2.** ..., f7 — f5 ?). — Au risque de compromettre la position de leur Roi, les Noirs entreprennent une contre-attaque turbulente au centre. Comment la maîtriser ? La prise momentanée du « Pion de Gambit » : **3.** e4 × f5 n'aboutit à rien de bon, à cause de **3.** ..., d7 — d6 ! ; **4.** g2 — g4 ?, h7 — h5 ! et les Noirs regagneront avantageusement leur Pion, avec le surcroît du terrain.

Peu de vitalité montrent aussi les Blancs par les suites : **3.** d2 — d3 ou **3.** Cb1 — c3 ; trop embrouillées, et par conséquent répondant aux tendances hasardeuses de l'adversaire, sont les continuations **3.** d2 — d4 ou **3.** Ff1 — c4.

La **seule** possibilité de démontrer l'insuffisance du second coup des Noirs, est la création d'une **menace directe** par **3.** Cf3 × e5 !. En effet, les Noirs ne peuvent maintenant répliquer ni **3.** ..., f5 × e4, ni **3.** ..., d7 — d6, à cause de la combinaison : **4.** Dd1 — h5+, g7 — g6 ; **5.** Ce5 × g6 ! etc. Obligés de ralentir leur action, les Noirs qui ont déjà perdu un Pion, ne pourront plus rétablir l'équilibre.

75. — Défense Philidor (**2.** ..., d7 — d6). — Tout en protégeant le Pion e5 par un autre Pion, les Noirs ouvrent un champ d'action à leur Fou c8. Toutefois, il faut reconnaître qu'ils renoncent en même temps au développement extérieur de leur Fou f8, ce qui rend leur jeu quelque peu serré. Introduit par Philidor, le coup du texte fut considéré au XVIIIe siècle comme le meilleur, mais les joueurs modernes l'évitent, parce que « la technique de l'attaque » est devenue de nos jours très avancée, de sorte que la pression des Blancs peut facilement s'avérer prépondérante. Voyons ces considérations générales dans la pratique :

1. e2 — e4, e7 — e5 ; **2.** Cg1 — f3, d7 — d6 ; **3.** d2 — d4 !, ...

Le plus énergique, car produisant la **menace directe** de gagner un Pion, tout en déroquant, au surplus, le Roi adverse par **4.** d × e, d × e ; **5.** D × d8+, R × d8 ; **6.** C × e5. Notons, une fois pour toutes, que le gain d'un **Pion**, sans compensation, constitue pour les bons joueurs un avantage **décisif**.

Sans efficacité serait, au lieu du coup du texte, **3.** d2 — d3 car les Blancs renfermeraient alors, eux aussi, leur FR et renonceraient, en outre, au corps à corps immédiat du centre.

Moins convaincant que le coup du texte est aussi **3.** Ff1 — c4 qui n'en reste pas moins un bon coup de développement.

3. ..., Cb8 — d7 !

Ce coup, introduit aux temps modernes par le major américain Hanham, **protège** pour la seconde fois le Pion e5, tout en **masquant** la colonne-Dame pour éviter ainsi les échanges prématurés des Dames.

Bien que continuant à tenir son jeu serré, le coup du texte garantit aux Noirs une « position de hérisson » très tenable.

Inférieurs sont ici les autres coups comme **I. 3.** ..., Cb8 — c6, permettant après **4.** d4 × e5, Cc6 × e5 ; **5.** Cf3 × e5, d6 × e5 l'échange des Dames avec le déroquement du Roi noir.

II. 3. ..., e5 × d4, permettant après **4.** Dd1 × d4 ! la prépondérance des Blancs au centre. En effet, si **4.** ..., Cc6 ; **5.** Fb5 (clouage), Fd7 (déclouage) ; **6.** F × c6 ; **7.** Fg5 !, Cf6 ! ; **8.** Cc3, Fe7 ; **9.** 0 — 0 — 0 ! et les Blancs qui ont maintenu la **position centrale** de leur Dame, sont mieux.

III. 3. ..., Fc8 — g4, voir partie modèle No 51.

IV. 3. ..., f7 — f5. Hasardeux, ce « contre-gambit Philidor » ; la réponse est : **4.** Cb1 — c3 !, la cavalerie des Blancs entre en jeu par étapes accélérées.

V. 3. ..., Cg8 — f6. Proposition toute récente, voir partie modèle No 52.

4. Ff1 — c4, ...

Énergiquement, le FR des Blancs occupe la diagonale a2 — g8, visant surtout le **point le plus faible** du jeu adverse : **le Pion f7**.

4. ..., c7 — c6 !

Avec **sang-froid** les Noirs consolident leur position au lieu d'avoir recours aux mesures plausibles, mais précipitées, comme :

I. 4. ..., Cg8 — f6 ? Pénible à cause de **5.** Cf3 — g5 avec une attaque victorieuse du Pion f7 par les deux pièces mineures des Blancs.

II. 4. ..., Cd7 — b6. Douteux à cause de **5.** Fc4 — b3, ce Fou conservant ainsi sa pression sur la diagonale a2 — g8, tandis que le CD des Noirs s'est seulement inutilement **éloigné** du centre. D'une façon générale, notons que les Cavaliers placés à b6 (resp. à b3) participent peu aux actions qui se déroulent, dans les débuts ouverts, généralement sur l'autre côté de l'échiquier.

III. 4. ..., Ff8 — e7? Avec l'idée de faire suivre **5.** ..., Cf6 et si alors **6.** Cg5, les Noirs peuvent déjà tout sauver par **6.** ..., 0 — 0.

Ce plan, si plausible, se trouve pourtant réfuté par **5.** d4 × e5, d6 × e5 (ou **5.** ..., C × e5; **6.** C × e5, d × e; **7.** Dh5! avec la double menace **8.** D × f7× et **8.** D × e5); **6.** Dd1 — d5! et les Noirs ne peuvent empêcher l'irruption victorieuse à f7 qu'au prix d'une pièce: **6.** ..., Ch6; **7.** F × h6, 0 — 0; **8.** Fe3 et le gain des Blancs est quand même assuré.

On comprend maintenant que par leur coup du texte qui surveille la case d5, les Noirs évitent de tomber dans ce **piège de début**. Le novice fera bien d'en prendre connaissance.

5. 0 — 0, ...

Inutile serait maintenant **5.** Cc5 à cause de **5.** ..., Ch6.

5. ..., Ff8 — e7,

et les Noirs peuvent espérer terminer, sans trop de danger, la mobilisation de leur côté-Roi. Jeux égaux.

PARTIES MODÈLES

N° 51.

Partie jouée à Paris, en 1858.

Blancs	Noirs
MORPHY	LE DUC DE BRUNSWICK
	ET LE COMTE
	ISOUARD
	(en consultation)

1. e2 — e4	e7 — e5
2. Cg1 — f3	d7 — d6
3. d2 — d4	Fc8 — g4

Une action précipitée qui n'aboutira qu'à développer rapidement les forces adverses.

4. d4 × e5   Fg4 × f3

Échange forcé pour ne pas perdre un pion, car si **4.** ..., d × e ; **5.** D × d8+, R × d8 ; **6.** C × e5 gagne.

5. Dd1 × f3   d6 × e5
6. Ff1 — c4   Cg8 — f6 ?

Ce coup d'apparence si naturelle, est pourtant une **faute décisive**.

Néanmoins, après **6.** ..., Df6 ; **7.** Db3, les difficultés des Noirs étaient aussi grandes.

7. Df3 — b3 !   ...

Une manœuvre à double effet, puisqu'elle réalise une **attaque simultanée** contre les Pions f7 et b7.

7. ...   Dd8 — e7

La seule défense acceptable, bien qu'il soit, en général, assez triste **d'encombrer** par la Dame le développement de son Fou.

Or, si **7.** ..., Dd7 ; **8.** D × b7, Dc6 ; **9.** Fb5, gagnant la Dame noire.

8. Cb1 — c3   ...

Si maintenant **8.** D × b7, les Noirs évitent le pire en obtenant l'échange des Dames par **8.** ..., Db4+.

Bien que le Pion en plus qui resterait dans ce cas-là aux Blancs, leur assure une victoire technique, Morphy préfère conserver toute la tension du combat.

8. ...   c7 — c6

Défendant dorénavant le Pion b7 (par la Dame e7) et empêchant le saut éventuel Cc3 — d5.

9. Fc1 — g5   b7 — b5
10. Cc3 × b5   ...

Au lieu de céder le terrain par la retraite du Fou c4, Morphy se décide à faire un **sacrifice** qui démontre une grande profondeur de jugement, car son calcul va assez loin.

10. ...   c6 × b5
11. Fc4 × b5+   Cb8 — d7
12. 0 — 0 — 0   ...

164

Pour le Cavalier sacrifié, les Blancs ont obtenu, outre les deux Pions, une attaque durable, qui se déroule, comme on le voit, sous le signe du **clouage** des pièces ennemies.

12. ...	Ta8 — d8

Si **12.** ..., 0 — 0 — 0; **13.** Fa6+, suivi du mat.

13. Td1 × d7 !	...

Un nouveau sacrifice (de la qualité).

13. ...	Td8 × d7
14. Th1 — d1	...

C'est le vrai style de Morphy : toutes ses pièces sont à l'œuvre. Pas un «temps» de perdu, pas une case utile inexploitée !

14. ...	Dc7 — e6

Cet effort désespéré de libération donne encore aux Blancs l'occasion de placer une combinaison finale, très **artistique** :

15. Fb5 × d7+	...

Une autre solution pouvait être **15.** F × f6 et si **15.** ..., D × b3 : **16.** F × d7✕.

Le coup du texte semble alléger la tâche des Noirs, mais l'apparence trompe.

15. ...	Cf6 × d7
16. Db3 — b8+ ! !	Cd7 × b8
17. Td1 — d8✕	

N° 52.

*Partie jouée au tournoi de
Hastings, en 1930.*

Blancs	Noirs
RELLSTAR	TYLOR
1. e2 — e4	e7 — e5
2. Cg1 — f3	d7 — d6
3. d2 — d4 !	Cg8 — f6

Espérant occuper l'adversaire par l'attaque du Pion e4.

4. d4 × e5	...

Après **4.** Cc3, Cbd7; **5.** Fc4, Fe7; **6.** 0 — 0, 0 — 0; les Noirs arrivent à temps pour mettre leur Roi en sûreté. Leur position demeure serrée, mais défendable.

4. ...	Cf6 × e4
5. Dd1 — d5	...

Au lieu de la suite plus tranquille **5.** Fc4, les Blancs produisent des menaces directes.

5. ...	Ce4 — c5
6. Fc1 — g5 !	Dd8 — d7 ?

Au lieu de cette réponse artificielle, il fallait accepter le défi de la simplification par **6.** ..., Fe7 ! ; **7.** e × d, D × d6 et les Noirs peuvent aspirer à l'équilibre.

7. Cb1 — c3	d6 × e5
8. Ff1 — b5 !	...

Sans lâcher prise les Blancs réussissent à briser, par des manœuvres savantes, la résistance adverse.

8. ...	c7 — c6

Si **8.** ..., Cc6; **9.** C × e5 gagne.

9. Dd5 × e5+	Cc5 — e6

Si **9.** ..., De6; **10.** 0 — 0 — 0, avec la menace **11.** Td8×.

10. Ta1 — d1	f7 — f6
11. De5 — e2	Dd7 — f7
12. Fb5 — c4	...

Ainsi, les Blancs sauvent leurs deux Fous simultanément attaqués (car si **12.** ..., f × g; **13.** C × g5 suivi de **14.** C × e6). Le Roi noir restant figé au milieu de l'échiquier, la catastrophe s'ensuit.

12. ...	b7 — b5
13. Fc4 — b3	b5 — b4
14. Cc3 — e4	Fc8 — a6
15. De2 — e3	Cb8 — d7
16. Fb3 × e6	...

Gagne la Dame adverse.

16. ...	Df7 × e6
17. Ce4 × f6+	Re8 — f7
18. Td1 × d7+	Rf8 — e7
19. Cf3 — e5+	

Les Noirs abandonnent, car si **19.** ..., Rf8 ; **20.** Cg6+, Rf7 ; **21.** T × e7+, gagnant la Dame.

76. — Partie Pétroff (alias : **Partie russe**). — (Remarquons qu'on choisit généralement, pour désigner les débuts, les noms des maîtres qui les mirent en valeur, ou bien la désignation du pays correspondant.) L'espoir des Noirs d'alerter par leur coup **2.** ..., Cg8 — f6 l'adversaire, dont le Pion-Roi est aussi attaqué, ne suffit pas pour contrebattre l'initiative des Blancs, comme le montre l'analyse suivante :

1. e2 — e4, e7 — e5 ; **2.** Cg1 — f3, Cg8 — f6 ; **3.** Cf3 × e5 !, ...

Bien joué. Les Blancs acceptent le défi de l'adversaire d'éliminer les deux Pions-Roi réciproques, car ils croient, à bon droit, être alors les premiers à bénéficier de la colonne-Roi ouverte. Moins valent, tout en restant bien jouables, les suites suivantes :

I. 3. d2 — d4. Recommandé par l'ancien champion Steinitz mais donnant après **3.** ..., Cf6 × e4 ! ; **4.** Ff1 — d3, d7 — d5 ; **5.** Cf3 × e5, Ff8 — d6 ; **6.** 0 — 0, 0 — 0, etc., une position **symétrique** assez simple.

II. 3. Ff1 — c4. C'est une sorte de gambit, puisque après **3.** ..., Cf6 × e4 les Blancs ne répondront guère **4.** Cf3 × e5 ? (à cause de **4.** ..., d7 — d5, gagnent par le refoulement du Fou c4 le temps et l'espace). Les Blancs choisiront donc quelque autre suite, par exemple **4.** Cb1 — c3, Ce4 × c3 ; **5.** d2 × c3 !, etc., cherchant une compensation pour le Pion sacrifié par le développement plus intense de leurs pièces.

III. 3. Cb1 — c3 (Partie russe des Trois Cavaliers). Ce coup modeste permet aux Noirs de continuer leur contre-offensive par la sortie **3.** ..., Ff8 — b4.

3. ..., d7 — d6 !

Chassant tout d'abord le Cavalier adverse de son poste prééminent. Une faute instructive serait la prise immédiate : **3.** ..., Cf6 × e4 ? (voir **A**).

4. Ce5 — f3 (le mieux) ; **4.** ..., Cf6 × e4 ; **5.** Dd1 — e2, ...

Commençant déjà à faire pression sur la colonne-Roi devenue ouverte. Ce coup, recommandé par les ex-champions Lasker et Capablanca, est, malgré la simplification apparente qui en résulte (l'échange éventuel des Dames au 7e coup), plus intense que les autres suites :

167

I. 5. d2 — d4. Suite classique qui est caractérisée après les coups **5.** ..., d6 — d5 ; **6.** Ff1 — d3, Cb8 — c6, etc., par le fait que le Cavalier-Roi des Noirs cherche encore à se maintenir dans sa position d'avant-poste (à e4).

II. 5. d2 — d3. Suite modeste qui amène après **5.** ..., Ce4 — f6 ; **6.** d3 — d4, d6 — d5 ; **7.** Ff1 — d3, Ff8 — d6 ; **8.** 0 — 0, 0 — 0, etc., une position symétrique tout à fait équilibrée.

III. 5. Cb1 — c3. Suite optimiste, où les Blancs laissent **doubler** par **5.** ..., Ce4 × c3 ; **6.** d2 × c3 ! leurs Pions pour obtenir en compensation de cette petite «faiblesse», un champ plus libre pour leurs pièces. Le combat est alors à double action.

5. ..., Dd8 — e7.

Seul coup déclouant la pièce clouée. En effet, si par ex. **5.** ..., d6 — d5 ?? ; **6.** d2 — d3, gagnant le Cavalier.

6. d2 — d3, Ce4 — f6 ; **7.** Fc1 — g5 !, ...

Avec la **menace** d'obtenir par **8.** F × f6, g × f la dépréciation (doublement et isolement) des Pions de l'aile-Roi noire.

7. ..., De7 × e2+.

Si, pour parer la menace prémentionnée, **7.** ..., Cb8 — d7 ou **7.** ..., Fc8 — e6, la partie des Noirs reste quand même difficile, car leurs pièces s'encombrent mutuellement.

8. Ff1 × e2, Ff8 — e7 ; **9.** Cb1 — c3,

et les Blancs accusent une position plus libre.

A

3. ..., Cf6 × e4 ?

Tombant dans un **piège de début** fort intéressant.

4. Dd1 — e2 !, ...

En principe, on ne jouera pas prématurément la Dame, surtout en encombrant son propre FR. Or, ici (comme aussi ci-dessus le 5e coup des Blancs dans la variante principale), le coup de la Dame produit par l'attaque du Cavalier adverse une **menace** très importante.

4. ..., Dd8 — e7.

Forcé, car si le C noir s'en va par ex. **4.** ..., Ce4 — f6 ?? (ou **4.** ..., d7 — d5 ; **5.** d2 — d3, Ce4 — f6 ??), alors le terrible échec à **la découverte** : **5.** Ce5 — c6+ gagne la Dame noire et la partie.

5. De2 × e4, d7 — d6 ; **6.** d2 — d4, f7 — f6 ; **7.** f2 — f4,

et les Blancs gagnent **sans compensation** au moins un Pion.

77. — La défense normale et ses variantes modernes.
—Après les coups les plus francs des deux côtés : **1.** e2 — e4,
e7 — e5 ; **2.** Cg1 — f3, Cb8 — c6 !, les Blancs ont à choisir surtout entre les méthodes suivantes :

3. Ff1 — c4	**Partie italienne.** Le Fou-Roi des Blancs occupe la « diagonale italienne » : a2 — g8, visant surtout le **point faible f7**. Voir chap. XIII.
3. Ff1 — b5	**Partie espagnole** (ou **Lopez**). Cette sortie vigoureuse du Fou-Roi des Blancs est très usitée. Voir chap. XIV.
3. d2 — d4	**Partie écossaise.** Ouvrant le centre.
3. c2 — c3	**Partie Ponziani.** Préparation (quelque peu lente) de la poussée centrale d2 — d4, pour pouvoir former alors un centre de pions : e4 et d4.
3. Cb1 — c3	**Partie des Trois Cavaliers**, qui devient même en cas de la réponse **3.** ..., Cg8 — f6, **Partie des Quatre Cavaliers.** Jeu solide.

78. — Partie écossaise (**3.** d2 — d4). — Dans ce corps à
corps immédiat, les Blancs ne réussissent pas à conserver
longtemps l'avantage du trait, comme le montre l'analyse
suivante :

1. e2 — e4, e7 — e5 ; **2.** Cg1 — f3, Cb8 — c6 ; **3.** d2 — d4, e5 × d4 !

Le meilleur, car si par ex. **3.** ..., d7 — d6, rentrant avec l'interversion
des coups dans la défense Philidor, alors **4.** d4 × e5, etc., permet aux
Blancs d'échanger les Dames, tout en **déroquant** le Roi adverse, et de
réaliser ainsi un avantage de position minime, mais sensible.

4. Cf3 × d4, ...

Si, au lieu de regagner leur Pion, les Blancs poursuivent avant tout
leur développement et jouent **4.** Ff1 — c4, **gambit écossais**, leur
initiative se montre assez énergique, mais pas suffisante pour bouleverser
les bastions ennemis.

4. ..., Ff8 — c5 !

Sortant une pièce tout en s'attaquant à la **position centrale** du CR adverse. Sont moins bonnes les autres suites, comme :

I. — 4. ..., d7 — d6. Défense **passive**, puisqu'elle renferme le FR des Noirs.

II. — 4. ..., Cc6 × d4. Échange désavantageux, car il permet à une bonne pièce des Blancs de s'établir **au centre**. En effet, après **5.** Dd1 × d4, Dd8 — f6 (un essai de chasser la Dame blanche de son poste puissant) ; **6.** e4 — e5 !, Df6 — b6 ; **7.** Fc1 — e3 !, Db6 × d4 ; **8.** Fe3 × d4 la position des Noirs reste, malgré l'échange des Dames, comprimée, grâce au Fou **central** (d4) et au Pion **bloquant** (e5) des Blancs.

III. — 4. ..., Dd8 — h4. Sortie prématurée qui essaie surtout de «bluffer» l'adversaire. Voir partie Nº 53.

IV. — 4. ..., Cg8 — f6. Ce coup de développement est bon, mais promet aux Noirs tout au plus la nullité. Voir partie Nº 54.

5. Fc1 — e3, ...

Développement d'une nouvelle pièce, tout en protégeant le Cavalier central (d4) et tout en créant une **menace** astucieuse de gagner une pièce par **6.** Cd4 × c6 suivi de **7.** Fe3 × c5.

5. ..., Dd8 — f6.

Continuant le « combat partiel » qui s'est engagé autour du Cavalier d4. Le coup du texte pare magistralement la menace précitée, car si maintenant **6.** Cd4 × c5, alors prise **intermédiaire** : **6. ...,** Fc5 × e3 ! ; **7.** f2 × e3 (forcé), b7 × c6 et les Blancs ont seulement, sans nécessité, affaibli leur position de Pions (Pion-Roi doublé et isolé).

6. c2 — c3, Cg8 — e7.

Les Noirs ont réussi à bien développer leurs forces. Ils livrent à l'adversaire une fière bataille.

PARTIES MODÈLES

Nº 53.

L'automate, joueur d'Échecs. — Cet automate appartenant à M. le baron von Kempelen et plus tard à M. Maelzof, mit depuis 1770 en émoi le monde des Échecs.

L'automate représentant un Turc, était assis en face d'un échiquier complet. Lever le bras, saisir une pièce et la placer sur une case juste, voilà ce que l'automate pouvait faire, provoquant, partout où il fut exposé, l'admiration de la foule.

Le mystère resta longtemps impénétrable. Le grand Frédéric, plus tard même Napoléon Ier et le prince Eugène, comptèrent parmi ses adversaires.

Inutile de dire qu'un véritable joueur d'Échecs, de petite stature, se cachait dans un coin masqué du mécanisme, en se servant d'un système fort ingénieux de miroirs (pour voir les coups) et de leviers (pour déplacer les pièces).

Très longtemps, ce fut un joueur excellent, M. Mouret, qui y remportait les succès. L'automate périt lors d'un incendie à Philadelphie. On ne le reconstruisit pas.

★

L'AUTOMATE	N.
1. e2 — e4	e7 — e5
2. Cg1 — f3	Cb8 — c6
3. d2 — d4	e5 × d4
4. Cf3 × d4	Dd8 — h4

Cette sortie prématurée de la Dame n'est pas recommandable. Les coups justes sont **4.** ..., Ff8 — c5 ou **4.** ..., Cg8 — f6.

5. Cd5 — f3	...

Le plus simple. Les Noirs gagnent, il est vrai, un Pion (e4) mais au détriment de leur développement, car leur Dame sera exposée aux attaques.

5. ...	Dh4 × e4+
6. Ff1 — e2	d7 — d5
7. 0 — 0	...

Prématuré serait **7.** Cb1 — c3 à cause de **7.** ..., Ff8 — b4, mettant hors action le CD des Blancs.

7. ...	Fc8 — e6
8. Cb1 — c3	De4 — f5
9. Fe2 — b5	Cg7 — e7

Pour ne pas se laisser doubler par le Pion FD.

10. Cf3 — d4	Df5 — g6

11. f2 — f4   f7 — f5

Pour empêcher la « fourchette » : **12.** f4 — f5

12. Tf1 — e1   Fe6 — d7
13. Cc3 × d5   ...

Grâce à leur pression frontale sur la colonne-Roi, les Blancs ont déjà regagné leur Pion, tout en conservant l'initiative.

13. ...   0 — 0 — 0
14. Fb5 × c6   Ce7 × c6
15. Cd4 — b5   Ff8 — c5+
16. Fc1 — e3   Fd7 — e6

Cherchant ses chances dans la pression de sa Tour d8 sur la colonne-Dame.

17. Cb5 × c7   Fc5 × e3+
18. Te1 × e3   Fe6 × d5
19. Cc7 × d5   Dg6 — f7
20. c2 — c4   ...

Défendant suffisamment le Cavalier «cloué».

20. ...   Th8 — e8
21. Te3 — a3   Rc8 — b8
22. Ta1 — b1   ...

Préparant une nouvelle action. Prématuré serait encore **22.** b2 — b4 ? à cause de **22.** ..., Cc6 × b4.

22. ...   Df7 — f8
23. b2 — b4 !   Cc6 × b4

Ne s'attendant qu'à **24.** Tb1 × b4 (?), pour y répliquer bien avantageusement **24.** ..., Df8 × b4. Mais les Blancs trouvent une manœuvre gagnante :

24. Dd1 — d4 !   Cb4 — c6
25. Tb1 × b7+ ! !   ...

Ce sacrifice brillant et correct d'une Tour fut bien prévu par les Blancs. Que les Noirs l'acceptent ou non, leur Roi est voué à la perte.

25. ...   Rb8 × b7
26. Ta3 × a7+ !   ...

Ce nouveau sacrifice est le complément du précédent. Il enlève le dernier rempart, formé par les Pions noirs autour de leur Roi.

26. ...   Cc6 × a7

27. Dd4 — b6+   Rb7 — a8.

Ou **27.** ..., Rc8 ; **28.** Dc7×.

28. Cd5 — c7 mat.

N° 54.

*Partie jouée au tournoi de Moscou,
en 1925.*

Blancs	Noirs
ROMANOVSKY	CAPABLANCA

1. e2 — e4	e7 — e5
2. Cg1 — f3	Cb8 — c6
3. d2 — d4	e5 × d4
4. Cf3 × d4	Cg8 — f6

Développant une nouvelle pièce, tout en attaquant le Pion-Roi adverse. Cette suite suffit pour établir l'équilibre.

5. Cb1 — c3   ...

Ou immédiatement **5.** Cd4 × c6, b7 × c6 ; **6.** Ff1 — d3, d7 — d5 ! et les Noirs s'émancipent facilement. Notons que dans tous les débuts ouverts, les Noirs peuvent considérer les premières difficultés comme surmontées, dès qu'ils ont réussi à jouer sans dommage (c'est-à-dire, sans perte d'un Pion ou d'un temps) le bon **coup libérateur** d7 — d5.

5. ...   Ff8 — b4

Développement intensifié, clouage et menace persistante de gagner le Pion e4.

6. Cd4 × c6   b7 × c6

Le doublement des Pions noirs est ici compensé par le fait que leur noyau central est devenu plus **compact**. Une faute grave serait, par contre **6.** ..., d7 × c6 ?, permettant non seulement de faire déroquer par **7.** D × d8+, R × d8, etc., le Roi noir, mais créant par ce doublement **décentralisateur**, une faiblesse chronique dans la structure de ses Pions, ce qui pourra bien se payer, surtout dans la fin de la partie.

Et pourquoi pas autant dans le milieu du jeu ? Parce que là, les faiblesses éventuelles (doublement, isolement, etc.) peuvent être souvent compensées, voire masquées, par une attaque fulgurante qui brûle tous les ponts derrière soi.

7. Ff1 — d3   d7 — d5

Le bon coup libérateur (voir remarque au 5ᵉ coup des Blancs).

8. e4 × d5   ...

Sans effet serait **8.** e4 — e5 à cause de **8.** ..., Cf6 — g4 et le Pion-Roi des Blancs reste exposé.

8. ...   c6 × d5

Voici le Pion « dédoublé » et porté au « centre ».

9. 0 — 0   0 — 0
10. Fc1 — g5   ...

Stratégie du clouage. Les Blancs menacent maintenant **11.** Fg5 × f6, g7 × f6 (ou **11.** D × f6 ; **12.** C × d5) ; **12.** Cc3 × d5 (quand même !). Les Noirs qui ne peuvent pas répondre **12.** ..., D × d5 ?? à cause de **13.** F × h7+ suivi de **14.** D × D, ont donc non seulement laissé abîmer leur rang de Pions, mais encore en ont perdu un important.

Pour l'éviter, les Noirs se hâtent de raffermir leur Pion d5 :

10. ...   c7 — c6
11. Dd1 — f3   ...

Continuant la pression contre le point f6.

11. ...   Fb4 — e7

Raffermissant, par cette retraite, la case f6.

12. Tf1 — e1   Ta8 — b8

Des deux côtés, les Tours cherchent à se faire valoir sur les **colonnes ouvertes**.

13. Ta1 — b1   h7 — h6

Espérant pouvoir refouler les forces ennemies.

14. Fg5 × h6   ...

Un sacrifice splendide, mais qui ne réussira pourtant qu'à marquer l'équilibre des ressources réciproques.

14. ...   g7 × h6
15. Df3 — e3 !   ...

Avec la **double menace**, par : **16.** D × e7 (de regagner la pièce) ou par **16.** D × h6 (de faire irruption dans la forteresse royale de l'ennemi).

Un **échec superflu** serait, par contre, **15.** Dg3+ à cause de **15.** ..., Fg4 ! ; **16.** h3, Fd6 ; **17.** f4, Dc7 et ce sont les Noirs qui gagnent du terrain.

174

15. ...   Fe7 — d6

Une faute serait le regroupement : **15. ...,** Te8 : **16.** D × h6 !, Ff8 ?
à cause de **17.** T × e8, D × e8 (ou **17. ...,** C × e8 ? ? ? ; **18.** Dh7 ×) ;
18. D × f6, regagnant avantageusement la pièce sacrifiée.

16. De3 × h6   Tb8 — b4

Pour venir par **17. ...,** Tg4 en aide à l'aile-Roi menacée.

17. Dh6 — g5+   Rg8 — h8
18. Dg5 — h6+   Rh8 — g8
19. Dh6 — g5+

Partie nulle par **échec perpétuel**.

79. — Partie Ponziani (3. c2 — c3). — Si les Noirs
répondent d'une façon irréfléchie, par exemple **3. ...,** Ff8 — c5 ?,
les Blancs gagnent le temps de réaliser leur plan en jouant **4.** d2
— d4, e5 × d4 ; **5.** c3 × d4 et voici leur centre de Pions (e4 et d4)
formé ! Cela même avec gain du temps, puisque le Fou c5
adverse est attaqué.

Cherchons donc pour les Noirs des réponses meilleures que
3. ..., Ff8 — c5. Une réponse utile est **3. ...,** Cg8 — f6 qui
développe une nouvelle pièce, tout en préoccupant l'adversaire
par l'attaque du Pion e4. Cela donne une partie égale.

Mais il y a une réponse encore plus énergique pour les Noirs.
Profitant du temps de relâche que le 3ᵉ coup des Blancs leur
octroie, les Noirs répondent par la poussée centrale très
vigoureuse : **3. ...,** d7 — d5 !, par exemple **4.** e4 × d5 ; Dd8 × d5
et les Noirs ont non seulement, d'un coup, ouvert le jeu, mais
encore acquis une position centrale pour leur Dame, **sans que**
celle-ci puisse être chassée par le coup adverse Cb1 — c3,
puisque la case c3 est occupée par un Pion. La partie des Noirs
s'avère donc après **3. ...,** d7 — d5 ! (très bon), ils peuvent
s'emparer d'une contre-initiative durable.

Notons que nous confirmons par **3. ...,** d7 — d5 ! l'expérience,
déjà faite lors de la partie écossaise (voir partie Nᵒ 54, 7ᵉ coup
des Noirs), à savoir que les Noirs peuvent considérer le problème
du début comme résolu, dès qu'ils auront réussi à produire, sans
trop d'inconvénients, la poussée libératrice d7 — d5. On reverra

encore quelquefois, lors des parties italiennes et espagnoles, l'application de ce principe.

80. — Partie des Trois Cavaliers (3. Cb1 — c3). — Un coup de pur développement qui n'attaque ni ne menace encore rien. Il fait entrer en jeu une nouvelle pièce, mais celle du côté-Dame ; il protège le Pion e4, bien qu'il ne soit pas encore attaqué. C'est un coup de prévoyance.

Si les Noirs répondent **3.** ..., Cg8 — f6 on obtient une **Partie des Quatre Cavaliers** avec les ramifications suivantes :

I. 4. Ff1 — c4 (partie italienne des Quatre Cavaliers). — Cela donne lieu à un pseudo-sacrifice très intéressant : **4.** ..., Cf6 × e4 ! par exemple **5.** Cc3 × e4, d7 — d5 et les Noirs regagnent avantageusement leur pièce ; ou **5.** Fc4 × f7+, Re8 × f7 ; **6.** Cc3 × e4, d7 — d5 ; **7.** Ce4 — g5+, Rf7 — g8 et bien que le Roi noir soit déroqué, les Noirs ont obtenu, en compensation, un bon centre (Pions e5 et d5). Ils vont repousser la cavalerie adverse par h7 — h6 et faire peu à peu un « roque artificiel », en utilisant plus tard avec leurs Tours la colonne FR devenue ouverte.

II. 4. Ff1 — b5 (partie espagnole des Quatre Cavaliers). — Les Noirs répondent par la sortie symétrique : **4.** ..., Ff8 — b4 et la partie se déroule sous le signe d'un bon équilibre.

III. 4. d2 — d4 (partie écossaise des Quatre Cavaliers). — En effet, après **4.** ..., e5 × d4 ; **5.** Cf3 × d4, Ff8 — b4 nous rentrons dans la position de la partie N° 54. On voit donc comme les débuts s'apparentent.

Chapitre XIII

Suite des ouvertures du CR : diagonale italienne

81. — Après les coups constitutifs : **1.** e2 — e4, e7 — e5 ; **2.** Cg1 — f3, Cb8 — c6 ; **3.** Ff1 — c4, les Noirs ont surtout à choisir entre les trois réponses suivantes, dictées toutes par le désir de roquer au plus tôt.

3. ..., Ff8 — c5. **Partie italienne.** Ses subdivisions principales sont :

    I. — **4.** c2 — c3 pour faire suivre d2 — d4, formant ainsi un centre de Pions assez efficaces : **Giuoco piano** (jeu lent).

    II. — **4.** d2 — d3 **Giuoco pianissimo.**

    III. — **4.** b2 — b4 **Gambit Evans** qui peut être accepté (**4.** ..., Fc5 × b4) ou refusé (**4.** ..., Fc5 — b6). Jeu violent.

3. ..., Ff8 — e7 **Partie hongroise.** Jeu solide mais serré, le FR des Noirs restant enfermé. D'usage rare. Cf. § 84, 2ᵉ analyse.

3. ..., Cg8 — f6 **Défense des Deux Cavaliers.** Ses subdivisions principales sont :

    I. — **4.** Cf3 — g5 Une entreprise douteuse qui risque de faire passer l'initiative aux Noirs.

    II. — **4.** d2 — d4 **Attaque Max Lange.** Un thème intéressant.

    III. — **4.** Cb1 — c3 Partie italienne des Quatre Cavaliers, voir § 80.

82. — Partie italienne (**3.** Ff1 — c4, Ff8 — c5). — Disons tout de suite que l'action du Fou-Roi des Blancs sur la

« diagonale italienne » a2 — g8 est très forte et que c'est avec beaucoup de peine que la théorie réussit à trouver une défense suffisante pour les Noirs. Voyons cela de plus près :

1. e2 — e4, e7 — e5 ; **2.** Cg1 — f3, Cb8 — c6 ; **3.** Ff1 — c4, Ff8 — c5 ; **4.** c2 — c3.

« Giuoco piano ». Peu d'ambition montre le « giuoco pianissimo » : **4.** d2 — d3, qui mène après **4.** ..., d7 — d6 ; **5.** Cb1 — c3, Cg8 — f6 ; **6.** h2 — h3, h7 — h6 ; **7.** 0 — 0, 0 — 0 ; etc., à un jeu solide et bien équilibré.

Quant aux turbulences du « gambit Evans » : **4.** b2 — b4, voir § 83.

4. ..., Cg8 — f6 !

Développant une nouvelle pièce, tout en attaquant le Pion adverse e4.

Déjà pour ce motif, le coup du texte est bien préférable au développement «rampant» du même CR des Noirs : **4.** ..., Cg8 — e7.

Une défense plutôt passive est (au lieu du coup du texte) **4.** ..., d7 — d6.

5. d2 — d4, ...

Exécution du plan énergique qui tend à former, par cette offensive centrale, un centre de Pions : e4 et d4.

Les joueurs moins entreprenants pourront aboutir par **5.** d2 — d3 à une sorte de « giuoco pianissimo ».

Peu prudent est **5.** 0 — 0 à cause de **5.** ..., Cf6 × e4.

5. ..., e5 × d4 ; **6.** c3 × d4, Fc5 — b4+.

Un échec très important, car il permet de retirer, sans perte de temps, le Fou noir attaqué.

Si, bien plus passivement, **6.** ..., Fc5 — b6, alors **7.** d4 — d5, Cc6 — e7 ; **8.** e4 — e5, etc., ou même tout simplement **7.** Cb1 — c3, défendant son Pion-Roi, et le centre acquis par les Blancs leur assure une supériorité de terrain appréciable.

7. Cb1 — c3 !, ...

Bien que ce coup (proposé déjà en 1619 par le champion d'alors Greco le Calabrais) comporte le sacrifice du Pion e4, il est le plus énergique de tous, car il accélère l'action des forces blanches.

Jouable est toutefois aussi **7.** Fc1 — d2, Fb4 × d2+ ; **8.** Cb1 × d2. Le Pion e4 est maintenant défendu, mais les Noirs profitent du moment propice pour faire le «coup libérateur». **8.** ..., d7 — d5 ! En effet, après **9.** e4 × d5, Cf6 × d5, les Noirs ont non seulement ouvert leur jeu, mais encore réduit le centre si menaçant des Blancs, isolé le Pion-Dame adverse et mis leur propre CR dans une bonne position centrale. Les jeux deviennent égaux.

7. ..., Cf6 × e4.

Acceptant l'offre d'un Pion. Douteux serait ici **7.** ..., d7 — d5, voir partie N° 55 (Steinitz-Bardeleben).

8. 0 — 0, Fb4 × c3.

Les inconvénients de **8.** ..., Ce4 × c3 furent, d'une façon géniale, démontrés par Greco. Voir **A**.

9. d4 — d5 !, ...

L'attaque Moeller. Au lieu de reprendre immédiatement la pièce, les Blancs cherchent à désorganiser les forces ennemies, empêchant avant tout, par leur coup du texte, la réponse libératrice **9.** ..., d7 — d5.

En effet, si au lieu du coup du texte, les Blancs jouent inconsidérément **9.** b2 × c3, alors suit non pas **9.** ..., Ce4 × c3 ??? (à cause de **10.** Dd1 — e1+ gagnant le Cavalier aventuré), mais **9.** ..., d7 — d5 ! ; **10.** Fc4 — d3, 0 — 0 et les Noirs qui possèdent un Pion en plus et une position saillante ont très bien résolu le problème du début.

La suite que nous donnons ci-dessous, est pleine de finesses réciproques. Elle montrera au débutant comment un jeu raisonné de part et d'autre peut amener, après bien des dangers, une nullité de justesse et de justice.

9. ..., Fc3 — f6.

Reconnu le meilleur.

10. Tf1 — e1, Cc6 — e7 ; **11.** Te1 × e4, d7 — d6.

Si **11.** ..., 0 — 0, **12.** d5 — d6 avec quelques nouveaux ennuis pour les Noirs.

12. Fc1 — g5, ...

Très intéressante est ici aussi l'«attaque à la baïonnette» :

12. g2 — g4 ; **12.** ..., Ff6 × g5 ; **13.** Cf3 × g5, 0 — 0.

Se croyant déjà à l'abri de tout danger, mais il y a un «mais» :

14. Cg5 × h7 !, Rg8 × h7 ; **15.** Dd1 — h5+, Rh7 — g8 ; **16.** Te4 — h4, f7 — f5 ; **17.** Dh5 — h7+, ...

Moins claires sont les autres suites comme **17.** Te1 ou **17.** Fe2.

17. ..., Rg8 — f7; **18.** Th4 — h6!, Tf8 — g8!

Pour rendre possible la fuite du Roi noir.

19. Ta1 — e1, Dd8 — f8.

Sur **19.** ..., Rf8, **20.** Th3 (menaçant de **21.** The3) continue la besogne.

20. Fc4 — b5!, ...

Pour enlever au Roi adverse la case de fuite e8.

20. ..., Tg8 — h8; **21.** Dh7 × h8, g7 × h6.

Les Noirs qui ont conservé une pièce en plus, croient la victoire déjà proche.

22. Dh8 — h7+, Rf7 — f6; **23.** Te1 × e7!!, ...

Par ce nouveau sacrifice, les Blancs évitent la défaite.

23. ..., Df8 × e7; **24.** Dh7 × h6+, Rf6 — e5; **25.** Dh6 — e3+, Re5 — f6; **26.** De3 — h6+.

Partie nulle par **échec perpétuel** — inévitable pour les Noirs et désirable pour les Blancs qui ont une Tour en moins.

A

8. ..., Ce4 × c3; **9.** b2 × c3, Fb4 × c3; **10.** Dd1 — c3!!, ...

Par ce sacrifice, aussi brillant que profond, les Blancs demeurent maîtres du combat. Deux autres bons coups d'attaque sont ici **10.** Cg5 ou **10.** Fa3.

10. ..., Fc3 × a1 ?

Acceptant, bien à tort, le don «danaïque». Comme Greco l'avait, du reste, démontré en 1619, la suite **10.** ..., Fc3 × d4 n'est pas non plus suffisante (à cause de **11.** Fc4 × f7+, etc.).

Par contre, les recherches modernes du Dr O. S. Bernstein ont démontré que les Noirs peuvent tenir tête par **10.** ..., d7 — d5.

11. Fc4 × f7+, Re8 — f8; **12.** Fc1 — g5!, Cc6 — e7; **13.** Cf3 — e5!!, ...

Élégant et énergique.

13. ..., Fa1 × d4.

Ou **13.** ..., d5; **14.** Df3, Ff5; **15.** Fe6 et l'attaque des Blancs triomphe.

14. Ff7 — g6 ! !, d7 — d5.

Tâchant d'éviter le pire.

15. Dd3 — f3+, Fc8 — f5; **16.** Fg6 × f5, Fd4 × e5; **17.** Ff5 — e6+déc., Fe5 — f6; **18.** Fg5 × f6, et gagne.

PARTIE MODÈLE N° 55.

Partie jouée au tournoi
de Hastings, en 1895.

Blancs	Noirs
STEINITZ	BARDELEBEN

1. e2 — e4	e7 — e5
2. Cg1 — f3	Cb8 — c6
3. Ff1 — c4	Ff8 — c5
4. c2 — c3	Cg8 — f6
5. d2 — d4	e5 × d4
6. c3 × d4	Fc5 — b4+
7. Cb1 — c3	d7 — d5

Le meilleur parti à prendre est **7.** ..., Cf6 × e4.

8. e4 × d5	Cf6 × d5
9. 0 — 0 !	Fc8 — e6

Après ce coup, pourtant si plausible, les Noirs n'arriveront plus à effectuer le Roque. C'est pourquoi il fallait, en tout cas, préférer la suite : **9.** ..., Fb4 × c3 ;

10. b2 × c3	0 — 0
10. Fc1 — g5	Fb4 — e7
11. Fc4 × d5	Fe6 × d5
12. Cc3 × d5	Dd8 × d5
13. Fg5 × e7	Cc6 × e7
14. Tf1 — e1	...

La pression frontale s'annonce.

14. ...	f7 — f6

Songeant à un roque « artificiel » par Re8 — f7 et Th8 — e8. En effet, si par ex., au lieu du coup du texte, **14.** ..., Dd5 — d6, alors **15.** ..., Dd1 — e2 et le Roque des Noirs serait quand même empêché.

15. Dd1 — e2	Dd5 — d7
16. Ta1 — c1	c7 — c6

181

Mieux **16**. ..., Rf7.

17. d4 — d5 !   ...

Ce sacrifice du Pion est avantageux.

17. ...	c6 × d5
18. Cf3 — d4	Re8 — f7
19. Cd4 — e6	Th8 — c8
20. De2 — g4	g7 — g6
21. Ce6 — g5+	Rf7 — e8
22. Te1 × e7+!!	...

Inaugurant une combinaison de grande envergure qui valut à cette partie le « prix de beauté » (« brillancy-price »).

22. ...   Re8 — f8

Forcé, car **22.** ..., D × e7 ; **23.** T × c8+, etc., ainsi que **22.** ..., R × e7 ; **23.** Te1+, etc., serait immédiatement néfaste pour les Noirs.

On remarquera que les Blancs ne peuvent plus prendre la Dame adverse, car ils sont menacés d'un mat par Tc8 × c1.

Le piquant de la position s'augmente par le fait que les quatre pièces des Blancs sont « en prise ». Néanmoins, la vigueur offensive de leurs troupes triomphe :

23. Te7 — f7+   Rf8 — g8

Évidemment non pas **23.** ..., Rf8 — e8 à cause de **24.** Tc1 — e1+.

24. Tf7 — g7+ !   Rg8 — h8

Non pas **24.** ..., Rg8 × g7 à cause de **25.** Dg4 × d7 avec échec !

25. Tg7 × h7+.

Les Noirs abandonnent, puisqu'un mat en 10 coups est inévitable, à savoir :

25. ...	Rh8 — g8
26. Th7 — g7+	Rg8 — h8

Si **26.** ..., Rf8 ; **27.** Ch7+ gagne facilement.

27. Dg4 — h4+	Rh8 × g7
28. Dh4 — h7+	Rg7 — f8
29. Dh7 — h8+	Rf8 — e7
30. Dh8 — g7+	Re7 — e8
31. Dg7 — g8+	Re8 — e7
32. Dg8 — f7+	Re7 — d8

ou **32.** ..., Rd6 ; **33.** D × f6+, De6 ; **34.** D × e6×.

33. Df7 — f8+	Dd7 — e8
34. Cg5 — f7+	Rd8 — d7
35. Df8 — d6×	

83. — Gambit Evans (**4.** b2 — b4). — «Inventé» en 1829 par le capitaine de vaisseau britannique W. D. Evans, ce sacrifice d'aile qui offre un Pion secondaire en vue d'accélérer la formation du centre, contribua à de brillantes victoires jusqu'à ce qu'on ait réussi à maîtriser son élan. Voici quelques détails :

1. e2 — e4, e7 — e5 ; **2.** Cg1 — f3, Cb8 — c6 ; **3.** Ff1 — c4, Ff8 — c5 ; **4.** b2 — b4, Fc5 × b4.

Acceptant l'offre. Si **4.** …, Fc5 — b6, **gambit Evans refusé**, les Blancs en continuant par **5.** 0 — 0 (ou par **5.** a2 — a4 ou même par **5.** b4 — b5) conservent quand même l'initiative. Voir partie N° 56.

5. c2 — c3, Fc4 — a5.

Le meilleur. Des situations semblables peuvent se produire après **5.** …, Fb4 — c5. Peu commodes sont, par contre, les autres retraites : **5.** …, Fb4 — e7 ou **5.** …, Fb4 — d6.

6. d2 — d4, …

Plus énergique que **6.** 0 — 0.

6. …, e5 × d4.

Réponse quasi évidente. Ici, une réponse très subtile, trouvée par Lasker, semble éliminer l'attaque des Blancs. Voir **A**.

7. 0 — 0, Fa5 — b6.

Si **7.** …, d4 × c3, **gambit Evans compromis**, alors **8.** Db1 — b3 donne aux Blancs une attaque quasi gagnante, par ex. **8.** …, Df6 ; **9.** e5 !, Dg6 ; **10.** Cc3, Cge7 ; **11.** Fa3, 0 — 0 ; **12.** Tad1, etc.

Remarquons à cette occasion, comme le placement de la Dame blanche à b3 nous avait déjà bien servis dans la défense Philidor (partie Morphy) et dans la partie italienne (attaque Greco).

8. c3 × d4, d7 — d6.

Position dite **normale** du gambit Evans.

9. d4 — d5, …

Mauvais serait ici **9.** Dd1 — b3 à cause de **9.** …, Cc6 — a5 ; **10.** Fc4 × f7+ ?, Re8 — f8 ; **11.** Dd3 — d5, Dg8 — f6 et les Blancs perdent leur Fou f7.

Au lieu du coup du texte, deux autres suites jouables sont **9.** Cb1 — c3 et **9.** Fc1 — b2.

9. ..., Cc6 — a5 ; **10.** Fc1 — b2, ...

On comprend maintenant que les Blancs ont, par leur 9e coup, fermé la diagonale a2 — g8 de leur FR, pour ouvrir la grande diagonale a1 — h8 à leur FD.

10. ..., Cg8 — e7.

Le meilleur. Les Blancs joueraient mal en répondant **11.** Fb2 × g7 ? à cause de **11.** ..., Th8 — g8, car les Noirs entameraient sur la colonne CR, devenue ouverte, une contre-attaque sérieuse.

11. Fc4 — d3, 0 — 0 ; **12.** Cb1 — c3,

et les chances pratiques des Blancs compensent la perte de leur Pion. Combat compliqué, riches en phases élégantes.

A

6. ..., d7 — d6.

Cette « défense Lasker » rend volontairement le Pion pour briser l'élan des Blancs : stratagème moderne de substituer la prose à la poésie !

7. 0 — 0, ...

Si **7.** Dd1 — b3, alors non pas **7.** ..., Dd8 — e7 ? (à cause de **8.** d4 — d5, Cc6 — d4 ; **9.** Cf3 × d4, e5 × d4 ; **10.** Db3 — b5+ suivi de D × F), mais **7.** ..., Dd8 — d7 ! avec des moyens de défense suffisants pour les Noirs.

7. ..., Fa5 — b6 !

Au lieu de rentrer par **7.** ..., e5 × d4 ; **8.** c3 × d4, Fa5 — b6 dans la « position normale » (voir plus haut) les Noirs réalisent fermement leur dessein.

8. d4 × e5, d6 × e5 ; **9.** Dd1 × d8+, ...

Regagnant le Pion, mais plus de chances pratiques donne quand même **9.** Dd1 — b3 !

9. ..., Cc6 × d8 ; **10.** Cf3 × e5.

Ainsi, l'équilibre matériel est rétabli, mais la disposition des Pions noirs est bien mieux organisée, donc supérieure. En effet, l'isolement des Pions blancs a2 et c3 aura ses répercussions dans la phase de la fin de jeu qui va s'ensuivre.

PARTIE MODÈLE Nᵒ 56.

Blancs	Noirs
MORPHY	F. H. LEWIS

1. e2 — e4	e7 — e5
2. Cg1 — f3	Cb8 — c6
3. Ff1 — c4	Ff8 — c5
4. b2 — b4	...

Morphy, champion des débuts ouverts avec leurs attaques franches, avait excellé dans le gambit Evans.

Avant lui, La Bourdonnais, après lui, Tchigorine, furent les gardiens du feu sacré.

4. ..., Fc5 — b6.

La prudence parle.

5. 0 — 0	Dd8 — e7
6. a2 — a4	...

Continuant l'idée de l'offensive latérale. La menace est **7.** a4 — a5, Fb6 — d4; **8.** c2 — c3 gagnant le Fou.

6. ...	Cc6 × b4

Croyant à tort le moment plus propice pour accepter le Pion.

Pour parer la menace ci-dessus, une mesure de précaution comme **6.** ..., a7 — a6 (ou même **6.** ..., a7 — a5) s'imposait.

7. a4 — a5	Fb6 — c5
8. c2 — c3	Cb4 — c6
9. d2 — d4	e5 × d4
10. c3 × d4	

La partie présente dorénavant le caractère d'un gambit Evans accepté, avec le centre mobile et puissant de Pions blancs qui compense le Pion sacrifié.

10. ...	Fc5 — b4
11. cf3 — e5 !	...

Par ce sacrifice d'un second Pion, les Blancs vont ouvrir encore plus de lignes (colonnes et diagonales).

11. ...	Cc6 × e5
12. d4 × e5	De7 × e5
13. Dd1 — b3	De5 — e7
14. Fc1 — b2	Cg8 — f6

15. Cb1 — c3	Fb4 × c3
16. Db3 × c3	0 — 0
17. Ta1 — e1	Cf6 — e8
18. f2 — f4	De7 — c5+
19. Rg1 — h1	d7 — d6
20. f4 — f5	...

On remarquera avec quelle logique et énergie, l'action des Blancs se déroule !

20. ...	Ce8 — f6
21. Tf1 — f3	Dc5 — e5
22. Dc3 — d2	De5 — e7
23. Tf3 — g3	...

Avec la menace **24.** Tg3 × g7+, Rg8 × g7 ; **25.** Dd2 — g5+, Rg7 — h8 ; **26.** Fb2 × f6+ et gagne.

23. ...	Cf6 — h5
24. f5 — f6 !	...

Décisif.

24. ...	Ch5 × g3+
25. h2 × g3	g7 × f6
26. Dd2 — h6	De7 — d7
27. Dh6 × f6	

Les Noirs abandonnent.

84. — Défense des Deux Cavaliers (**3.** Ff1 — c4, Cg8 — f6). — La question de la supériorité entre les deux coups : **3.** ..., Ff8 — c5 (partie italienne) ou **3.** ..., Cg8 — f6, est encore loin d'être tranchée. Le principe moderne de développer, si possible, les Cavaliers avant les Fous, parle pourtant en faveur de **3.** ..., Cg8 — f6. Voyons quelques détails :

1ʳᵉ **analyse :**

Initiative des Noirs.

1. e2 — e4, e7 — e5 ; **2.** Cg1 — f3, Cb8 — c6 ; **3.** Ff1 — c4, Cg8 — f6 ; **4.** Cf3 — g5, ...

Cette attaque du Pion f7 semble sérieuse. Pourtant, par le sacrifice résolu d'un Pion, les Noirs retournent les rôles et s'emparent de l'initiative.

4. ..., d7 — d5 ; **5.** e4 × d5, Cc6 — a5 !

Renonçant au Pion. Par contre, après **5.** ..., Cf6 × d5 ? le brillant sacrifice **6.** Cg5 × f7 ! assure l'avantage des Blancs. Voir **A**.

6. Fc4 — b5+, ...

De même, après **6.** d2 — d3, h7 — h6 ; **7.** Cg5 — f3, e5 — e4 ! ; **8.** Dd1 — e2, Ca5 × c4 ; **9.** d3 × c4, Ff8 — c5, les Noirs réaliseraient, en échange de leur pion perdu, une pression durable.

6. ..., c7 — c6 ! ; **7.** d5 × c6, b7 × c6 ; **8.** Fb5 × e2, ...

La meilleure retraite.

8. ..., h7 — h6 ; **9.** Cg5 — f3, e5 — e4.

Les Noirs sont à l'œuvre.

10. Cf3 — e5, Ff8 — d6 ; **11.** d2 — d4, Dd8 — c7,

et les Noirs ont arraché aux Blancs l'initiative des événements. Le combat est à deux faces.

A

5. ..., Cf6 × d5 ? ; **6.** Cg5 × f7 !, ...

Sacrifice correct. Très fort est aussi **6.** d2 — d4 (et seulement si **6.** ..., h7 — h6, alors avec d'autant plus de vigueur **7.** Cg5 × f7).

6. ..., Re8 × f7 ; **7.** Dd1 — f3+, Rf7 — e6.

Pour conserver la pièce en plus, le Roi noir doit commencer des pérégrinations douteuses. Or, si **7.** ..., Rf7 — e8 (ou **7.** ..., Dd8 — f6), alors **8.** Fc4 × d5, et la supériorité matérielle passe aux Blancs.

8. Cb1 — c3, ...

Renforçant l'attaque contre le Cavalier d5.

8. ..., Cc6 — e7.

Le meilleur. Si **8.** ..., Cc6 — b4 ; **9.** Df3 — e4 !, c7 — c6 ; **10.** a2 — a3, Cb4 — a6 ; **11.** d2 — d4, avec l'attaque des Blancs accrue.

9. d2 — d4, c7 — c6.

Nécessaire pour défendre le C. Une bévue serait **9.** ..., e5 × d4 ? à cause de **10.** Df3 — e4+ et les Blancs regagnent la pièce.

Si, d'autre part, **9.** ..., h7 — h6 (en vue d'empêcher le clouage **10.** Fc1 — g5), alors **10.** 0 — 0, c7 — c6 ; **11.** Tf1 — e1 et la pression verticale venant renforcer la pression diagonale contre le Roi adverse, la cause des Blancs triomphe.

10. Fc1 — g5!, ...

Ce clouage met hors de combat une des pièces noires qui défendaient le Cavalier d5.

10. ..., Re6 — d7; **11.** d4 × e5, Rd7 — e8; **12.** 0 — 0 — 0, ...

La Tour d1 est la quatrième pièce qui attaque le Cavalier adverse d5, celui-ci formant le noyau de la défense des Noirs.

12. ..., Fc8 — e6; **13.** Cc3 × d5, Fe6 × d5; **14.** Td1 × d5!, c6 × d5; **15.** Fc4 — b5+, et gagne.

Le débutant fera bien de se souvenir des conséquences funestes de **5.** ..., Cf6 × d5 ?

2ᵉ analyse :

Initiative des Blancs.

1. e2 — e4, e7 — e5; **2.** Cg1 — f3, Cb8 — c6; **3.** Ff1 — c4, Cg8 — f6; **4.** d2 — d4!, ...

Inaugurant l'attaque Max Lange, qui va se dérouler avec la pression frontale des Blancs sur la colonne-Roi.

4. ..., e5 × d4; **5.** 0 — 0, ...

Prématuré est **5.** e4 — e5 à cause de la contre-poussée **5.** ..., d7 — d5 ! (**6.** Fc4 — b5, Cf6 — e4, etc.).

5. ..., Ff8 — c5.

Préparant, par la sortie du FR, le petit Roque, tout en gardant son butin. Des complications graves s'ensuivent. D'autre part, un jeu trop serré se produit après **5.** ..., d7 — d6 ou **5.** ..., Ff8 — e7, rentrant dans une variante de la partie hongroise (**3.** ..., Fe7; **4.** 0 — 0, Cf6; **5.** d4, e × d). — Une décision qui éclaircit mieux le champ de bataille est **5.** ..., Cf6 × e4. Voir **A**.

6. e4 — e5, d7 — d5; **7.** e5 × f6, ...

Voici l'attaque Max Lange proprement dite. Moins d'efficacité montre **7.** Fc4 — b5, Cf6 — e4 et les Noirs ont un bon jeu.

7. ..., d5 × c4; **8.** Tf1 — e1+, Fc8 — e6.

Masquant la colonne-Roi. Peu raisonnable serait **8.** ..., Re8 — f8, renonçant à tout Roque.

9. Cf3 — g5, Dd8 — d5.

Défendant le Fou e6 et préparant le grand Roque. Une faute

188

instructive serait **9.** ..., Dd8 × f6 ? (ou aussi **9.** ..., Dd8 — d7 ?) à cause de **10.** Cg5 × e6, f7 e6 ; **11.** Dd1 — h5+ suivi de D × F.

10. Cb1 — c3, ...

Introduisant dans la lutte, sans perte du temps, une nouvelle pièce importante, les Noirs ne pouvant y répondre **10.** ..., d4 × c3 ?? à cause de **11.** D × D.

10. ..., Dd5 — f5 ; **11.** Cc3 — e4, 0 — 0 — 0.

La meilleure réplique. Le combat bat son plein. L'initiative est encore aux Blancs, mais les chances des Noirs résidant dans leurs Pions avancés (d4 et c4), ne sont pas à dédaigner.

A

5. ..., Cf6 × e4.

Un moyen sage d'éviter les dangers de l'attaque Max Lange.

6. Tf1 — e1, d7 — d5 ; **7.** Fc4 × d5, ...

Par ce pseudo-sacrifice, les Blancs regagnent un de leurs Pions, tout en empêchant l'adversaire de s'incruster au centre. Une tournure instructive !

7. ..., Dd8 × d5 ; **8.** Cb1 — c3, Dd5 — a5.

Évidemment non pas **8.** ..., d4 × c3 ??? à cause de **9.** D × D. Au lieu de la manœuvre du texte, qui est la plus entreprenante de toutes, la pleine retraite : **8.** ..., Dd5 — d8 donne aussi aux Noirs un jeu défendable.

9. Cc3 × e4, ...

Avec la menace d'un mat en deux coups par l'échec double : **10.** Ce4 —f6++, Re8 — d8 ; **11.** Te1 — e8+.

Une suite irréfléchie serait, par contre, **9.** Te1 × e4+, Fc8 — e6 ; **10.** Cf3 × d4 ? à cause de **10.** ..., 0 — 0 — 0 ; **11.** Fc1 — e3, Ff8 — c5 ; **12.** Cc3 — e2, Fe6 — d5 à l'avantage des Noirs. C'est un exemple des préceptes : I. « La menace (**9.** C × e4) est plus forte que son exécution » (**9.** T × e4+) — II. « Un coup de repos peut être supérieur à une attaque directe. » — III. « Songez toujours aux pièges possibles de l'adversaire. »

9. ..., Fc8 — e6,

et les Noirs sont à même de maîtriser toutes les tentatives d'attaques adverses (par ex. **10.** Fc1 — g5, h7 — h6 ou **10.** Fc1 — d2, Da5 — b6 ou enfin **10.** Ce4 — g5, 0 — 0 — 0, etc., avec jeux égaux).

Chapitre XIV

Suite des ouvertures du CR : la partie espagnole

(**1.** e2 — e4, e7 — e5 ; **2.** Cg1 — f3, Cb8 — c6 ; **3.** Ff1 — b5)

85. — Ses menaces et ses défenses. — Étudiée par les anciens auteurs espagnols : Lucena et surtout Lopez, la partie espagnole est encore aujourd'hui très en vogue, parce qu'elle permet aux Blancs de conserver pendant assez longtemps, avec l'avantage du trait, une initiative saine et durable.

La menace que les Blancs semblent esquisser de gagner un Pion par **4.** Fb5 × c6, d7 × c6 ; **5.** Cf3 × e5 n'est pas à craindre, puisque les Noirs pourraient alors — et même avantageusement ! — regagner leur Pion, soit par **5.** ..., Dd8 — d4 (avec l'attaque simultanée du Ce5 et du Pe4) soit par **5.** ..., Dd8 — g5 (avec la menace double du Ce5 et du Pg2). Néanmoins, cette menace, sans être encore réalisable, peut surgir plus tard, et cela oblige les Noirs à être sur leurs gardes.

Parmi plusieurs défenses que les Noirs peuvent choisir, examinons surtout la défense passive : **3.** ..., d7 — d6 (appelée : défense Steinitz) et la défense active : **3.** ..., a7 — a6 (appelée : défense Morphy).

1re analyse :

Défense passive : **3.** ..., d7 — d6.

1. e2 — e4, e7 — e5 ; **2.** Cg1 — f3, Cb8 — c6 ; **3.** Ff1 — b5, d7 — d6.

Protection mécanique du Pion e5. Le défaut de cette « défense

191

Steinitz » peut consister dans la restriction du FR des Noirs. Ceux-ci auront donc pour tâche de manœuvrer assez longtemps dans une position serrée.

4. d2 — d4, ...

Poussée énergique. La zone centrale des Blancs s'ouvre et les menaces directes : **5. d4 — d5** (décapitant le Cavalier c6) ou **5. d4 × e5** (gagnant impunément un Pion), se produisent.

Bien moins d'efficacité montrent les autres suites, comme par ex. **4. d2 — d3** qui renonce à provoquer une « tension des Pions au centre ».

4. ..., Fc8 — d7.

Défense solide. Prématuré serait **4. ..., e5 × d4** à cause de **5. Dd1 × d4 !**, Fc8 — d7 ; **6.** Fb5 × c6, Fd7 × c6 ; **7.** Cb1 — c3 et, grâce à la position puissante de leur Dame au milieu de l'échiquier, les Blancs sont mieux.

5. Cb1 — c3, ...

Futile serait la prise du Pion e5 par **5.** Fb5 × c6, Fd7 × c6 ! ; **6.** d4 × e5, d6 × e5 ; **7.** Dd1 × d8+, Ta8 × d8 ; **8.** Cf3 × e5, puisque les Noirs trouveraient aussitôt une compensation dans le Pion-Roi adverse, en jouant **8. ..., Fc6 × e4.**

Le coup du texte qui protège le Pion e4, renouvelle la menace des Blancs de gagner un Pion.

5. ..., Cg8 — f6 ; 6. 0 — 0, Ff8 — e7 ; 7. Tf1 — e1, ...

« Surprotégeant » le Pion e4, ce qui va obliger les Noirs, pour ne pas perdre le Pion e5, à faire l'échange des Pions qui suit :

7. ..., e5 × d4.

Par cet échange quasi forcé, qui équivaut à l'« abandon du terrain au centre », les Noirs accordent à l'adversaire un petit succès partiel. Leur jeu n'en reste pas moins assez solide.

Les conséquences funestes de **7. ..., 0 — 0 ?** sont exposées dans la partie N° 57.

8. Cf3 × d4, ...

Quoique ne possédant plus un centre complet de Pions, les Blancs exercent quand même une influence prépondérante au centre, où ils sont représentés par un Pion d'appui (e4) et une pièce mobile (Cd4).

8. ..., 0 — 0.

Position dite « normale » de la défense Steinitz. D'une façon générale, on peut louer cette tendance de mettre avant tout son Roi en sûreté. Peu

pratique serait, en effet, la recherche hâtive des échanges par **8.** ..., Cc6
× d4 ; **9.** Dd1 × d4, Fd7 × b5 ; **10.** Cc3 × b5, 0 — 0 ; **11.** Dd4 — c4 !,
c7 — c6 ; **12.** Cb5 — d4, car la pression des Blancs persiste.

9. Cd4 — e2, ...

Pour éviter dorénavant des échanges. On a essayé ici d'autres coups,
sans pouvoir démontrer un avantage décisif pour les Blancs.

9. ..., Tf8 — e8.

APRÈS **9.** ..., Tf8 — e8

N° 84

Regroupements derrière le
front. Si nous jetons un coup d'œil
sur la situation obtenue (diagr.
N° 84), nous pouvons constater
que les Blancs ont un jeu plus
libre, mais que pourtant les Noirs
n'ont dans leur « position de hérisson » aucun point faible et que
toutes leurs pièces sont aptes à une
action plus élargie, telle leur TR
qui commence à viser le Pion
blanc e4.

C'est donc à bon droit que nous
concluons à l'équilibre des
chances.

2ᵉ analyse :

Jeu actif des Noirs : **3.** ..., a7 — a6.

1. e2 — e4, e7 — e5 ; **2.** Cg1 — f3, Cb8 — c6 ; **3.** Ff1 — b5, a7 — a6.

La conséquence de cette « défense Morphy » est de produire, tout en
refoulant le FR adverse, une offensive de Pions noirs sur le côté-Dame.

4. Fb5 — a4, ...

Si **4.** Fb5 × c6, **variante d'échange**, alors **4.** ..., d7 × c6 ; **5.** d2 — d4,
e5 × d4 ; **6.** Dd1 × d4, Dd8 × d4 ; **7.** Cf3 × d4, Fc8 — d7. Les Blancs
ont réalisé, il est vrai, leur but d'éliminer les pièces principales pour
aboutir à une fin de partie où ils espèrent mettre à profit le doublement
du PFD adverse. Néanmoins, les Noirs, dont les pièces ont un champ
libre d'action, trouveront une compensation suffisante dans la
coopération de leurs deux Fous, d'où le diagnostic : lutte égale.

4. ..., Cg8 — f6.

Les Noirs se souviennent qu'ils ont encore tout leur côté-Roi à développer.

Une action trop précipitée serait **4.** ..., b7 — b5 ; **5.** Fa4 — b3, Cc6 — a5 ? à cause du sacrifice : **6.** Fb3 × f7+ !, Re8 × f7 ; Cf3 × e5+, etc.

Quant aux astuces de la « défense Steinitz retardée » **4.** ..., d7 — d6, voir partie N° 57 a.

5. 0 — 0, Cf6 × e4.

Appelée « défense ouverte », cette ligne de jeu qui ne craint pas les escarmouches au centre, est la plus entreprenante de toutes.

Les joueurs plus circonspects préféreront la « défense fermée » : **5.** ..., Ff8 — e7 qui masque la colonne-Roi tout en accélérant le Roque. Le combat ressemblera alors non plus à une guerre de mouvement, mais à une guerre de tranchées !

6. d2 — d4, b7 — b5 ; **7.** Fa4 — b3, d7 — d5.

Trop risqué serait évidemment **7.** ..., e5 × d4 à cause de **8.** Tf1 — e1, etc. Les Noirs préfèrent donc rendre le Pion, mais fortifier leur CR à e4.

8. d4 × e5, Fc8 — e6 ; **9.** c2 — c3, ...

APRÈS **9.** ..., Ff8 — c5

N° 85

Pour pouvoir conserver le « Fou d'attaque » (en cas de **9.** ..., Ca5).

9. ..., Ff8 — c5.

C'est plus hardi, quoique aussi plus aléatoire que **9.** ..., Ff8 — e7. Un coup d'œil sur la position obtenue (voir diagr. N° 85) nous apprend que les Noirs — sans crainte et sans reproche ! — ont bâti au centre un échafaudage assez important. La faiblesse du point d5 pourra pourtant leur causer des ennuis, d'où le diagnostic : combat à deux faces. — Voir partie N° 58.

N° 57

Jouée au tournoi de Dresde, en 1892.

Blancs	Noirs
TARRASCH	MARCO

1. e2 — e4	e7 — e5
2. Cg1 — f3	Cb8 — c6
3. Ff1 — b5	d7 — d6
4. d2 — d4	Fc8 — d7
5. 0 — 0	Cg8 — f6
6. Cb1 — c3	Ff8 — e7
7. Tf1 — e1	0 — 0 ?

Tombant dans le « piège Tarrasch ». Malgré son apparence si normale, le coup du texte perd. Les Noirs sont obligés d'« abandonner le centre » en jouant **7.** ..., e5 × d4 ; **8.** Cf3 × d4 et seulement maintenant **8.** ..., 0 — 0.

8. Fb5 × c6	Fd7 × c6

Si **8.** ..., b7 × c6, les Blancs gagnent de suite un Pion (e5), tout en accusant une meilleure position.

9. d4 × e5	d6 × e5
10. Dd1 × d8	Ta8 × d8

Si **10.** ..., Fe7 × d8, les Blancs gagnent simplement le P par **11.** Cf3 × e5, tandis que maintenant, la présence d'une Tour noire sur la colonne-Dame ouverte promet une contre-attaque.

Une variante fort curieuse se produit après **10.** ..., Tf8 × d8 (au lieu de **10.** ..., Ta8 × d8), à savoir **11.** Cf3 × e5, Fc6 × e4 ; **12.** Cc3 × e4, Cf6 × e4 ; **13.** Ce5 — d3 ! (mais non pas **13.** Te1 × e4 ?? à cause de **13.** ..., Td8 — d1+) ; **13.** ..., f7 — f5 ; **14.** f2 — f3, Fe7 — c5+ ; **15.** Rg1 — f1 et les Blancs gagnent au moins l'échange.

11. Cf3 × e5	Fc6 × e4

Le meilleur. Si **11.** ..., Cf6 × e4, alors **12.** Ce5 × c6 et les Blancs gagnent une pièce.

12. Cc3 × e4	Cf6 × e4
13. Ce5 — d3 !	...

Évidemment, non pas **13.** Te1 × e4?? à cause de **13.** ..., Td8 — d1+ suivi du mat.

| **13.** ... | f7 — f5 |

Le seul moyen de défendre la pièce.

| **14.** f2 — f3 | Fe7 — c5+ |
| **15.** Cd3 × c5 | ... |

Si **15.** Rh1, Cf2+ et si **15.** Rf1, Fb6; **16.** f × e, f × e avec échec! **17.** Cf4, e3; **18.** g3, g5 et les Noirs regagnent la pièce. On comprend maintenant la différence de position, si les Noirs reprenaient au 10ᵉ coup avec leur TR (au lieu de la TD).

| **15.** ... | Ce4 × c5 |
| **16.** Fc1 — g5 | ... |

Manœuvre décisive, la T attaquée peut aller n'importe où : **17.** Fg5 — e7 fait du butin.

16. ...	Td8 — d5
17. Fg5 — e7	Tf8 — e8
18. c2 — c4	

gagnant l'échange et la partie.

Nᵒ 57 a

*Jouée au tournoi majeur
de Nice, en 1930.*

Blancs	Noirs
Sɪʀ R. Barnett	Keeble

1. e2 — e4	e7 — e5
2. Cg1 — f3	Cb8 — c6
3. Ff1 — b5	a7 — a6
4. Fb5 — a4	d7 — d6
5. d2 — d4	...

Comme dans la défense Steinitz proprement dite (avec **3.** ..., d7 — d6), les Blancs croient faire le coup le plus énergique, mais grâce à l'intervention du petit coup **3.** ..., a7 — a6, les Noirs peuvent maintenant utiliser une variante ingénieuse.

| **5.** ... | Fc8 — d7 |

A savoir, les Noirs pourraient ici jouer : **5.** ..., b7 — b5; **6.** Fa4 — b3,

Cc6 × d4 ; **7.** Cf3 × d4, e5 × d4 et les Blancs ne peuvent pas reprendre immédiatement : **8.** Dd1 × d4 ? à cause de la perte d'une pièce par **8.** ..., c7 — c5 ; **9.** Dd4 — d5, Fc8 — e6 (parant la double menace à f7 et à a8) ; **10.** Dd5 — c6+, Fe6 — d7 ; **11.** Dc6 — d5, c5 — c4 et gagne.

Au lieu de **8.** Dd1 × d4 ? les Blancs doivent donc apercevoir le danger et continuer soit par **6.** Fb3 — d5, Ta8 — b8 ; **9.** Dd1 + d4, soit même dans le style de gambit par **8.** c2 — c3. Les chances du combat restent alors égales.

6. 0 — 0	b7 — b5

« Mieux vaut tard que jamais », pensent les Noirs et ils tendent maintenant le piège sus-indiqué.

7. Fa4 — b3	Cc6 × d4
8. Cf3 × d4	e5 × d4
9. Tf1 — e1	...

Ne tombant pas dans le piège (**9.** D × d4 ?) et formant, au lieu de se soucier du Pion, une attaque frontale très vive.

9. ...	c7 — c5

Ce désir de·maintenir son butin est funeste. D'autre part, si par ex. **9.** ..., Cg8 — f6 ; **10.** e4 — e5, d6 × e5 ; **11.** Te1 × e5+, Ff8 — e7 ; **12.** Dd1 — e1 et la pression des Blancs persiste. La meilleure défense donnait aux Noirs **9.** ..., Dd8 — f6.

10. Fb3 — d5	Ta8 — b8
11. e4 — e5 !	...

Rupture du front. Les Noirs sont déjà perdus.

11. ...	Fd7 — e6
12. Fd5 — c6+	Re8 — e7
13. Fc1 — g5+	f7 — f6
14. e5 × f6+	g7 × f6
15. Dd1 — e2 (Décisif).	

15. ...	Dd8 — c8
16. Fc6 — d5	Dc8 — c7
17. De2 × e6+	Re7 — d8
18. De6 — e8×	

PARTIE MODÈLE

N° 58

*Jouée au tournoi
de Hastings, 1945-1946.*

Blancs	Noirs
D' M. AITKEN	D' M. EUWE
(Écosse)	(Hollande)

1. e2 — e4		e7 — e5
2. Cg1 — f3		Cb8 — c6
3. Ff1 — b5		a7 — a6
4. Fb5 — a4		Cg8 — f6
5. 0 — 0		Cf6 × e4

Les esprits ouverts préféreront toujours cette « défense ouverte » à la « défense fermée » : **5.** ..., Fe7 ; **6.** Te1, b5 ; **7.** Fb3, d6 ; **8.** c3, etc.

6. d2 — d4		b7 — b5
7. Fa4 — b3		d7 — d5
8. d4 × e5		Fc8 — e6
9. c2 — c3		Ff8 — c5

Après **9.** ..., Fe7 ; **10.** De2, les Blancs conservent l'initiative.

10. Dd1 — e2		...

Ici, **10.** Dd3 rend de meilleurs services. Le plus simple est toutefois **10.** Cbd2, interrogeant le CR adverse.

10. ...		0 — 0
11. Fc1 — e3		...

Mieux est **11.** Cbd2.

11. ...		Fc5 × e3
12. De2 × e3		Cc6 — e7

En vue de renforcer la lutte pour la case d4 par l'avance du PFD.

13. Cf3 — d4		c7 — c5
14. Cd4 × e6		f7 × e6
15. Cb1 — d2		...

Si **15.** f3, alors aussi « le coup intermédiaire » **15.** ..., Cf5 favorise les chances des Noirs.

15. ...		Ce7 — f5

| **16.** De3 — e2 | Ce4 × d2 |
| **17.** De2 × d2 | ... |

Pour la quatrième fois la Dame blanche se déplace. Rien donc d'étonnant si les Noirs vont accuser un *avantage de développement*.

17. ...	Dd8 — b6
18. Fb3 — c2	Ta8 — d8
19. Ta1 — d1	d5 — d4

Le combat s'aiguillonne.

| **20.** Fc2 × f5 | Tf8 × f5 |

Dans le duel de l'artillerie lourde qui suit, les pièces noires vont montrer une agilité étonnante.

| **21.** Tf1 — e1 | Tf5 — f7 |

S'acheminant vers la colonne d.

| **22.** Te1 — e3 | ... |

Ingénieux mais insuffisant. Mieux valait, en tout cas, **22.** De2.

| **22.** ... | Tf7 — d7 |
| **23.** Te3 — d3 | Db6 — a5 ! |

Bien calculé. On remarquera par quels *moyens simples mais persuasifs* les Noirs mènent le combat.

| **24.** c3 × d4 | ... |

La menace principale que les Blancs avaient à parer, était **24.** ..., d × c ; **25.** D × c3, D × c3, etc.

Si, au lieu du coup du texte, **24.** Dc2, D × a2 ; **25.** c × d, T × d4 ; **26.** T × d4, c × d, etc., et si **24.** b4, d × c ; **25.** D × c3, Da4 ! avec la menace gagnante : **26.** ..., D × d1+.

| **24.** ... | Da5 × a2 |
| **25.** Td3 — a3 | ... |

Relativement le plus de résistance offrait **25.** Dc1.

25. ...	Td7 — d4
26. Ta3 × a2	Td4 × d2
27. Td1 × d2	Td8 × d2

Dans cette finale de Tours les atouts des Noirs (un Pion de plus, Tour plus active, majorité de Pions sur le côté-Dame) sont trop forts.

| **28.** Rg1 — f1 | c5 — c4 |
| **29.** Rf1 — e1 | ... |

Ou **29.** T × a6, T × b2; **30.** T × e6, c3; **31.** Tc6, c2; **32.** Re1, b4; **33.** Rd2, b3; **34.** e6, Rf8 et gagne.

29. ...	c4 — c3
30. Ta2 × a6	c3 × b2

Les Blancs abandonnent.

86. — Quelques autres défenses. — Il y a en tout 17 défenses plus ou moins plausibles, par exemple, outre les deux précitées, la défense berlinoise **3.** ..., Cg8 — f6, la défense en fianchetto **3.** ..., g7 — g6, etc.

Mentionnons entre autres les trois suivantes dont le caractère agressif peut embarrasser le débutant :

I. — *Gambit espagnol :* **3.** ..., f7 — f5. Tout comme lors du contre-gambit Philidor (voir § 75), les Blancs sortiront leur Cavalier de réserve : **4.** Cb1—c3.

II. — *Défense Bird :* **3.** ..., Cc6 — d4. Sans se laisser bluffer, les Blancs y répliqueront **4.** Cf3 × d4, e5 × d4; **5.** 0 — 0 et le poste avancé des Noirs (à d4) constitue plutôt une faiblesse dans leur jeu.

III. — *Défense Place :* **3.** ..., Ff8 — c5. Mise en valeur par l'expert parisien M. Victor Place, cette ligne de jeu cherche à démontrer l'efficacité — même pour les Noirs ! — de la « diagonale italienne ». La suite pourra être **4.** c2 — c3, Fc5 — b6 ! (la « pointe » de la défense. Moins bons paraissent les autres essais : **4.** ..., Cg8 — e7 ou **4.** ..., f7 — f5); **5.** 0 — 0, Cg8 — e7; **6.** d2 — d4, e5 × d4; **7.** c3 × d4, d7 — d5 et les Noirs ont réussi à réaliser cette poussée centrale qui dégage leur jeu.

Chapitre XV

Partie du centre

(**1.** e2 — e4, e7 — e5 ; **2.** d2 — d4)

87. — Deux suites à choisir. — Après les coups : **1.** e2 — e4, e7 — e5 ; **2.** d2 — d4, e5 × d4, les Blancs ont surtout à choisir entre deux suites :

I. **3.** Dd1 × d4, *partie du centre proprement dite.* — La Dame blanche ne pouvant se maintenir à d4, les Blancs vont bientôt perdre leur avantage du trait par **3.** ..., Cb8 — c6 ; **4.** Dd4 — e3 (après la pleine retraite : **4.** Dd4 — d1, la perte du temps par les Blancs serait encore plus évidente) ; **4.** ..., Cg8 — f6 (c'est encore plus agressif que **4.** ..., g7 — g6 suivi de Ff8 — g7 qui est aussi jouable) ; **5.** Fc1 — d2 (moins bon serait immédiatement **5.** Cb1 — c3 à cause du clouage **5.** ..., Ff8 — b4. Une avance quelque peu précipitée serait, d'autre part, **5.** e4 — e5 à cause de **5.** ..., Cf6 — g4 ; **6.** De3 — e4, d7 — d5 ! ; **7.** e5 × d6 e. p. +déc., Fc8 — e6, où le développement supérieur des Noirs compense la perte momentanée d'un pion) ; **5.** ..., Ff8 — e7 (développant une nouvelle pièce, tout en masquant la colonne-Roi) ; **6.** Cb1 — c3, 0 — 0 ; **7.** 0 — 0 — 0, Tf8 — e8 et dans ce combat aux roques opposés, les Noirs disputent à l'adversaire la supériorité du terrain.

II. **3.** c2 — c3, *gambit du centre.* — Si les Noirs acceptent le défi, on obtient après **3.** ..., d4 × c3 ; **4.** Ff1 — c4 !, c3 × b2 ; **5.** Fc1 × b2 le **gambit danois**, où la défense des Noirs est, malgré leurs deux Pions de plus, assez pénible (voir partie N° 59).

Les esprits prudents préfèrent même refuser le don du premier Pion, en jouant **3.** ..., Dd8 — c7 ou, d'une façon encore plus tranchante, **3.** ..., d7 — d5. Le combat se calme alors très souvent, les Noirs ayant réussi à faire sans inconvénients ce bon coup libérateur, par exemple : **3.** ..., d7 — d5 ; **4.** e4 × d5, Dd8 × d5 (la Dame noire entre en jeu) ; **5.** c3 × d4, Cb8 — c6 (la lutte s'engage autour du PD des Blancs isolé) ; **6.** Cg1 — f3, Fc8 — g4 et les Noirs menacent sérieusement.

PARTIE MODÈLE

N° 59

Partie peu connue jouée entre
les deux maîtres rivaux dans leur jeunesse.

Blancs	Noirs
TARRASCH	LASKER

1. e2 — e4	e7 — e5
2. Cg1 — f3	Cb8 — c6
3. d2 — d4	e5 × d4

C'est encore la partie écossaise, mais par la suite, la partie prendra le caractère d'un gambit danois.

4. c2 — c3	d4 × c3
5. Ff1 — c4	c3 × b2
6. Fc1 × b2	Ff8 — b4+

Une défense plus solide promettait **6.** ..., d7 — d6, tout en conservant son FR pour la protection du Roi.

7. Cb1 — d2	Re8 — f8
8. 0 — 0	d7 — d6
9. Dd1 — b3	Cg8 — b6
10. Ta1 — d1	Fc8 — g4
11. a2 — a3	Fb4 × d2
12. Td1 × d2	Ta8 — b8
13. Db3 — e3	Fg4 × f3

Éliminant le C qui pourrait autrement devenir dangereux par Cf3 — g5.

14. De3 — f3	Dd8 — e7
15. Tf1 — d1	Cc6 — e5

| **16.** Fb2 × e5 | De7 × e5 |
| **17.** Td2 — d5 | De5 — f6 |

Fiers de leurs deux pions en plus, les Noirs voudraient bien simplifier le combat par l'échange des Dames.

| **18.** Df3 — b3 | Th8 — g8 ? |

Sans trop croire au danger, les Noirs font encore des préparatifs en louvoyant derrière le front.

Il fallait se décider immédiatement à améliorer la position du Roi, en lui créant une case de refuge par **18.** ..., g7 — g6 (ou même **18.** ..., g7 — g5).

| **19.** e4 — e5 ! | ... |

Par ce sacrifice d'un **troisième** pion, les Blancs se fraient de nouvelles lignes (colonnes et diagonales) ouvertes.

| **19.** ... | d6 × e5 |

Ou **19.** ..., Df8 — e7 ; **20.** e5 × d6, c7 × d6 ; **21.** Td5 × d6 avec la menace évidente **22.** Td6 — d7.

20. Db3 — b4+, Rf8 — e8.

Bien entendu, non pas **20.** ..., Df6 — e7 à cause du mat en deux coups par **21.** Td5 — d8+, etc.

La débâcle des Noirs qui va suivre n'aura rien d'étonnant puisqu'ils ont deux pièces (Tg8 et Ch6) inactives et un R rivé au milieu de sa rangée.

| **21.** Fc4 — b5+ | c7 — c6 |
| **22.** Fb5 × c6+! | ... |

Faisant sauter les derniers remparts des Noirs.

22. ...	Df6 × c6
23. Td5 × e5+	Dc6 — e6
24. Db4 — d6	

Les Noirs abandonnent.

Chapitre XVI

Partie viennoise

(**1.** e2 — e4, e7 — e5 ; **2.** Cb1 — c3)

88. — Ses aspirations et ses réalisations. — Le coup **2.** Cb1 — c3 développe une pièce, mais celle du côté-Dame, ce qui n'accélère pas le Roque. Il défend le Pion e4, lequel n'est pourtant pas encore attaqué. Il ne menace encore rien, ce qui semble donner à la partie viennoise un caractère paisible ; la suite n'en est pas moins pleine d'astuces et de possibilités agressives. En voici quelques détails :

1re analyse.

1. e2 — e4, e7 — e5 ; **2.** Cb1 — c3, Cg8 — f6.

C'est la réponse la plus active car elle tient le Pion adverse e4 sous contrôle, prépare le petit Roque et favorise la poussée libératrice d7 — d5.

Tout aussi jouable est un autre coup de pur développement : **2.** ..., Cb8 — c6. Nous l'examinerons dans la seconde analyse.

Moins bons seraient tous les autres coups, la mesure timorée **2.** ..., d7 — d6, la poussée par ardeur **2.** ..., f7 — f5, la sortie optimiste **2.** ..., Ff8 — b4 et enfin la réponse qu'on préférait autrefois : **2.** ..., Ff8 — c5.

3. Ff1 — c4, ...

Suite tranquille. Une suite violente est ici **3.** f2 — f4, **gambit viennois**, voir partie N° 60.

En jouant **3.** Cg1 — f3, les Blancs pourraient entrer dans la partie russe des Trois Cavaliers (voir § 76).

3. ..., Cf6 × e4 !

Par ce pseudo-sacrifice, les Noirs obtiennent assez aisément l'équilibre.

Les coups de pur développement sont ici **3.** ..., Cb8 — c6 ou **3.** ..., Ff8 — c5 qui sont aussi jouables.

4. Dd1 — h5 !, ...

Si **4.** Cc3 × e4, alors les Noirs regagnent immédiatement, par la «fourchette» **4.** ..., d7 — d5, leur pièce et simplifient le combat au centre.

Si, d'autre part, **4.** Fc4 × f7+, Re8 × f7 ; **5.** Cc3 × e4, alors **5.** ..., d7 — d5 accroît l'influence des Noirs au centre, tandis que le déroquement du Roi noir sera vite compensé par le « roque artificiel », par exemple : **6.** Cg3, Fd6 ; **7.** d3, Tf8 ; **8.** Cf3, Rg8, etc., ou **6.** Dh5+ ?, g6 ! ; **7.** D × e5, Fh6 ; **8.** Cg3, Te8 et les Noirs gagnent.

Nous voyons donc que le coup du texte, présentant une exception à la règle connue, est une sortie de la Dame, prématurée mais utile. Sa force est conditionnée par la double menace (**5.** Dh5 × f7× et **5.** Dh5 × e5), tandis qu'en outre les Noirs doivent songer à leur CR attaqué.

4. ..., Ce4 — d6.

La seule défense. Toutefois, on remarquera que le CR des Noirs fut dévié de son bon poste défensif à f6 et qu'en outre, il gêne à d6 le développement de ses propres Fous.

5. Dh5 × e5+, ...

Le plus simple : les Blancs regagnent le Pion et éliminent les Dames.

Les joueurs agressifs préfèrent, il est vrai, **5.** Fc4 — b3 pour conserver l'attaque qui doit pourtant être menée après **5.** ..., Cb8 — c6 (ou aussi **5.** ..., Ff8 — e7) d'une façon assez hasardeuse.

5. ..., Dd8 — e7.

Forcé car si **5.** ..., Ff8 — e7 ; **6.** De5 × g7.

6. De5 × e7+, Ff8 × e7.
7. Fc4 — b3, Cd6 — f5,

pour faire suivre c7 — c6 et d7 — d5. La partie s'égalise.

2ᵉ analyse.

1. e2 — e4, e7 — e5 ; **2.** Cb1 — c3, Cb8 — c6.

Ce coup a (comme **2.** ..., Cg8 — f6) ses avantages et ses dangers. Ces derniers sont supérieurs.

3. Ff1 — c4, ...

Suite tranquille, mais encore ici, les Blancs ont aussi à leur disposition la suite violente : **3. f2 — f4, Gambit viennois.**

Ce gambit est même ici d'autant plus dangereux que les Noirs n'ont plus (comme dans le cas de **2. Cg8 — f6**) la riposte d7 — d5.

Ils n'auront donc que l'alternative de se jeter dans les périls du « Gambit viennois accepté » (**3. ..., e5 × f4**), ou de le refuser (par **3. ..., Ff8 — c5**).

Après **3. f2 — f4, e5 × f4**, les deux suites fondamentales pour les Blancs sont : **4. Cg1 — f3, g7 — g5 ; 5. h2 — h4, g5 — g4 ; 6. Cf3 — g5, h7 — h6 ; 7. Cg5 × f7, Re8 × f7 ; 8. d2 — d4**, etc. (« Gambit Hampe Allgaier ») ou, d'une façon paradoxale : **4. d2 — d4, Dd8 — h4+ ; 5. Re1 — e2**, etc. (« Gambit Steinitz »). Dans les deux cas, l'attaque des Blancs est sérieuse.

3. ..., Cg8 — f6.

Le meilleur. Si **3. ..., Ff8 — c5 ; 4. Dd1 — g4** est plein de ruses.

4. d2 — d3, ...

Au lieu d'entrer, par **4. Cg1 — f3**, dans la partie italienne des Quatre Cavaliers (voir § 80), les Blancs se réservent des possibilités assez intéressantes de développer leur CR à e2 ou de faire précéder la sortie Cg1 — f3 par f2 — f4.

4. ..., Ff8 — b4.

Ce clouage est plus efficace que **4. ..., Ff8 — c5.**

5. Fc1 — g5, ...

Le contre-clouage. Si immédiatement **5. Cg1 — e2**, l'émancipation par **5. ..., d7 — d5 ; 6. e4 × d5, Cf6 × d5**, etc., serait alors possible.

5. ..., h7 — h6 ; 6. Fg5 × f6, Fb4 × c3+.

Cette prise intermédiaire (avec échec !) est importante, car si **6. ..., Dd8 × f6 ; 7. Cg1 — e2**, les Blancs évitent de se laisser doubler le Pion FD. Il s'ensuivra encore : **7. ..., d7 — d6 ; 8. 0 — 0, Fc8 — e6 ; 9. Cc3 — d5 !** et les Blancs gagnent du terrain.

7. b2 × c3, Dd8 × f6 ; 8. Cg1 — e2, d7 — d6 ; 9. 0 — 0, g7 — g5.

Pour empêcher **10. f2 — f4**, ce qui procurerait aux Blancs l'atout quasi décisif de la colonne FR ouverte. La partie présente maintenant des chances égales.

PARTIE MODÈLE

N° 60

Jouée au tournoi de Budapest, en 1933.

Blancs	Noirs
BOROS	LILIENTHAL

1. e2 — e4		e7 — e5
2. Cb1 — c3		Cg8 — f6 !
3. f2 — f4		d7 — d5

Cette contremarche au centre (rendue possible par le second coup des Noirs) est ici de loin la meilleure réponse.

Les suites fatales de **3.** ..., e5 × f4 ? sont illustrées par la partie miniature suivante, jouée dans le tournoi interclubs, à Paris, en 1933 :

Blancs	Noirs
WURSBURGER	PEIFER
(« Rive gauche »)	(« Fou du Roi »)

3. ...	e × f2
4. e5	De7
5. De2	Cg8
6. Df3	Cc6
7. d4	d6 ?

Il fallait s'accommoder de la pleine retraite : **7.** ..., Dd8.

8. Cd5   Dd8

Si **8.** ..., Dd7 ; **9.** e × d+déc., Rd8 ; **10.** d × c+ gagne.

9. C × c7+ ! !   Aband.

4. f4 × e5   Cf6 × e4

Non seulement les Noirs ont incrusté leur CR dans la zone ennemie, mais encore ils menacent **5.** ..., Dd8 — h4+ ; **6.** g2 — g3, Ce4 × g3 !, etc.

5. Dd1 — f3   ...

Défense indirecte contre la menace précipitée. Plus simple est pourtant la défense directe contre l'échec menaçant, à savoir **5.** Cg1 — f3 qui développe en même temps une nouvelle pièce mineure.

En réponse à **5.** Cg1 — f3, ni **5.** ..., Fc8 — g4. ni **5.** ..., Ff8 — b4 ne donnent un jeu commode aux Noirs, et le plus solide pour eux est **5.** ..., Ff8 — e7 suivi du Roque. Les jeux tendent alors à l'équilibre.

5. ...   Cb8 — c6

Quoique les Noirs puissent très bien protéger leur CR doublement attaqué, en jouant **5.** ..., f7 — f5 (et si **6.** e5 × f6 e. p., Ce4 × f6), le coup du texte qui tend un **piège de début** assez raffiné, est aussi jouable.

6. Cc3 × e4?   ...

Tombant dans le piège. Au lieu de se précipiter sur le Pion, les Blancs devaient immobiliser le CD adverse, en jouant **6.** Ff1 — b5. Les jeux seraient alors égaux.

6. ...   Cc6 — d4 !

Par cette belle **manœuvre intermédiaire**, les Noirs deviennent maîtres du combat.

7. Df3 — f4   ...

Croyant pouvoir encore former une attaque, mais s'embrouillant avec sa Dame de plus en plus.

Si **7.** Df3 — d3, d5 × e4 ; **8.** Dd3 × e4 (ou **8.** Dc3, Fb4 ! ou **8.** Dc4, b5 !) ; **8.** ..., Fc8 — f5 suivi de **9.** ..., Cd4 × c2+ et les Noirs gagnent.

Relativement le meilleur parti à prendre était donc de battre en retraite, en jouant **7.** Df3 — d1.

7. ...   d5 × e4
8. Ff1 — c4   Fc8 — f5 !

Une combinaison de grande envergure.

9. c2 — c3   g7 — g5 !
10. Fc4 × f7+   ...

Si **10.** Df1, Cc2+ et gagne (**11.** Rd1, Ce3+).

Si **10.** Df2, e3 !! ; **11.** d × e, Cc2+ ; **12.** Re2, Fg4+ ; **13.** Cf3, C × a1 gagne.

10. ...   Re8 × f7
11. Df4 — f2   ...

Ne s'attendant qu'à **11.** ..., Cc2+ ; **12.** Rd1, C × a1 ; **13.** D × f5+, mais une nouvelle surprise vient renverser ces plans :

11. ...   e4 — e3 !!
12. Df2 — f1   ...

Si **12.** d × e, Cc2+; **13.** Re2 (**13.** Rf1, Dd1+); **13.** ..., Dd3+; **14.** Rf3, C × a1 gagne, le Fou f5 étant sauvé.

12. ...	e3 × d2+
13. Re1 — d1	...

Si **13.** F × d2, Cc2+ gagne (**14.** Rd1, Ce3+).

13. ...	d2 × c1D+
14. Rd1 × c1	g5 — g4 !

Faisant surgir la menace terrible Ff8 — h6+ (ou Dd8 — g5+).

15. b2 — b4	Dd8 — g5+
16. Rc1 — d1	...

Ou **16.** Rb2, Dd2+, etc.

16. ...	Ta8 — d8

Les Blancs abandonnent.

89. — Partie du FR (**2.** Ff1 — c4). — Très populaire au XVIIIe siècle, ce début ne correspond plus au principe moderne qui consiste à développer, si possible, les Cavaliers avant les Fous. Ce jeu est, d'ordinaire, très calme.

La suite se confond souvent avec la partie viennoise. Voici les réponses qui peuvent se faire :

I. — **2.** ..., Cg8 — f6. Défense berlinoise. C'est le plus indiqué, puisque non seulement le Pion adverse e4 est attaqué, mais encore l'émancipation par d7 — d5 devient possible, par exemple **3.** d3, d5 ! ; **4.** e × d, C × d5, jeux égaux. Le plus simple est donc alors pour les Blancs **3.** Cc3, rentrant dans la partie viennoise.

II. — **2.** ..., Cb8 — c6. Contre ce coup neutre, les Blancs peuvent aussi rentrer par **3.** Cc3 dans la partie viennoise ou par **3.** Cf3 dans la partie italienne ou enfin par **3.** f4 dans le Gambit royal.

III. — **2.** ..., Ff8 — c5. Défense dite classique. En continuant maintenant par **3.** c2 — c3 (préparation du centre) ou par **3.** Dd1 — e2 (menace : **4.** F × f7, R × f7 ; **5.** Dc4+ suivi de D × F), les Blancs peuvent donner à la lutte un caractère différent de la partie viennoise ou italienne.

IV. — **2.** ..., f7 — f5. « Gambit en second ». Il est aussi hasardeux que le « contre-gambit Greco » (§ 74). Les Blancs répondent au mieux non par : **3.** e4 × f5, ni par : **3.** Fc4 × g8, mais tout simplement **3.** d2 — d3.

Chapitre XVII

Gambit du Roi accepté

(**1.** e2 — e4, e7 — e5 ; **2.** f2 — f4, e5 × f4)

90. — Divisions principales. — Bien que les Blancs aient sacrifié par leur second coup un Pion en vue d'une attaque, ils sont pour le moment eux-mêmes menacés d'une irruption désagréable : **3.** ..., Dd8 — h4+. Voici donc comment ils s'y prennent :

A. — GAMBIT DU CAVALIER DU ROI (**3.** Cf3).

1. e2 — e4, e7 — e5 ; **2.** f2 — f4, e5 × f4 ; **3.** Cg1 — f3, ...

Protection directe contre l'échec menaçant à h4.

3. ..., g7 — g5.

Défense classique. Parmi les défenses irrégulières notons le curieux « Gambit Cunningam » : **3.** ..., Ff8 — e7 avec l'idée de faire suivre Fe7 — h4+.

La pratique moderne qui cherche avant tout à faire valoir les pièces, préfère la riposte au centre **3.** ..., d7 — d5 (**4.** e × d, Cf6 ; **5.** Fc4, Fd6 ! ; **6.** De2+, De7 ; etc., avec simplification), ou bien le contre-développement **3.** ..., Cg8 — f6 (**4.** Cc3, d5 ; **5.** e5, Ch5 ; **6.** Fe2, g5, etc. avec un jeu barricadé).

4. h2 — h4, ...

Se hâtant de briser la chaîne de Pions ennemis qui se forme sur le côté-Roi, à la suite du « Pion du gambit » (f4).

Une autre suite, tout aussi violente, est donnée par :

4. Ff1 — c4 par ex.

I. **4.** ..., Ff8 — g7 ; **5.** 0 — 0 et « Gambit Greco-Philidor ».

II. **4.** ..., g5 — g4 ; **5.** 0 — 0 !, g4 × f3 ; **6.** Dd1 × f3, etc.

« Gambit Muzio ». Il offre un exemple bien rare d'un sacrifice de « position » (cela veut dire : sans conséquences immédiates) d'une figure dans la première phase du début ! — Les joueurs moins résolus joueront, du reste, au lieu de **5.** 0 — 0, plus prosaïquement **5.** Cf3 — e5, Dd8 — h4+ ; **6.** Re1 — f1 (voir partie N° 61).

4. ..., g5 — g4.

Presque forcé, car si **4.** ..., f7 — f6 ? **5.** Cf3 × g5 !, f6 × g5 ; **6.** Dd1 — h5+ gagne, et si **4.** ..., Ff8 — e7 ; **5.** h4 × g5, Fe7 × g5 ; **6.** d2 — d4, d7 — d6 ; **7.** g2 — g3 ! et la pression des Blancs va croissant.

5. Cf3 — e5, ...

Coup constitutif du « Gambit Kieseritzki » si populaire jadis. Une autre suite assez astucieuse est le « Gambit Allgaier » : **5.** Cf3 — g5, h7 — h6 (forçant le sacrifice du C aventureux) ; **6.** Cg5 × f7, Re8 × f7 ; **7.** Ff1 — c4+ ou **7.** d2 — d4 et l'attaque des Blancs est sérieuse.

5. ..., Cg8 — f6.

Cette défense est reconnue supérieure à tous les autres essais comme **5.** ..., Ff8 — g7 ou **5.** ..., d7 — d6 ou encore **5.** ..., h7 — h5.

6. Ff1 — c4, ...

L'attaque du point faible f7 se précise.

6. ..., d7 — d5.

Émancipation avant tout ! Le coup est, du reste, forcé.

7. e4 × d5, ...

Si **7.** Fc4 × d5, Cf6 × d5 ; **8.** e4 × d5, les Blancs auraient renoncé à une pièce d'attaque importante.

7. ..., Ff8 — d6,

et dans ce combat embrouillé — comme le sont, du reste, tous les Gambits du Roi ! — l'attaque impétueuse des Blancs et la défense tenace des Noirs se tiennent tête.

B. — GAMBIT DU FOU DU ROI (**3.** Fc4).

1. e2 — e4, e7 — e5 ; **2.** f2 — f4, e5 × f4 ; **3.** Ff1 — c4, ...

Protection indirecte contre les dégâts que pourrait causer l'échec adverse à h4.

3. ..., Dd8 — h4+.

En effet, cette sortie ne procure plus aux Noirs une suite intéressante. Pour cette raison, les praticiens modernes préfèrent encore ici (comme contre **3.** Cg1 — f3) la riposte centrale **3.** ..., d7 — d5 ou bien le développement intense par **3.** ..., Cg8 — f6.

4. Re1 — f1, ...

Le Roi occupe avec confiance la case préparée pour lui. Son déroquement est compensé par les tracasseries auxquelles la Dame noire va être exposée à son poste dangereux.

4. ..., g7 — g5.

Défense dite classique, mais qui est ici bien plus aventurée que dans le Gambit du CR. Mieux vaut d'abord le coup émancipateur **4.** ..., d7 — d5.

5. Cb1 — c3, Ff8 — g7 ; **6.** d2 — d4,

et les chances des Blancs qui procèdent à la sortie rapide de toutes leurs pièces mineures, sont bien supérieures.

PARTIES MODÈLES

N° 61

Blancs	Noirs
Comte Léon Tolstoï	C. Maud

1. e2 — e4	e7 — e5
2. f2 — f4	e5 × f4
3. Cg1 — f3	g7 — g5
4. Ff1 — c4	g5 — g4

Les Noirs désorganisent eux-mêmes leur chaîne de Pions. Plus prudent est **4.** ..., Ff8 — g7, suivi de h7 — h6 et de d7 — d6 (« Gambit Greco-Philidor »).

5. Cf1 — e5	...

Les Blancs ne craignent pas le déroquement de leur Roi. Plus bruyant — et, du reste, plus brillant ! — est **5.** 0 — 0 (« Gambit Muzio »).

5. ...	Dd8 — h4+
6. Re1 — f1	d7 — d5

Les coups « théoriques » sont ici : **6.** ..., Cg8 — f6 (« Gambit Salvio ») ou **6.** ..., f4 — f3 (« Gambit Cochrane ») ou encore **6.** ..., Cg8 — h6.

| 7. Fc4 × d5 | f4 — f3 |
| 8. g2 × f3 | ... |

On peut aussi continuer, avec un plein sang-froid, **8.** d2 — d4, f3 × g2+; **9.** Rf1 × g2, Dh4 — h3+; **10.** Rg2 — g1.

| 8. ... | Dh4 — h3+ |

Au lieu de cette entreprise douteuse, il valait mieux continuer par **8.** ..., Cg8 — f6.

9. Rf1 — e1	g4 — g3
10. d2 — d4	g3 — g2
11. Th1 — g1	Dh3 — h4+
12. Re1 — e2	Cg8 — h6
13. Tg1 × g2	c7 — c6
14. Fc1 × h6	c6 × d5
15. Fh6 × f8	Re8 × f8
16. Dd1 — e1	Dh4 — e7
17. Cb1 — c3	f7 — f6
18. Cc3 × d5	De7 — d6
19. De1 — g3	les Noirs abandonnent.

Outre le célèbre romancier russe Tolstoï — qui fait preuve dans cette partie d'une certaine force — citons parmi les grands esprits qui honoraient le noble jeu des Échecs: Voltaire, J.-J. Rousseau, Diderot, d'Alembert, Musset, Benjamin Franklin, etc.

N° 62

(Pour la beauté de ses conceptions, la partie qui suit, jouée à Londres en 1851, fut surnommée L'IMMORTELLE.)

| Blancs | Noirs |
| ANDERSSEN | KIESERITZKI |

1. e2 — e4	e7 — e5
2. f2 — f4	e5 × f4
3. Ff1 — c4	Dd8 — h4+
4. Re1 — f1	b7 — b5?

Une contre-attaque qui ne tient pas ce qu'elle promet. Le coup « théorique » est ici **4.** ..., d7 — d5.

| 5. Fc4 × b5 | Cg8 — f6 |
| 6. Cg1 — f3 | Dh4 — h6 |

La Dame est ici mal placée, il valait mieux la jouer à h5 pour faire suivre g7 — g5.

7. d2 — d3   Cf6 — h5

L'idée de cette manœuvre est non seulement de protéger le « Pion du Gambit » (f4), mais de menacer en même temps le gain de l'échange par **8.** ..., Ch5 — g3+.

8. Cf3 — h4   ...

Le meilleur. Une bévue serait **8.** Rf1 — g1 (ou — f2) à cause de **8.** ..., Dh6 — b6+ suivi de D × F.

8. ...   Dh6 — g5

Bien qu'il attaque deux pièces à la fois, ce coup ne fait pourtant qu'augmenter les difficultés des Noirs. Une faute serait, du reste, **8.** ..., F8 — e7, à cause de **9.** Ch4 — f5, Dh6 — g5; **10.** Dd1 × h5!, Dg5 × h5; **11.** Cf5 × g7+ suivi de **12.** C × D.

Relativement le meilleur était **8.** ..., g7 — g5.

9. Ch4 — f5   ...

Prévue d'avance, cette manœuvre continue à réaliser une combinaison de haute stratégie.

9. ...   c7 — c6

Si **9.** ..., g7 — g6; **10.** h2 — h4 sauvant la pièce.

10. Th1 — g1 ! !	c6 × b5
11. g2 — g4	Ch5 — f6
12. h2 — h4	Dg5 — g6
13. h4 — h5	Dg6 — g5
14. Dd1 — f3	...

On comprend, maintenant, pourquoi les Blancs ont sacrifié une pièce à leur 10ᵉ coup. Après une série de coups forcés, les Blancs menacent actuellement de gagner la Dame adverse par **15.** Fc1 × f4.

14. ...	Cf6 — g8
15. Fc1 × f4	Dg5 — 6
16. Cb1 — c3	Ff8 — c5
17. Cc3 — d5	Df6 × b2
18. Ff4 — d6 ! !	...

Cette combinaison qui consiste à se laisser prendre les deux Tours pour forcer le mat, avec le minimum de pièces, est d'une rare beauté.

N° 86

18. ... Db2 × a1+

Si **18.** ..., Fc5 × d6; **19.** Cf5 × d6+, Re8 — d8; **20.** Cd6 × f7+, Rd8 — e8; **21.** Cf7 — d6+, Re8 — d8; **22.** Df3 — f8 mat.

19. Rf1 — e2 Fc5 × g1

Si **19.** ..., Da1 × g1; **20.** Cf5 × g7+, Re8 — d8; **21.** Fd6 — c7 mat.

La Dame Noire devant donc surveiller la case g7, il valait mieux renoncer à tout le butin et jouer **19.** ..., Da1 — b2 avec quelques chances de nullité.

20. e4 — e5! ...

Encore un joli coup qui coupe la liaison entre a1 et g7, rétablissant la menace d'un mat en deux coups (par **21.** Cf5 × g7+, etc.).

20. ... Cb8 — a6

Un essai vain de sauver la partie.

21. Cf5 × g7+ Re8 — d8
22. Df3 — f6+! ...

Le dernier coup d'éclat.

22. ... Cg8 × f6
23. Fd6 — e7×

216

91. — Gambit Chatard. — Parmi le grand nombre de variantes qui surgissent dans l'étude du Gambit royal, relevons l'idée très originale du Gambit Chatard, inventé par ce spirituel maître français vers 1904. Après les coups : **1.** e2 — e4, e7 — e5 ; **2.** f2 — f4, e5 × f4 ; **3.** Cg1 — f3, g7 — g5, M. Chatard continue (au lieu de **4.** h2 — h4 ou **4.** Ff1 — c4) par **4.** g2 — g3, par ex. **4.** ..., f4 × g3 ; **5.** h2 × g3 avec une belle action de la TR et du FD des Blancs, ou bien **4.** ..., g5 — g4 (c'est probablement le meilleur coup) ; **5.** Cf3 — e5, d7 — d5 ; **6.** d2 — d4 et les chances des Blancs sont certaines.

Chapitre XVIII

Gambit du Roi refusé

92. — Méthodes solides. — Ayant reconnu le caractère hasardeux des Gambits du Roi, les joueurs pacifiques préféreront refuser le don insidieux du Pion. Un refus trop passif serait toutefois (après **1.** e2 — e4, e7 — e5 ; **2.** f2 — f4) le petit coup **2.** ..., d7 — d6 qui enferme son FR. Bien plus actif est **2.** ..., Ff8 — c5, ce Fou occupant dorénavant la diagonale dénudée a7 — g1 et empêchant assez longtemps le petit roque des Blancs. Ceux-ci ne peuvent évidemment pas continuer par **3.** f4 × e5 ?? à cause de **3.** ..., Dd8 — h4+ ; **4.** g2 — g3, Dh4 × e4+, etc. Le coup le plus concluant pour les Blancs sera donc **3.** Cg1 — f3 et comme réponse des Noirs : **3.** ..., d7 — d6, ce coup n'encombrant plus le FR, raffermissant le Pion e5 et ouvrant l'action du FD des Noirs. Dans cette position fondamentale du Gambit du Roi refusé, les Blancs auront le choix entre les quatre suites :

I. — **4.** f4 × e5, d6 × e5. Élimination de la tension des Pions au centre. Voir partie N° 63.

II. — **4.** c2 — c3. Préparation de la poussée centrale d2 — d4.

III. — **4.** Ff1 — c4 suivi de d2 — d3.

IV. — **4.** Cb1 — c3 pour continuer éventuellement par Cc3 — a4 et C × F.

Dans ces quatre cas, les chances sont partagées.

93. — Contre-gambit Falkbeer. — Le but des Noirs peut être atteint même contre une ouverture aussi brutale qu'est le

Gambit du Roi, en ayant recours à la poussée offensive **2.** ..., d7
— d5. Notons que l'intérêt de ce coup réside non seulement dans
sa valeur émancipatrice, dont nous avons parlé lors des autres
débuts ouverts, mais encore dans le principe de riposter à une
attaque latérale par une contre-attaque se déroulant soit sur
l'autre aile, soit au centre. Après ces remarques préliminaires,
voyons quelques détails:

1. e2 — e4, e7 — e5; **2.** f2 — f4, d7 — d5; **3.** e4 × d5, ...

Encore ici (comme contre **3.** ..., Ff8 — c5) la prise **3.** f4 × e5?? serait
fatale à cause de **3.** ..., Dd8 — h4+.

Un coup solide pour les Blancs est, d'autre part, **3.** Cg1 — f3 (**3.** ...,
d5 × e4; **4.** Cf3 × e5, etc.).

3. ..., e5 — e4!

Par ce « contre-gambit Falkbeer » les Noirs obtiennent, au prix d'un
Pion, une pression durable.

Peu raisonnable est par contre **3.** ..., Dd8 × d5, cette Dame étant
exposée après **4.** Cb1 — c3 à des dangers persistants (voir dans le
chapitre VIII la partie miniature N° 48).

4. d2 — d3, ...

Parmi plusieurs suites possibles, c'est la plus raisonnée, voire
raisonnable. En effet, les Blancs tâchent d'éliminer au plus vite l'avant-
poste ennemi.

4. ..., Cg8 — f6; **5.** d3 × e4, Cf6 × e4.

et, malgré leur Pion en moins, les ressources des Noirs sont multiples.
Voir partie N° 64.

PARTIES MODÈLES

N° 63

Jouée au tournoi de Saint-Pétersbourg,
en 1909.

Blancs	Noirs
TARTAKOVER	SCHLECHTER

1. e2 — e4	e7 — e5
2. f2 — f4	Ff8 — c5
3. Cg1 — f3	d7 — d6
4. f4 × e5	d6 × e5
5. c2 — c3	Cg8 — f6

Ce sacrifice d'un Pion n'est que momentané. Le plus efficace est ici, toutefois, **5.** ..., Cb8 — c6, empêchement direct de la poussée d2 — d4.

6. Cf3 × e5	0 — 0

Évidemment non **6.** ..., Cf6 × e4?? à cause de **7.** Dd1 — a4+ suivi de D × C.

7. d2 — d4	Fc5 — d6
8. Ce5 — f3	...

La conservation du Pion par **8.** Cb1 — d2 serait néfaste, à cause de **8.** ..., Fd6 × e5; **9.** d4 × e5 et les deux Pions doublés représentent un actif bien douteux pour les Blancs.

8. ...	Cf6 × e4
9. Ff1 — d3	Tf8 — e8
10. 0 — 0	h7 — h6

Pour prévenir la « menace » : **11.** Fd3 × e4, Te8 × e4 ; **12.** Cf3 — g5 suivi de Dd1 — h5.

Néanmoins, on verra par la suite que le coup du texte comporte non seulement une perte de temps, mais encore un affaiblissement sérieux de la position du Roque des Noirs.

Bien plus de sang-froid montrait **10.** ... Cb8 — d7, cette « cavalerie de réserve » accourant aussitôt à f6 pour renforcer la défense des Noirs.

La suite après **10.** ..., Cb8 — d7 pourrait être : **11.** Fd3 × e4, Te8 × e4 ; **12.** Cf3 — g5, Te4 — e7 ; **13.** Dd1 — h5, h7 — h6 ; **14.** Cg5 × f7, Dd8 — e8 et les Noirs gagnent une pièce pour trois Pions dans une position favorable.

11. Cb1 — d2   Ce4 — f6

Revenant sur ses pas pour demeurer le défenseur nécessaire, et momentanément même unique, de la position du Roque des Noirs.

Un coup d'œil sur la situation nous apprendra que les Blancs avec la colonne FR ouverte, le bon pion central d4 et la diagonale agressive b1 — h7, sont maîtres du combat.

12. Cd2 — c4   c7 — c5

Essayant d'affaiblir l'appui central des Blancs, pour se créer un but d'attaque.

13. Cf3 — e5   c5 × d4

Si **13.** ..., Fc8 — e6 ; **14.** Cc4 × d6, Dd8 × d6 ; **15.** Fc1 × h6 ! gagnant un pion vital.

Après le coup du texte, les Noirs ne s'attendent qu'à **14.** c3 × d4, Fd6 × e5 ; **15.** d4 × e5 (si **15.** Cc4 × e5 ?, Dd8 × d4+ gagne) **15.** ..., Cf6 — g4, etc. avec un jeu embrouillé, mais une surprise pénible détrompe leurs espoirs :

14. Ce5 × f7 ! !   ...

Un sacrifice bien calculé. C'est une de ces tragédies qui se déroulent autour du fameux point f7.

14. ...   Rg8 × f7
15. Dd1 — h5+   Rf7 — g8
16. Tf1 × f6 ! !   ...

Une nouvelle violence à laquelle les Noirs ne peuvent répondre ni **16.** ..., Dd8 × f6 (à cause de **17.** Dh5 × e8+), ni **16.** ..., g7 × f6 (à cause de **17.** Dh5 — g6+).

16. ...   Te8 — e1+
17. Tf6 — f1   Te1 × f1+

18. Fd3 × f1   Fd6 — f8

Avec l'espoir d'avoir plus ou moins consolidé sa position, mais de nouveau il y a un «mais»...

19. Fc1 × h6 ! !   ...

Le seul moyen de ranimer l'attaque. On ne peut mieux souligner l'affaiblissement qu'avait produit le 10ᵉ coup des Noirs dans leur position du Roque.

19. ...   Dd8 — f6

Si **19.** ..., g7 × h6 ; **20.** Dh5 — g6+, Ff8 — g7 ; **21.** Cc4 — d6 avec la menace décisive **22.** Ff1 — c4+.

20. Fh6 — g5   Df6 — f5
21. Cc4 — d6 ! !   ...

Forçant le gain de la Dame. Le sacrifice du Cavalier est fait pour ne pas donner à l'adversaire le temps de faire le coup de consolidation : Fc8 — e6.

21. ...   Ff8 × d6
22. Ff1 — c4+   Fc8 — e6
23. Ta1 — f1   ...

Manœuvre intermédiaire.

23. ...   Df5 × f1+

Triste nécessité, car si **23.** ..., Df5 — e5 ; **24.** Dh5 — e8+, Rg8 — h7 ; **25.** Fc4 — d3+ gagne.

24. Fc4 × f1   Cb8 — d7

Avec leur T + C contre D, les Noirs ont presque un équilibre matériel, sinon de position et la lutte semble encore possible.

25. Ff1 — d3   ...

Revenant à la charge.

25. ...   Cd7 — f8
26. c3 × d4   Fe6 — f7
27. Dh5 — f3   Cf8 — e6
28. Fg5 — e3   Ta8 — b8

29. g2 — g4   ...

Ranimant l'attaque.

29. ...	g7 — g5
30. Df3 — f6	Fd6 — f8
31. Fd3 — h7+	...

Le sixième sacrifice.

31. ...	Rg8 × h7
32. Df6 × f7+	Les Noirs abandonnent.

En effet, après **32.** ..., Ce6 — g7 ; **33.** Fe3 × g5, les derniers remparts des Noirs sont brisés.

N° 64

*Partie amicale jouée
à New York, en 1928.*

Blancs	Noirs
MARSHALL	SOLDATENKOFF

1. e2 — e4	e7 — e5
2. f2 — f4	d7 — d5
3. e4 × d5	e5 — e4
4. d2 — d3	Cg8 — f6
5. d3 × e4	Cf6 × e4
6. Dd1 — e2	...

Préférable est ici **6.** Cg1 — f3. Le combat semble mener alors, après bien des escarmouches réciproques, à l'égalité.

6. ...	Dd8 × d5
7. Cb1 — d2	...

Naïf serait **7.** Cb1 — c3 à cause du clouage **7.** ..., Ff8 — b4. Le mieux est pourtant, encore ici, **7.** Cg1 — f3.

7. ...	f7 — f5
8. g2 — g4	...

Le siège de l'avant-poste ennemi (e4) continue.

8. ...	Cb8 — c6

9. c2 — c3   ...

Pour éviter l'intrusion **9.** ..., Cc6 — d4.

9. ...   Ff8 — e7

10. Ff1 — g2   ...

Menaçant de gagner une pièce par **11.** g4 × f5.

10. ...   Fe7 — h4+

Une entreprise hasardeuse qui réussit. Le plus sûr était pourtant de ne pas démasquer la colonne-Roi et de parer la menace mentionnée par **10.** ..., g7 — g6.

11. Re1 — f1   ...

Cette retraite pourtant si plausible, est fausse. Mieux valait **11.** Re1 — d1 avec combat indécis.

11. ...   0 — 0
12. g4 × f5   Ce4 × d2+
13. Fc1 × d2   Dd5 × f5
14. Fg2 — e4   ...

L'ambition de ce Fou sera mal payée. Mieux valait immédiatement **14.** Cg1 — f3.

14. ...   Df5 — f6
15. Cg1 — f3   Fc8 — h3+
16. Rf1 — g1   Ta8 — e8
17. De2 — d3   Te8 — d8!
18. Fe4 × h7+   Rg8 — h8
19. Dd3 — g6   ...

C'est à juste raison que les Noirs ont permis (par leur 17ᵉ coup) cette irruption, à laquelle ils ripostent maintenant par une finale splendide :

19. ...   Td8 × d2!!
20. Cf3 × d2   Cc6 — d4!!

Avec les menaces de mat, par ex **21.** c3 × d4, Df6 × d4× ou **21.** Dg6 × f6, Cd4 — e2×.

21. Dg6 — g5   ...

Surveillant la case e2 et menaçant même du « contre-mat » par **22.** Fh7 — g6+déc. Une réponse foudroyante des Noirs est pourtant dans l'air :

21. ...   Df6 — g5+!!

Sacrifice à la déviation double :

22. Dh5 × g5, Cd4 — e2× ou **22.** f4 × g5, Fh4 — f2×.

22. Les Blancs abandonnent.

Fɪɴ ᴅᴇѕ ᴅÉʙᴜᴛѕ ᴏᴜᴠᴇʀᴛѕ.

Débuts semi-ouverts

(voir la division des débuts, § 69)

Chapitre XIX

Partie française

(1. e2 — e4, e7 — e6)

94. — La question du « centre ». — Le caractère général des débuts « semi-ouverts » (ou « semi-fermés ») est le suivant : Les Noirs permettent à l'adversaire d'**occuper** le milieu de l'échiquier par leurs deux Pions centraux, e4 et d4, quitte à réagir aussitôt contre ce danger. Parmi les lignes de jeu similaires, la partie française est la plus **solide**, parce qu'elle forme promptement un rempart d'acier autour du Roi noir. C'est surtout l'action de la diagonale a2 — g8, si dangereuse dans les débuts ouverts, qui est entravée. Le débutant fera donc bien d'avoir fréquemment recours à cette bonne défense, qui est, du reste, loin d'être **passive**, puisqu'elle cache dans beaucoup de variantes des tendances offensives. En voici un déroulement caractéristique :

1. e2 — e4, e7 — e6 ; **2.** d2 — d4, ...

Occupation du centre. Moins bonne serait la suite ancienne **2.** f2 — f4 qui dénude quelque peu le Roi et la suite ultra-moderne **2.** c2 — c4 qui poursuit des buts secondaires.

Une suite fantaisiste fut introduite par le grand maître russe Tchigorine : **2.** Dd1 — e2 avec l'idée de tenir le jeu fermé.

Une avance trop précipitée est, enfin, **2.** e4 — e5, puisque cet avant-poste ne pourra pas être maintenu et son élimination (par ex. par **2.** ..., f7 — f6) ne servira qu'à accélérer le développement adverse.

2. ..., d7 — d5.

La réponse des Noirs au centre ne se fait pas attendre. Les Blancs ont maintenant à décider de quelle manière ils veulent parer l'attaque contre leur Pion e4.

3. Cb1 — c3, ...

« Développement des figures. » Une bévue serait évidemment **3.** f2 — f3 à cause de **3.** ..., d5 × e4; **4.** f3 × e4??, Dd8 — h4+.

Une simplification qui ne produit qu'une égalité rapide est ici la « variante d'échange » : **3.** e4 × d5, e6 × d5, par ex; **4.** Cg1 — f3, Cg8 — f6; **5.** Ff1 — d3, Ff8 — d6; **6.** 0 — 0, 0 — 0; **7.** Fc1 — g5, Fc8 — g4; **8.** c2 — c3, c7 —c6; **9.** Cb1 — d2, Cb8 — d7; **10.** Dd1 — c2, Dd8 — c7; **11.** Tf1 — e1, Tf8 — e8, etc., avec une symétrie vraiment désolante.

D'autre part, une entreprise discutable est l'avance **3.** e4 — e5. Les Blancs prennent l'obligation de maintenir cet avant-poste que les Noirs pourront avantageusement attaquer dans sa base (d4) par **3.** ..., c7 — c5! et plus tard même dans sa prééminence (e5) par f7 — f6.

Si les Noirs ne réussissent pas à «miner» la chaîne des Pions blancs, il faudra reconnaître que le Pion avancé e5, soutenu à gauche par son compagnon d4 et à droite éventuellement par l'autre compère f4, pourra exercer une pression forte et durable sur le jeu adverse. C'est une des variantes les plus difficiles à poursuivre de la partie française !

3. ..., Cg8 — f6

Développement d'une pièce avec le renforcement de l'attaque contre le Pion blanc e4. Le même but peut être visé par le clouage **3.** ..., Ff8 — b4, voir partie N° 65.

On peut simplifier par **3.** ..., d5 × e4; **4.** Cd3 × e4. Cette variante consacre « l'abandon du centre » au profit des Blancs qui s'y sont installés avec un Pion d'appui (d4) et une pièce mobile (Ce4). Les Noirs devront faire encore des efforts pour obtenir l'équilibre, par ex. **4.** ..., Cg8 — f6; **5.** Fc1 — g5, Cb8 — d7; **6.** Ff1 — d3, Ff8 — e7; **7.** Ce4 × f6+, Cd7 × f6; **8.** Cg1 — f3, 0 — 0; **9.** Dd1 — e2, où les Blancs accusent encore une supériorité pour les motifs suivants :

1° Leur FR est développé sur la diagonale b1 — h7 (visant le point faible h7) d'une façon bien plus énergique que le FR adverse ;

2° Ils bloquent par leur Pion central d4, secondé du Cf3 et de la De2, la case e5 ;

3° Ils ont encore le choix entre les deux roques, dont celui du côté-Dame serait agressif ;

4° Le FD des Noirs est encore enfermé. Une faute serait par exemple **9.** ..., b7 — b6 ? à cause de **10.** Fg5 × f6, Fe7 × f6 ; **11.** De2 — e4 avec la double menace **12.** De4 × h7× et **12.** De4 × a8.

4. Fc1 — g5, ...

Stratégie du clouage. Encore ici, la variante d'échange : **4.** e4 × d5, e6 × d5, etc., ainsi que l'avance : **4.** e4 — e5, Cf6 — d7, etc., n'augmentent nullement l'efficacité du jeu des Blancs.

Après le coup du texte, les Noirs qui sont menacés par **5.** e4 — e5, ont à choisir, selon leur tempérament, entre les tactiques suivantes :

A. — *Réponse instinctive.*

4. ..., h7 — h6 ?

Voulant repousser le Fou envahisseur.

5. Fg5 × f6, Dd8 × f6.

Après **5.** ..., g7 × f6 ; **6.** e4 × d5, e6 × d5 les trois Pions du côté-Roi des Noirs seraient définitivement affaiblis (doublés et isolés).

6. e4 × d5, e6 × d5 ; **7.** Cc3 × d5, Df6 — e6+.

Si **7.** ..., Df6 — c6 ? ; **8.** Ff1 — b5 ! gagnant la Dame noire. Une variante bien instructive pour le débutant !

8. Cd5 — e3,

et l'on ne voit guère quelle compensation auraient les Noirs pour leur Pion définitivement perdu.

B. — *Réponse simplificatrice.*

4. ..., d5 × e4.

Éliminant le Pion dangereux, mais accordant aux Blancs (tout comme après **3.** ..., d5 × e4, dont nous parlons plus haut) une prépondérance au centre.

5. Cc3 × e4, Cb8 — d7 ; **6.** Ff1 — d3,

et les Blancs sont un peu mieux.

C. — *Réponse consolidant la position.*

4. ..., Ff8 — e7.

C'est le coup le plus usité. Il est aussi le plus recommandable — pour le connaisseur comme pour le débutant !

5. e4 — e5, ...

Croyant le moment propice de former et maintenir cet avant-poste, puisqu'il se produit ici sans perte de temps (pourchasser le Cf6) et sans la suprématie de l'adversaire sur les cases noires (échange des Fous correspondants).

5. ..., Cf6 — d7.

Sur cette case de retraite, le C est prêt à bondir. Une manœuvre plus discutable est **5.** ..., Cf6 — e4, voir partie Nº 66.

6. Fg5 × e7, ...

Stade important. Une idée très intéressante est ici fournie par l'« attaque Chatard » : **6.** h2 — h4, introduite dans la pratique des maîtres par Alekhine et donnant lieu à des escarmouches multiples. Les Noirs feront bien de ne pas accepter le don danaïque **6.** ..., Fe7 × g5 ; **7.** h4 × g5, Dd8 × g5, puisque alors **8.** Cg1 — h3 !, Dg5 — e7 ; **9.** Ch3 — f4, etc., favorise les chances des Blancs (partie Alekhine-Fahrni, Mannheim, 1914). La meilleure réponse pour les Noirs est **6.** ..., a7 — a6 pour faire suivre c7 — c5, sans avoir alors à craindre la diversion adverse Cc3 — b5.

Le combat se déroule dans l'attaque Chatard très vif et soutenu.

6. ..., Dd8 × e7 ; **7.** Cc3 — b5, ...

L'idée de cette manœuvre, introduite par le grand théoricien russe Alapine, est de gagner, par la menace du Pion adverse c7, le temps de former par c2 — c3 une chaîne intacte de Pions qui va être encore complétée à droite par f2 — f4.

Parmi les autres coups qu'on a essayés ici **7.** Dd1 — d2 aspire à la solidité, **7.** f2 — f4 à la vivacité, **7.** Dd1 — g4 à la véhémence, **7.** Ff1 — d3 au développement intense. Exemple :

7. Fd3, Db4.

Mieux **7.** ..., 0 — 0 ou **7.** ..., a6.

8. Cg2, c5 ; **9.** a3 !, D × b2 ??

Nécessaire est **9.** ..., Db6.

10. Ca4, Aband. ; **7.** ..., Dd7 — d8.

Défendant le Pion c7. Les autres coups jouables ici sont **7.** ..., Re8 —

d8 (déroquement volontaire) ou **7.** ..., Cd7 — b6 (démasquement horizontal).

Une expédition malheureuse serait, par contre, **7.** ..., De7 — b4+; **8.** c2 — c3, Db4 × b2? à cause de **9.** Ta1 — b1! (mais non pas immédiatement **9.** Cb5 × c7+, Re8 — d8; **10.** Cc7 × a8, Db2 × c3+ et les Noirs seraient à l'œuvre); **9.** ..., Db2 × a2 (le seul coup); **10.** Cb5 × c7+, Re8 — d8; **11.** Cc7 × a8 et les Blancs gagnent.

8. c2 — c3, a7 — a6; **9.** Cb5 — a3, ...

Ce Cavalier est, il est vrai, décentré, mais il va bientôt revenir dans le feu de la bataille (via c2).

9. ..., c7 — c5.

La chaîne des Pions blancs doit être minée.

10. f2 — f4, Cb8 — c6; **11.** Cg1 — f3, c5 — c4.

Les Noirs « travaillent » sur le côté-Dame tout en empêchant par leur coup du texte l'occcupation de la diagonale dangereuse b1 — h7 par le FR adverse.

Une suite inconsidérée serait, en effet, **11.** ..., 0 — 0; **12.** Ff1 — d3, Dd8 — b6? (croyant préoccuper l'adversaire par la menace du petit Pion b2); **13.** Fd3 × h7+!! (un de ces sacrifices sur la case néfaste h7, rendus possibles par l'absence du C noir défenseur à f6); **13.** ..., Rg8 × h7 (ou **13.** ..., Rg8 — h8; **14.** Cf3 — g5, protégeant le Fou et menaçant **15.** Dh5); **14.** Cf3 — g5+, Rh7 — g6 (si **14.** ..., Rh7 — g8; **15.** Dd1 — h5, forçant le mat); **15.** Dd1 — g4, etc. avec une attaque gagnante pour les Blancs. *Le débutant fera bien de se tenir sur ses gardes contre les irruptions similaires.*

12. Ca3 — c2, b7 — b5,

et, malgré la pression exercée par l'avant-poste des Blancs à e5, la partie des Noirs n'est pas dépourvue de ressources. Combat égal.

Voir diagr. N° 87.

D. — *Réponse offensive.*

4. ..., Ff8 — b4.

Appelée «Défense Mac Cutcheon», cette idée du contre-clouage mérite l'attention.

5. e4 × d5, ...

Le plus simple. En effet, après **5.** e4 — e5, h7 — h6 les Blancs ne réussissent d'aucune manière à capturer une pièce adverse, et dans les complications qui s'ensuivent, les Noirs tiennent tête.

Une riposte très vive, mais qui n'est pas décisive, est **5.** Cg1 — e2. Après **5.** ..., d5 × e4 ; **6.** a2 — a3 !, Fb4 — e7 ! ; **7.** Fg5 × f6, Fe7 × f6 ! ; **8.** Cc3 × e4, les Blancs ont, il est vrai, regagné leur Pion, provisoirement sacrifié ; ils ont même obtenu quelque prépondérance au centre, grâce à leur CD bien placé à e4 ; mais la tension du combat est bien réduite. Les chances s'égalisent.

5. ..., Dd8 × d5.

6. Fg5 × f6, Fb4 × c3+.

APRÈS **12.** ..., b7 — b5

N° 87

Cet « échec intermédiaire » est important. En effet, si **6.** ..., g7 × f6 ; **7.** Dd1 — d2 et les Blancs évitent dorénavant la faiblesse du Pion doublé qu'ils ont pourtant infligée à l'adversaire.

7. b2 × c3, g7 × f6 ; **8.** Dd1 — d2, ...

Les Blancs sont un peu mieux. Toutefois, les difficultés que les Noirs ont encore à surmonter, sont surtout d'ordre tactique, leur Dame pouvant être harassée et leur FD devant encore être développé.

APRÈS **8.** Dd1 — d2

N° 88

La situation n'est pas assez souple pour permettre aux Blancs une attaque décisive. Le combat s'égalise. Voir diagr. N° 88.

PARTIES MODÈLES

N° 65 [1]

Jouée au tournoi de Bled
(Yougoslavie), en 1931.

Blancs	Noirs
ALEKHINE	NIMZOWITCH

1.	P4R	P3R
2.	P4D	P4D
3.	C3FD	F5C

Le but de ce coup est de développer une pièce mineure tout en réitérant la menace de gagner le PR adverse.

Son désavantage est de ne pas développer le FR sur sa case idéale qui serait, selon les circonstances, à — 3D ou à — 2R. En effet, le FR des Noirs a dans la partie française le rôle important de surveiller les **cases noires** (— 4R, — 3FR ; — 2R, — 3D et autres), affaiblies par la position des Pions noirs centraux : 3R et 4D.

Sans nécessité, le FR des Noirs voudra éviter de se laisser éliminer contre le CD adverse, et il devra donc tôt ou tard battre en retraite perdant ainsi un «temps» précieux.

Malgré cela, le fait d'obliger l'adversaire à dévoiler sans retard ses plans au centre, vaut aussi quelque chose. Tels sont les arguments qui peuvent expliquer le coup du texte.

4. CR2R ...

Suite vigoureuse qui consent à sacrifier le PR critique, dans l'intérêt d'un développement accéléré.

Trop simple serait, par contre, **4.** P pr P, P pr P, et l'on est en plein dans la « variante d'échange » dont nous parlons dans l'analyse principale.

Trois suites vives sont encore à mentionner : **4.** F3D (« protection des figures ») ; **4.** P5R (« protection par déplacement ») et **4.** D4C (« protection par contre-attaque »). Elles ont toutes trois leurs bons et leurs mauvais côtés.

---

1. En vue d'accoutumer le débutant aux aspects différents de la littérature échiquéenne, nous donnons cette partie — comme aussi quelques autres — en notation descriptive.

4. ...	P pr P
5. P3TD	F pr C éch.

Un moment important. Pour conserver le butin, les Noirs échangent leur FR contre le CD adverse, mais une suite plus solide est **5.** F2R ; **6.** C pr P, C3FR et les Noirs ont une partie un peu serrée mais défendable.

6. C pr F	P4FR

Nécessaire pour conserver le Pion de plus, car si **6.** ..., C3FR ; **7.** F5CR et les Blancs regagnent forcément le PR.

Les inconvénients du coup du texte sont pourtant évidents : le P3R des Noirs devient «arriéré» et la case — 4R ne peut être surveillée par un Pion.

7. P3F.

Ce coup hardi implique le sacrifice d'un second Pion ; il montre le style brillant avec lequel le grand lutteur M. Alekhine traite ses adversaires même les plus dangereux.

Une bonne suite est ici **7.** F4FD, occupant avant tout la diagonale 2TD — 8CR, affaiblie par le dernier coup des Noirs.

7. ...	P pr P
8. D pr P	D pr P

Acceptant l'offre. Une résistance bien plus tenace promettait **8.** ..., C3FR.

9. D3C   ...

Préoccupant l'adversaire par la menace du PFD. Si **9.** F3R, coup plausible que la plupart des joueurs auraient fait ici, alors ni **9.** ..., D2D (à cause de **10.** T1D et le harcèlement de la Dame noire continue), ni **9.** ..., D3F (à cause de **10.** Roq et l'avantage de développement des Blancs est énorme), mais **9.** ..., D5CR ; **10.** D2F (le seul coup pour éviter l'échange des Dames qui serait ici profitable pour les Noirs avec leurs deux pions de plus) ; **10.** ..., P3TD (pour empêcher **11.** C5C) ; **11.** F2R, D3C (case unique mais suffisante) ; **12.** Roq TD, C3FR ; **13.** F4FR (si **13.** F5F pour empêcher le Roque adverse, alors **13.** ..., P3C et le Fou envahisseur doit battre en retraite) ;**13.** ..., Roq ! (sans s'attarder à défendre tout leur butin, les Noirs se hâtent de mettre leur R en sûreté) ; **14.** F de 4FR pr P, C3F et, grâce à leur Pion de réserve, les Noirs ont une partie défendable.

9. ...	C3FR

234

La position difficile des Noirs les force déjà à rendre un Pion.

10. D pr PC   D4R éch.

Par cet « échec intermédiaire » (au lieu du coup immédiat **10.** ..., T1C), les Noirs protègent, du moins, leur PFD.

11. F2R   T1C
12. D6T   T3C

Les Noirs renoncent à l'expédition lointaine : **12.** ..., T pr P, car après **13.** F4FR, D5D ; **14.** F3R !, D4R ; **15.** Roq (TD), les menaces des Blancs pourraient se réaliser.

13. D4T   F2D

Si **13.** ..., T5C ; **14.** D2F suivi de Roq (TR). Tout comme dans la remarque précédente, dès que les Blancs ont roqué, leurs menaces s'accroissent.

14. F5CR   F3F

Pour faire suivre **15.** ..., CD2D et Roq TD. C'est long, mais c'est pourtant le meilleur plan de développement, car si, d'une façon plus nonchalante : **15.** ..., C3F ; **16.** Roq TD, Roq ? alors **17.** F5T ! gagne forcément une qualité, à savoir : **17.** ..., CprF ; **18.** FprT ou **17.** ..., T1F ; **18.** FprT, etc.

15. Roq TD   FprP

Prise funeste. Le meilleur était comme sus-indiqué : **15.** ..., CD2D. Toutefois, après **16.** TR1R, le jeu des Noirs resterait alors aussi pénible, par ex. **16.** ..., F5R (si **16.** ..., Roq ; **17.** F5T, gagnant la qualité) ; **17.** F5T, CprF ; **18.** DprC, C3F ; **19.** FprC, DprF ; **20.** CprF, PprC ; **21.** TprP (le plus simple. Très fort est aussi **21.** DprP ou **21.** D5CD éch.) ; **21.** ..., D4C éch. ; est **22.** DprD, TprD ; **23.** TprP éch., R2F ; **24.** T2R et — après tant de liquidations ! — ce sont dorénavant les Blancs qui ont l'avantage matériel, sans parler de leur position supérieure, grâce à l'irruption **25.** T7D éch. qui menace.

16. TR1R   F5R

Masquant, du moins, la colonne-Roi.

17. F5T   ...

Manœuvre décisive.

17. ...   CprF

18. T8D éch.   R2F

Le Roi Noir a été mal servi par ses défenseurs dans cette partie.

19. DprC   Les Noirs abandonnent.

Considérons les suites possibles :

I. — **19.** ..., D2C (pour parer la menace **20.** DprP éch.) ; **20.** CprF, PprC ; **21.** T1F éch. gagnant la Dame ;

II. — **19.** ..., R2C (le R essaie de se défendre lui-même) ; **20.** CprF, PprC ; **21.** F6T éch. ! R3F (le Roi défend sa Dame) ; **22.** T1F éch. et gagne.

N° 66

Jouée au tournoi de Saint-Pétersbourg,
en 1909.

Blancs	Noirs
FORGACS	TARTAKOVER

1. e2 — e4	e7 — e6
2. d2 — d4	d7 — d5
3. Cb1 — c3	Cg8 — f6
4. Fc1 — g5	Ff8 — e7
5. e4 — e5	Cf6 — e4

Plus utile est ici le bond en arrière ; **5.** ..., Cfd7. Les manœuvres d'avant-poste, comme celle du texte, ne sont recommandables que si l'on peut se maintenir dans sa position avancée.

6. Cc3 × e4   ...

Jouable est aussi **6.** F × e7.

6. ...   Fe7 × g5

Si **6.** ..., d × e, les Blancs répondent **7.** F × e7, D × e7 ; **8.** c3 ou, encore plus simplement, **7.** Fe3 et le Pion noir e4 reste exposé et faible.

7. Ce4 × g5   Dd8 × g5

8. g2 — g3   ...

Les Blancs veulent établir un large front de Pions par f2 — f4.

Plus vigoureux est ici pourtant **8.** Cf3, De7 ; **9.** c3 et les Blancs accusent une supériorité de terrain.

8. ...   c7 — c5

Dans ce combat des chaînes de Pions réciproques, les Noirs succombent.

Un développement au lieu du déploiement des forces, valait mieux, à savoir : **8.** ..., Fd7, puis Cc6 et le grand Roque.

9. c2 — c3   Cb8 — c6
10. f2 — f4   Dg5 — e7
11. Cg1 — f3   Fc8 — d7

Les Noirs évitent à tort la simplification du combat par **11.** ..., c × d, par ex. **12.** c × d, Db4+ ; **13.** Dd2, Fd7, etc., ou **12.** C × d4, C × d4 ; **13.** D × d4, 0 — 0, etc.

12. Dd1 — d2   0 — 0
13. Ff1 — d3   ...

L'adversaire n'ayant aucune pièce mineure protégeant sa position du roque, cette diagonale b1 — h7 s'avère terrible.

13. ...   c5 — c4

Par cette avance peu réfléchie, les Noirs renoncent à toute chance sérieuse sur le côté-Dame.

Il fallait essayer (et même se hâter) de riposter en jouant **13.** ..., c × d suivi de Tac8.

14. Fd3 — c2   b7 — b5
15. 0 — 0   a7 — a5

Cela n'attaque, ni ne menace rien.

16. Ta1 — e1   b5 — b4
17. f4 — f5 ! !   ...

Un sacrifice de Pion aussi juste qu'inattendu.

17. ...   e6 × f5
18. g3 — g4 ! !   ...

Ce second sacrifice est le complément du premier : les lignes s'ouvrent au profit de l'attaquant.

18. ...   f5 × g4
19. Cf3 — g5   g7 — g6

Après cette défense passive, l'installation des forces blanches dans le camp ennemi devient écrasante.

La seule chance de sauvetage promettait **19.** ..., h6 ; **20.** Ch7, Dh4 ! (car si **20.** ..., Tfe8 ; **21.** Cf6+ !) ; **21.** C × f8, T × f8.

Les Noirs auraient momentanément deux Pions pour la qualité, mais leur position n'en resterait pas moins difficile.

20. Tf1 — f6   Rg8 — g7

Si **20.** ..., h6; **21.** F × g6! et gagne.

21. Te1 — f1   Fd7 — e8

Si **21.** ..., Fe6; **22.** C × e6+, f × e; **23.** Dg5 avec la menace **24.** F ×
g6. Toutefois, en continuant alors **23.** ..., Rh8, les Noirs pouvaient
encore essayer de se défendre.

22. Dd2 — f4   Cc6 — d8

Quel embouteillage! Le coup du texte est pourtant nécessaire pour
parer la menace **23.** Ce6+.

23. e5 — e6 (Décisif)   Ta8 — a6
24. Df4 — e5   Rg7 — h6
25. Tf1 — f5   ...

Préparant une fin qui est de toute beauté.

25. ...   b4 × c3
26. Cg5 × f7+   Cd8 × f7
27. Tf5 — h5+   Rh6 — g7
28. Tf6 × g6 échec double et mat.

Chapitre XX

Autres défenses semi-ouvertes

95. — Défense Caro-Kann (**1.** e2 — e4, c7 — c6). — Tout comme dans la partie française, les Noirs préparent la poussée centrale d7 — d5. En voici l'analyse:

1. e2 — e4, c7 — c6; **2.** d2 — d4, ...

Occupation du centre, quoi de plus naturel? Tous les autres coups, d'expectative comme **2.** Cc3, ou démonstratifs comme **2.** c4, n'ont qu'une valeur psychologique à savoir celle d'embrouiller les plans stratégiques de l'adversaire.

2. ..., d7 — d5.

Bien appuyé lui-même, ce Pion vient attaquer le Pion-Roi adverse.

Si l'on compare cela au déroulement français (**1.** e4, e6; **2.** d4, d5) on constate que le FD des Noirs a conservé la possibilité de sortir des lignes.

Néanmoins, il faut reconnaître que la sortie précipitée du FD des Noirs n'est pas toujours heureuse. En outre, si plus tard les Noirs voulaient utiliser leur PFD non pas d'une façon statique (à c6), mais d'une façon active (à c5), ils devront perdre un temps. Telles sont les considérations principales que la défense Caro-Kann suggère.

3. Cb1 — c3, ...

Tout comme dans la partie française, les Blancs ont encore à leur disposition, outre ce « développement des figures » qui est le plus efficace de tous, « la variante d'échange »: **3.** e4 × d5, c6 × d5[1], ainsi que

1. Très en vogue est, après **3.** e4 × d5, c6 × d5, « l'attaque Panoff »: **4.** c2 — c4, cf. (avec l'interversion de coups) partie miniature N° 50 *bis*: Botvinnik-Spielmann.

l'«avance»: **3.** e4 — e5 qui permet au FD des Noirs de participer impunément au combat : **3.** ..., Fc8 — f5, etc.

3. ..., d5 × e4 ; **4.** Cc3 × e4, ...

Sans posséder dès lors un centre complet de Pions, les Blancs ont quand même une prépondérance au centre, grâce à leur Pion d'appui (d4) secondé d'une figure mobile (Ce4).

4. ..., Cb8 — d7.

Un moment important. Si **4.** ..., Fc8 — f5 les Blancs peuvent, outre **5.** Cg3, incommoder l'adversaire par **5.** Df3 et même par le sacrifice éventuel d'un Pion : **5.** Fd3, D × d4 ; **6.** Cf3 et les difficultés des Noirs croissent. Remarquons qu'un sacrifice «positionnel» d'un Pion, compensé par les avantages de terrain ou de développement, n'est pas chose rare dans la phase du début.

Si, d'autre part, au lieu du coup du texte, **4.** ..., e7 — e6, les Noirs renoncent de plein gré à l'émancipation plus ou moins rapide de leurs forces, leur FD reste dorénavant enfermé des deux côtés par les Pions e6 et c6.

Si **4.** ..., Cg8 — f6, les Blancs peuvent — outre le bondissement : **5.** Cg3 et le sacrifice d'un Pion : **5.** Fd3, D × d4 ; **6.** Cf3, etc. — jouer tout simplement **5.** C × f6+, et les Noirs, qu'ils répondent par **5.** ..., e × f ou par **5.** ..., g × f, auront toujours un Pion doublé, en d'autres termes une faiblesse dans la position de leurs Pions.

L'idée du coup du texte est donc de préparer avec plein sang-froid le « développement par opposition » : **5.** ..., Cg8 — f6, sans encourir alors le danger de se laisser doubler les Pions sur la colonne FR. Outre cela, le C noir à d7 favorisera plus tard l'avance importante c6 — c5.

5. Cg1 — f3, Cg8 — f6 ; **6.** Ce4 — g3, ...

Par ce bond, au lieu de l'échange plutôt stérile ; **6.** C × f6+, C × f6, etc., les Blancs espèrent conserver l'initiative du combat. Toutefois, les Noirs ont maintenant réussi à diminuer la prépondérance adverse au centre.

6. ..., e7 — e6 ; **7.** Ff1 — d3, c6 — c5.

Une avance importante, que les Blancs n'ont pu guère empêcher, ni retarder. Bien qu'au prix d'un temps (c7 — c6 — c5), les Noirs ont bon espoir d'émanciper leur jeu.

8. c2 — c3, Ff8 — e7 ; **9.** 0 — 0, 0 — 0.

Et, bien que le jeu des Noirs reste encore serré, leur position est défendable.

96. — Défense sicilienne (1. e2 — e4, c7 — c5). — Si, à l'instar des deux défenses précédentes, les Noirs évitent la réponse symétrique 1. ..., e7 — e5, ils empêchent une occupation immédiate et complète du centre par l'adversaire. C'est plausible ; en voici les trois principales variantes :

1re analyse :

Méthode ouverte.

1. e2 — e4, c7 — c5 ; **2.** d2 — d4, ...

Ouvrant le centre, tout en renonçant à former un centre de Pions solide.

Trop lent serait, en effet, **2.** c2 — c3, à cause de la réponse énergique **2.** ..., d7 — d5 ! (le bon coup émancipateur dont nous avons déjà tant de fois parlé lors des débuts ouverts) ; **3.** e4 × d5, Dd8 × d5 et la Dame noire ne pouvant être chassée de son poste central par Cc3, les Noirs ont déjà surmonté les difficultés principales du début.

Quant à la formation du « centre auxiliaire » par **2.** f2 — f4, cela dénude (tout comme dans la partie française, après **1.** e4, e6 ; **2.** f4) un peu le Roi.

Notons, en outre, qu'au lieu du coup du texte, préféré par Morphy, la suite moderne qui poursuit le même plan et aboutit le plus souvent aux mêmes positions, est : **2.** Cg1 — f3, Cb8 — c6 (ou aussi **2.** ..., e7 — e6 ; **3.** d2 — d4, etc.) ; **3.** d2 — d4, c5 × d4 ; **4.** Cf3 × d4, etc.)[1].

2. ..., c5 × d4 ; **3.** Cg1 — f3, ...

Faisant jouer les pièces mineures. Moins bon, en effet, serait **3.** D × d4 à cause de **3.** ..., Cc6 et les Blancs doivent perdre un temps précieux de développement, en déplaçant leur Dame attaquée.

---

1. Très véhément est le « gambit sicilien » : **2.** b2 — b4, cf. partie jouée dans un tournoi local à Londres, en 1946 : *M. Ellinger-E. E. P. Goodwin.*

1. e4, c5 ; **2.** b4, c × b ; **3.** a3, d5 ; **4.** ed, D × d5 ; **5.** Cf3, e6 ; **6.** a × b, F × b4 ; **7.** c3, Fe7 ; **8.** Ca3, Cc6 ; **9.** Cb5, Dd8 ; **10.** d4, Fd6 ; **11.** C × d6+, D × d6 ; **12.** Fa3, Dd5 ; **13.** Fd3, Cg7 ; **14.** 0 — 0, 0 — 0 ; **15.** Te1, Td8 ; **16.** c4, Dd7 ; **17.** F × h7+ !, R × h7 ; **18.** Cg5+, Rg6 ; **19.** Dg4, e5 (si **19.** ..., f5 ; **20.** Dg3 et si **19.** ..., D × d4, **20.** Ce4+ déc., etc.) ; **20.** Cc6+déc. Rf6 ; **21.** Dg5+, R × e6 ; **22.** T × e5+ ! C × e5 ; **23.** D × e5+ (« mat à guéridon »). — Comptant parmi les champions du jeu de Bridge, M. Maurice Ellinger était aussi un fervent du jeu des Échecs.

241

3. ..., Cb8 — c6.

A juste titre, les Noirs renoncent à conserver le Pion gagné.

En effet, si **3.** ..., e7 — e5, les Blancs éviteront de tomber dans le « piège de début » assez habilement tendu : **4.** C × e5 ? ?, Da5+ suivi de **5.** ..., D × C.

Au lieu de cela, ils continueront dans le style du gambit : **4.** Fc4, Cc6 ; **5.** c3 ! et leur avantage de développement compensera rapidement le Pion (éventuellement) sacrifié.

Le coup **3.** ..., e7 — e5 se révélera alors peu commode pour les Noirs dont il affaiblit les remparts.

Par contre, au lieu du coup du texte, **3.** ..., e7 — e6 est aussi jouable.

4. Cf3 × d4, Cg8 — f6.

Le meilleur. Les Noirs doivent, en effet, songer à développer leur côté-Roi.

5. Cb1 — c3, ...

Une autre manière de défendre le PR attaqué pourrait être **5.** Cd4 × c6, b7 × c6 ; **6.** Ff1 — d3 (mais non pas **6.** e5 ? à cause de **6.** ..., Da5+ suivi de **7.** ..., D × e5).

5. ..., e7 — e6.

Décision importante. Une autre manière de préparer le développement de son FR, pourrait être **5.** ..., g7 — g6, ou d'une façon plus précise : **5.** ..., d7 — d6 ; **6.** Ff1 — e2, g7 — g6 suivi de Ff8 — g7 (« défense en fianchetto » appelée aussi « variante du dragon »). Une stratégie lourde en résulte, par ex. : **7.** Fe3, Fg7 ; **8.** 0 — 0, 0 — 0 ; **9.** Cb3 ! (pour éviter les échanges) ; **9.** ..., Fe6 ; **10.** f4, Ca5, etc.

6. Ff1 — e2, ...

Un coup prudent est ici **6.** a2 — a3. Sans valeur est **6.** Cd4 × c6, b7 × c6 ; **7.** e4 — e5, Cf6 — d5 et le centre renforcé des Noirs compense l'isolement du Pion TD.

6. ..., Ff8 — b4.

Jeu entreprenant. Un jeu d'attente est ici fourni par **6.** ..., a7 — a6 suivi de Dd8 — c7 (« variante Paulsen ») et un jeu réservé par **6.** ..., d7 — d6 suivi de Ff8 — e7 (« variante de Scheveningue »).

Cette dernière variante, avec son « centre retenu » (Pions e6 et d6) et sa tension de combat durable, fournit de beaux spécimens de la stratégie moderne par ex. : **6.** ..., d6 ; **7.** 0 — 0, Fe7 ; **8.** Rh1 (préparation savante, due à Maroczy) ; **8.** ..., 0 — 0 ; **9.** f4, a6 ; **10.** Ff3, Dc7 ; **11.** Fe3, Fd7, etc.

7. 0 — 0, ...

Guidés par le principe : *Vim vi repellere licet* (ce qu'on pourrait traduire par : « A violent, violent et demi »), les Blancs se déclarent prêts à sacrifier, pour dominer le terrain, un et même éventuellement deux Pions.

Contre le coup d'usage : **7.** Cd4 — b5 (dont l'idée principale est de ne pas laisser doubler les Pions FD), on répond **7.** ..., 0 — 0 (si **7.** ..., C × e4 ; **8.** Ff4) ; **8.** a2 — a3, Fb4 × c3+ ; **9.** Cb5 × c3, d7 — d5 ; **10.** e4 × d5, e6 × d5 et les Noirs s'attribuent, grâce à leur PD **isolé mais central**, une certaine initiative.

7. ..., Fb4 × c3 ; **8.** b2 × c3, Cf6 × e4.

Acceptant l'offre pour avoir, au moins, une compensation matérielle en échange de la position difficile. Jugeons, en effet, la situation : Le FD des Noirs est enfermé ; à d6, leur rangée de Pions est «trouée» (terme anglais «hole»), tandis que les **deux Fous** des Blancs vont agir sur un champ d'action vaste, par ex. : **8.** ..., 0 — 0 ; **9.** C × c6, b × c ; **10.** Fa3, Te8 ; **11.** e5, Cd5 ; **12.** Dd4 (poste central. L'égalisation des chances serait donnée par **12.** Fd3, C × c3 ; **13.** F × h7+, R × h7 ; **14.** Dd3+, Rg8 ; **15.** D × c3, puisque les deux Fous restant dans les deux camps, sont de **couleur différente**) ; **12.** ..., a5 ; **13.** Fd3 et la position des Noirs reste «bloquée».

9. Fe2 — f3, d7 — d5.

Trop risquée est la prise du second Pion ; **9.** ..., Ce4 × c3 ; **10.** Dd1 — d3, Cc3 — d5 ; **11.** Cd4 × c6, b7 × c6 ; **12.** Fc1 — a3 et les Blancs dominent l'échiquier.

10. Cd4 × c6, b7 × c6 ; **11.** Ff3 × e4, ...

Au lieu de cette liquidation, on peut aussi essayer de conserver la tension du combat en jouant **11.** Fa3, par ex. **11.** ..., Cd6 ; **12.** Dd4, 0 — 0 ; **13.** Dc5.

11. ..., d5 × e4 ; **12.** Dd1 × d8+, Re8 × d8 ; **13.** Tf1 — e1, f7 — f5,

et les Noirs ont, à travers tant de dangers, conservé un Pion de plus.

La position défectueuse des Pions réciproques et les Fous de couleur différente amèneront, selon toute probabilité, la nullité.

243

1. e2 — e4, c7 — c5 ; **2.** Cb1 — c3, ...

Au lieu d'ouvrir la zone centrale par d2 — d4, les Blancs voudront tenir le centre fermé par d2 — d3.

Il en résulte que c'est probablement à g2 qu'ils chercheront à développer leur FR. S'ils jouent **2.** g2 — g3 (pour faire suivre Ff1 — g2), les Noirs profitent du temps de relâche en jouant **2.** ..., d7 — d5 !, par ex. **3.** e4 × d5, Dd8 × d5 (occupant ce poste central, tout en menaçant la Th1) ; **4.** Cg1 — f3, Fc8 — g4 et les Noirs sont mieux.

C'est donc pour empêcher la poussée émancipatrice, d7 — d5, que le bon coup du texte se fait.

2. ..., Cb8 — c6 ; **3.** g2 — g3, g7 — g6.

Formation de contre-fianchetto. Tous les autres plans des Noirs (comme par ex. **3.** e7 — e6 pour préparer d7 — d5) sont moins consistants.

4. Ff1 — g2, Ff8 — g7 ; **5.** d2 — d3, d7 — d6 ; **6.** Cg1 — e2, ...

Ce développement « plat » du CR des Blancs (au lieu de **6.** Cg1 — f3) s'effectue non seulement pour ne pas masquer la diagonale du FR en fianchetto, mais aussi pour favoriser la poussée éventuelle f2 — f4.

6. ..., Cg8 — f6 ; **7.** 0 — 0, 0 — 0 ; **8.** h2 — h3, Fc8 — d7 ; **9.** Fc1 — e3.

Ce déploiement des forces réciproques « derrière le front » est caractéristique pour toute cette méthode lente mais astucieuse.

1. e2 — e4, c7 — c5 ; **2.** Ff1 — c4, ...

Ce développement du FR des Blancs est peu propice dans les débuts demi-ouverts, où la diagonale a2 — g8 pourra encore être barrée par le petit coup e7 — e6 où le Fou court le danger d'être refoulé, sinon enfermé.

Comme nous l'avons vu lors de la première analyse (méthode ouverte) et déjà auparavant dans les parties françaises et Caro-Kann, une bonne place est réservée à ce Fou (après d2 — d4) à d3, ou d'une façon modeste mais efficace à e2.

2. ..., e7 — e6.

Les contours d'une partie française se dessinent. L'affinité entre les divers débuts est fréquente.

3. Cb1 — c3, Cb8 — c6.

Prématuré serait **3.** Cg8 — f6 à cause de **4.** e4 — e5.

4. Cg1 — f3, Cg8 — f6; **5.** d2 — d3, ...

Moment intéressant. Par le coup du texte, les Blancs veulent créer une position compacte au centre. En jouant **5.** a2 — a3, ils pourraient préserver leur FR (contre l'attaque **5.** ..., Ca5), mais cela au prix d'un temps précieux de développement. Au lieu du coup du texte, on pourrait aussi jouer **5.** 0 — 0. Prématuré serait, par contre, **5.** e4 — e5 à cause de **5.** ..., Cf6 — g4; **6.** Dd1 — e2, Dd8 — c7; **7.** Cc3 — b5, Dc7 — b8 et le Pion-Roi des Blancs est irrévocablement voué à la perte.

5. ..., d7 — d5.

Par cette poussée centrale, bien préparée, les Noirs s'émancipent.

Si **5.** ..., Cc6 — a5; **6.** 0 — 0, Ca5 × c4; **7.** d3 × c4, les Blancs trouvent une compensation sérieuse pour la disparition de leur FR et le doublement de leur PFD, dans la pression qu'ils vont exercer sur la colonne-Dame ouverte.

6. e4 × d5, e6 × d5; **7.** Fc4 — b5, a7 — a6.

On peut aussi jouer, avec sang-froid, **7.** ..., Ff8 — e7 pour accélérer le roque (par ex. **8.** Ce5, Fd7; **9.** C × d7, D × d7, etc.

8. Fb5 × c6+, ...

Évidemment non **8.** Fa4? à cause de **8.** ..., b5; **9.** Fb3, c4 gagnant une pièce.

8. ..., b7 × c6; **9.** Dd1 — e2+, Ff8 — e7.

Peu recommandable serait **9.** ..., Fe6 à cause de **10.** Cg5.

10. Cf3 — e5, Dd8 — c7.

Pour défendre le Pion c6 attaqué.

11. Fc1 — f4, ...

Avec la menace **12.** Cg6.

11. ..., Dc7 — b7; **12.** Ta1 — b1, 0 — 0; **13.** 0 — 0.

Non **13.** C × c6 ? à cause de **13.** ..., D × c6 ; **14.** D × e7, Te8.

13. ..., Tf8 — e8, et les Noirs ont, grâce à leurs deux Fous et leur centre compact (Pions d5, c5, c6), une bonne position.

97. — Partie scandinave (**1.** e2 — e4, d7 — d5). — Sans hésiter, les Noirs ouvrent la zone centrale. On pourrait considérer après **2.** e4 × d5, Dd8 × d5, leur jeu comme émancipé, mais leur Dame sera exposée aux attaques, ce qui se traduira par la perte de quelques temps précieux. Voici l'analyse :

1. e2 — e4, d7 — d5 ; **2.** e4 × d5, Dd8 × d5.

Si **2.** ..., Cg8 — f6 (« gambit scandinave »), alors **3.** Ff1 — b5+, Fc8 —d7 ; **4.** Fb5 — c4 peut chercher à conserver le Pion de plus ou à ne le rendre qu'au prix des avantages positionnels.

3. Cb1 — c3, ...

Gagnant déjà un temps très important de développement par l'attaque de la Dame adverse.

3. ..., Dd5 — a5.

Pour rester dans la zone du combat. Par la retraite complète : **3.** ..., Dd5 — d8, les Noirs pourraient, il est vrai, soustraire leur Dame aux inconvénients ultérieurs, mais leur jeu resterait alors bien serré.

Sans valeur serait **3.** ..., Dd5 — e5+ à cause de **4.** Ff1 — e2 suivi de **5.** d2 — d4 et le harcèlement de la Dame noire continue.

4. d2 — d4, ...

Occupant résolument le centre. Plus calme est le plan de développement **4.** Ff1 — c4 suivi de d2 — d3.

4. ..., Cg8 — f6 ; **5.** Cg1 — f3, Fc8 — g4.

L'idée agressive des Noirs dans la partie scandinave est le développement accéléré du côté-Dame pour aboutir au grand roque avec une pression sur le Pion-Dame adverse à d4.

Au lieu du clouage, réalisé par le coup du texte, on peut aussi essayer **5.** ..., Fc8 — f5.

Dans les deux cas, les Blancs réussissent pourtant à commander aux événements.

6. h2 — h3 !, Fg4 — h5.

Si **6.** ..., Fg4 × f3; **7.** Dd1 × f3, c7 — c6; **8.** Ff1 — c4, le terrain dominé par les Blancs reste supérieur.

7. g2 — g4!, Fh5 — g6; **8.** Cf3 — e5, ...

Cette « manœuvre d'avant-poste », suggérée par Lasker, est très vigoureuse, car le Cavalier vise les deux ailes.

8. ..., Cb8 — d7.

Voulant se débarrasser immédiatement du CR ennemi, mais tombant dans un **piège de début** assez curieux.

Il fallait réserver à sa Dame la retraite par **8.** ..., c7 — c6. Toutefois, les Blancs continuent alors avec avantage **9.** h3 — h4!, par ex. **9.** ..., h6; **10.** C × g6, f × g et le côté-Roi des Noirs est dévalorisé ou **9.** ..., Fe4; **10.** Cc4, Dc7; **11.** C × e4, C × e4; **12.** Df3 et les Blancs dominent le terrain.

9. Ce5 — c4, ...

Cette chasse à la Dame adverse triomphe.

9. ..., Da5 — a6.

Si **9.** ..., Db4; **10.** a3 gagnant la Dame.

10. Fc1 — f4, ...

Avec la menace **11.** Cd6+.

10. ..., Da6 — e6+; **11.** Cc4 — e3, 0 — 0 — 0; **12.** d4 — d5, De6 — b6; **13.** Ce3 — c4, ...

Revenant à l'assaut.

13. ..., Db6 — b4; **14.** a2 — a3, Db4 — c5; **15.** Ff4 — e3,

et la Dame noire est définitivement capturée (partie Alekhine-Schrœder, jouée à New York en 1924).

98. — Défense Alekhine (**1.** e2 — e4, Cg8 — f6). — Introduite et approfondie en 1921, cette idée conduit à travers des positions bizarres, au grand principe de la relativité du temps et de l'espace. Voici un déroulement bien caractéristique :

1. e2 — e4, Cg8 — f6; **2.** e4 — e5, ...

Le Pion attaqué se défend par déplacement et cherche lui-même à gagner du terrain.

Sans doute, c'est la seule manière énergique de traiter ce début, car si par exemple **2.** Cb1 — c3, pour défendre le Pion-Roi attaqué, tout en développant une pièce, les Noirs ont le choix entre le coup émancipateur **2.** ..., d7 — d5 qui promet l'égalisation des chances, et le coup placide **2.** ..., e7 — e5 qui ramène une variante de la partie viennoise, peu dangereuse pour les Noirs (voir § 88).

2. ..., Cf6 — d5.

Se faufilant à travers l'échiquier. Une perte de temps et de terrain effective serait la pleine retraite **2.** ..., Cf6 — g8.

3. d2 — d4, ...

Travail de Pions au centre. Contre **3.** Cc3, on répond le mieux **3.** ..., e6.

3. ..., d7 — d6.

Les Noirs commencent déjà à miner l'avant-poste ennemi. Dans ce minage continu réside l'idée primaire de la défense Alekhine.

4. c2 — c4.

Décision importante. Les Blancs repoussent, il est vrai, une pièce centrale de l'adversaire, mais leur front élargi de Pions devient plus difficile à soutenir.

Par l'avance impétueuse de leur coup ils renoncent aussi à soutenir leur chaîne de Pions au moyen de c2 — c3 et ils enlèvent, en outre, la bonne case c4 à leur FR.

Tels sont les arguments qui parlent pour et contre le coup du texte. Les joueurs méticuleux renoncent ici à maintenir leur poste avancé (e5) et jouent au moyen de l'échange **4.** e5 × d6, e7 × d6 une partie simplifiée qui rappelle quelque peu la « variante d'échange » de la partie française (**1.** e4, e6 ; **2.** d4, d5 ; **3.** e × d, e × d).

Si, par contre **4.** Cg1 — f3, pour développer une pièce tout en protégeant l'avant-poste acquis, le clouage **4.** ..., Fc8 — g4 renforce la pression des Noirs contre le Pion e5 adverse.

4. ..., Cd5 — b6.

En général, les Cavaliers ne sont pas très efficacement placés à b6 (resp. à b3), mais les ressources des Noirs n'en restent pas moins nombreuses.

5. f2 — f4, ...

Poursuivant le développement — énergique, mais risqué ! — du « front large » qui va pourtant être inquiété par les mesures adverses.

5. ..., d6 × e5 ; **6.** f4 × e5, Cb8 — c6.

C'est contre le Pion d4 adverse, exposé sur sa colonne ouverte, que les Noirs vont concentrer avant tout leurs efforts.

Par contre, le plan stratégique des Blancs sera dans cette variante (la plus compliquée de toute la défense Alekhine) de rendre possible l'avance d4 — d5, après quoi la pression des Blancs au centre deviendrait menaçante.

7. Fc1 — e3, ...

La seule bonne défense du Pion attaqué, car **7. d4 — d5** n'est pas encore jouable à cause de **7. ..., Cc6 × e5.**

Si, d'autre part, **7. Cg1 — f3**, alors le clouage **7. ..., Fc8 — g4** augmente les craintes des Blancs.

7. ..., Fc8 — f5.

D'une manière ou d'une autre, les Noirs veulent sortir leur FD, sinon à g4, du moins à f5, pour neutraliser par des contre-menaces l'action du centre adverse.

8. Cb1 — c3, e7 — e6; 9. Ff1 — e2, Dd8 — d7.

Préparant Ta8 — d8 (ou même 0 — 0 — 0), en vue d'augmenter la pression contre le Pion adverse d4.

Comme autres plans acceptables citons la manœuvre **9. ..., Cc6 — b4; 10. Ta1 — c1, c7 — c5** qui embrouille le centre, puis le clouage **9. ..., Ff8 — b4**, ou même simplement la sortie **9. ..., Ff8 — e7** en vue de réaliser le petit roque (partie N° 67).

10. Cg1 — f3 et le combat vise deux objectifs.

Finissons notre aperçu sur les débuts semi-ouverts en conseillant au débutant de répondre courageusement (comme le font aussi les grands champions!) à **1. e2 — e4** par **1. ..., e7 — e5** ou d'utiliser de temps en temps la partie française: **1. ..., e7 — e6** qui est la plus raisonnée de toutes les réponses défensives.

N° 67

*Jouée dans l'Olympiade
à La Haye, en 1928.*

Blancs	Noirs
D' NAEGELI	MUFFANG

1. e2 — e4	Cg8 — f6
2. e4 — e5	Cf6 — d5
3. c2 — c4	Cd5 — b6
4. d2 — d4	d7 — d6
5. f2 — f4	d6 × e5
6. f4 × e5	Cb8 — c6
7. Fc1 — e3	Fc8 — f5
8. Cb1 — c3	e7 — e6
9. Ff1 — e2	Ff8 — e7
10. Cg1 — f3	f7 — f6

Une idée nouvelle qui fut depuis lors souvent adoptée dans les tournois.

11. 0 — 0	0 — 0
12. e5 × f6	...

Renonçant à maintenir l'avant-poste. Plus recommandable est ici **12.** Dd1 — e1 ou, comme dans une partie Znosko-Borovsky-Colle, Paris, 1929, **12.** Cf3 — h4.

12. ...	Fe7 × f6
13. Dd1 — d2	Dd8 — e7
14. Ta1 — d1	Ta8 — d8

Les Noirs commandent aux événements.

15. c4 — c5	Cb6 — d5
16. a2 — a3	...

Temps perdu.

16. ...	Rg8 — h8 !
17. Fe2 — c4	Cd5 × e3
18. Dd2 × e3	Ff5 — g4
19. Cc3 — e2	Fg4 × f3
20. Tf1 × f3	Ff6 × d4 !!

Une action bien préparée. Une désillusion serait, par contre, **20.** ..., Cc6 — e5 à cause de **21.** Tf3 — h3, Ce5 × c4 ; **22.** De3 — d3 et les Blancs regagnent leur pièce.

21. Td1 × d4   Cc6 × d4
22. Ce2 × d4   De7 × c5

Illustrant le danger des « pièces en l'air », comme le sont ici le C et le F des Blancs.

23. Tf3 × f8+   ...

Si **23.** Cd4 × e6, Tf8 × f3 ! ! ; **24.** De3 × c5, Td8 — d1+ suivi du mat.

23. ...   Td8 × f8
24. Fc4 — b3   ...

Si **24.** b2 — b3, b7 — b5 et si **24.** Fc4 × e6, Tf8 — d8 ; **25.** Cd4 — f5, Dc5 × e3+ ; **26.** Cf5 × e3, Td8 — e8 et gagne.

24. ...   Tf8 — d8

Les Blancs abandonnent, car si **25.** Cd4 — c2, Dc5 × e3+ ; **26.** Cc2 × e3, Td8 — d3 gagne.

Débuts fermés

Chapitre XXI

Gambit-Dame accepté

(**1.** d2 — d4, d7 — d5 ; **2.** c2 — c4, d5 × c4)

99. — Un gambit qui n'en est pas un. — Après **1.** d2 — d4, d7 — d5, l'avance latérale **2.** c2 — c4 constitue la méthode la plus énergique pour les Blancs qui s'attaquent immédiatement à l'avant-garde adverse.

Le coup **2.** c2 — c4 n'inaugure qu'un pseudo-gambit, puisque la perte du Pion c4 ne serait que passagère. En effet, si **2.** ..., d5 × c4, les Blancs regagnent forcément, comme l'analyse qui suit le démontrera, l'unité sacrifiée.

Relevons en outre que c'est un « gambit positionnel » qui ne recherche pas (comme le fait le gambit véritable de l'autre côté, le Gambit du Roi : **1.** e4, e5 ; **2.** f4) une attaque directe contre le Roi adverse, mais seulement une meilleure disponibilité des forces sur un terrain mieux éclairci. Voici l'analyse :

1. d2 — d4, d7 — d5.

Empêchant la formation du centre par **2.** e4.

2. c2 — c4, ...

Voulant échanger un Pion latéral contre un Pion central qui possède, en général, plus de valeur potentielle.

2. ..., d5 × c4.

Acceptant le défi. La suite montrera pourtant que le butin ne se laisse pas conserver et que les Noirs renoncent, par leur coup du texte, à la copossession du centre.

Plus sage est donc de refuser le Gambit de la Dame et d'appuyer son Pion d5 en jouant **2. ...,** e7 — e6 ou **2. ...,** c7 — c6. Voir le prochain chapitre.

3. Cg1 — f3 !, ...

Avec un plein sang-froid, les Blancs ne se hâtent pas de regagner le Pion de gambit qui ne leur échappera pas.

En effet, si **3.** e2 — e3, la contre-poussée **3. ...,** e7 — e5 ! rend le Pion, mais libère complètement le jeu des Noirs.

De même, si **3.** e2 — e4 ou **3.** Cb1 — c3, la riposte **3. ...,** e7 — e5 est bien jouable.

C'est donc pour empêcher préalablement cette mesure libératoire que le coup du texte s'effectue.

3. ..., Cg8 — f6.

Un coup de pur développement. Les inconvénients de vouloir garder sa proie par **3. ...,** b7 — b5, seront exposés plus tard. (Voir A.)

4. e2 — e3, e7 — e6.

Encore ici, la protection mécanique du Pion c4 par **4. ...,** b7 — b5 serait futile à cause de **5.** a2 — a4, c7 — c6 ; **6.** b2 — b3 et la chaîne de Pions noirs va être brisée, le Pion du gambit va être avantageusement récupéré par les Blancs.

5. Ff1 × c4, c7 — c5.

Recherchant la symétrie.

6. 0 — 0, ...

Sans efficacité serait, en effet, **6.** d4 × c5, Dd8 × d1+ ; **7.** Re1 × d1, Ff8 × c5.

Le fait que le Roi blanc est déroqué serait, il est vrai, ici sans importance, car, les Dames étant échangées et les grosses attaques éliminées, les Rois n'ont plus besoin de se mettre à l'abri. Bien au contraire, ils vont rester au centre (par ex. à e2, resp. à e7) pour mieux considérer les événements.

Néanmoins, la position demeurant simplifiée et symétrique, une nullité stérile se prépare. On ne peut donc prétendre que l'ayant-trait ait rempli sa tâche.

6. ..., Cb8 — c6.

Si **6.** ..., c5 × d4, alors ni **7.** Cf3 × d4 ni **7.** Dd1 × d4 avec des simplifications superflues, mais bien courageusement **7.** e3 × d4 !

Le Pion-Dame des Blancs serait, il est vrai, isolé et exposé, mais sa position centrale, qui bloque les cases e5 et c5 donne aux Blancs un jeu vigoureux.

En outre, le FD des Blancs verrait alors sa diagonale primaire : c1 — h6, de nouveau ouverte.

7. Cb1 — c3

et, grâce à leur prépondérance au centre — résultat de l'acceptation du Gambit-Dame par les Noirs ! — les Blancs sont sensiblement mieux.

A

3. ..., b7 — b5.

Cet esprit de conservation est funeste.

4. a2 — a4, ...

Immédiatement, les Blancs commencent à miner la chaîne des Pions adverses.

4. ..., c7 — c6.

Évidemment, ni **4.** ..., a7 — a6 ? ; **5.** a4 × b5, ni **4.** ..., Fc8 — a6 (ou **4.** ..., Fc8 — d7) ; **5.** a4 × b5, Fa6 × b5 ; **6.** Cb1 — a3, c7 — c6 ; **7.** e2 — e3, Dd8 — d5 ; **8.** Cf3 — e5, regagnant avantageusement le Pion du gambit.

5. e2 — e3 !

Le plan actuel des Blancs étant de regagner le Pion critique, il serait peu recommandable de compliquer sa tâche en jouant **5.** e2 — e4, car non seulement le Pion d4 serait alors moins protégé, mais encore le Pion e4 lui-même pourrait être menacé.

5. ..., a7 — a6 ; **6.** b2 — b3, ...

Les 4ᵉ et 6ᵉ coups des Blancs donnent au débutant un exemple instructif de chaîne apparemment très forte de Pions adverses qui peut être brisée.

6. ..., c4 × b3.

Ou **6.** ..., b5 × a4 ; **7.** b3 × c4 suivi de Dd1 × a4 et la faiblesse des Pions noirs isolés (c6 et a6) apparaît.

7. a4 × b5, c6 × b5 ; **8.** Ff1 × b5+, Fc8 — d7 ; **9.** Fb5 × d7+, ...

Le plus simple.

9. ..., Cb8 × d7 ; **10.** Dd1 × b3,

et le Pion passé mais isolé a6 des Noirs est loin d'être une force de leur jeu.

Le jeu des Blancs est bien plus compact et mieux développé. L'avantage de leur position est donc acquis.

Chapitre XXII

Gambit-Dame refusé

100. — Défense classique du GD (**1.** d2 — d4, d7 — d5 ; **2.** c2 — c4, e7 — e6). — La manière la plus rationnelle de refuser le Gambit-Dame est de conserver le Pion à d5 en l'appuyant par un autre pion, soit **2.** ..., e7 — e6.

Comparons l'efficacité de ce coup à celle de quelques autres. Le renforcement par **2.** ..., c7 — c6 («défense slave», appelée aussi «défense tchèque») a le désavantage de ne pas aider au développement des figures, tandis que **2.** ..., e7 — e6 ouvre le chemin au FR des Noirs et accélère en cela le petit roque. On pourrait objecter, il est vrai, que la défense classique (**2.** ..., e6) ferme la diagonale primaire c8 — h3 du FD des Noirs, tandis que la défense slave (**2.** ..., c6) la laisse encore ouverte ; mais pourtant, la sortie prématurée du FD des Noirs à f5 ou à g4, se révèle souvent funeste.

Envisageons maintenant la surdéfense du Pion d5 par **2.** ..., Cg8 — f6 («défense américaine»). Les Blancs y répliquent énergiquement **3.** c4 × d5, par ex. **3.** ..., Cf6 × d5 (ou aussi **3.** ..., Dd8 × d5, **4.** Cb1 — c3, gagnant à l'instar de la partie scandinave, par cette attaque de la Dame adverse, du temps, sinon du terrain) ; **4.** e2 — e4, Cd5 — f6 ; **5.** Cb1 — c3, e7 — e6 (si **5.** ..., e5 ; **6.** Cf3 !) ; **6.** Cg1 — f3, Ff8 — b4 ; **7.** Ffl — d3, 0 — 0 ; **8.** 0 — 0. Voici donc la première phase du début terminée, les roques effectués ; non seulement les Blancs ont une pièce de plus (Cc3) en jeu, mais encore leur centre de Pions et par cela même l'horizon plus étendu de leurs pièces (par ex. de leur FD), leur assure une supériorité de position.

Après ces constatations liminaires, approfondissons la défense classique elle-même :

1. d2 — d4, d7 — d5 ; **2.** c2 — c4, e7 — e6 ; **3.** Cb1 — c3, ...

Le plus énergique. En effet, la pièce que les Blancs sortent renforce la pression contre le Pion adverse d5.

Prématuré serait l'échange simplificateur **3.** c4 × d5, e6 × d5, ce qui rouvrirait inutilement la diagonale primaire c8 — h3 du FD des Noirs.

Ultra-prudent serait **3.** e2 — e3, ce qui fermerait inutilement la diagonale primaire c1 — h6 du FD des Blancs.

3. ..., Cg8 — f6.

Cette réponse la plus usitée, qui sort une pièce tout en défendant le Pion critique d5, a reçu le nom de « défense orthodoxe ».

Bien plus passif serait **3.** ..., c7 — c6, qui ne développe aucune nouvelle pièce et resserre, en outre, la prison du FD des Noirs qui reste dorénavant enfermé des deux côtés. (Toutefois, la partie N° 70 : Denker-Botvinnik, en révéla quelques « pointes » venimeuses.)

Une suite jouable, mais qui n'aspire qu'à la simplification du combat, est **3.** ..., c7 — c5 (défense Tarrasch), qui mène après **4.** e2 — e3 (moins ambitieux que **4.** Cg1 — f3 ou **4.** c4 × d5) ; **4.** ..., Cg8 — f6 ; **5.** Cg1 — f3, Cb8 — c6 à une **position symétrique**, où les Blancs ont encore conservé leur petit avantage du trait.

4. Fc1 — g5, ...

Stratégie du clouage. Bien finement, le maître français Alphonse Goetz appelle dans son *Cours d'Échecs* cette méthode « la partie Lopez du côté-Dame ».

Une autre bonne idée de développement pourrait ici être **4.** Fc1 — f4 (puisque l'occupation de la diagonale h2 — b8 est aussi assez efficace) ou **4.** Cg1 — f3 (ce qui réserve les deux manières de développer son FD), ou enfin **4.** e2 — e3 (ce qui enferme le FD, mais accélère la mobilisation du côté-Roi).

4. ..., Cb8 — d7.

Raffermissant la case f6, tout en tendant à l'adversaire un des plus astucieux **pièges de début**.

Une bonne idée de raffermir la case f6, tout en accélérant la mobilisation du côté-Roi, est **4.** ..., Ff8 — e7. Voir partie modèle N° 69.

Une faute positionnelle serait, par contre, **4.** ..., h7 — h6, ce qui négligerait la menace adverse, à savoir : **5.** Fg5 × f6, g7 × f6 (si **5.** ..., Dd8 × f6 ; **6.** c4 × d5, e6 × d5 ; **7.** Cc3 × d5 et les Blancs ont impunément gagné un Pion) ; **6.** e2 — e3 et la dépréciation des Pions noirs du côté-Roi est sensible.

5. e2 — e3, ...

Ou d'abord **5.** Cg1 — f3, Ff8 — e7 ; **6.** e2 — e3 et l'on obtient, par l'inversion des coups, la continuation du texte.

Le débutant se gardera bien de tomber dans le piège suivant : **5.** c4 × d5 (ce qui est encore bon) ; **5.** ..., e6 × d5 ; **6.** Cc3 × d5 ?? (ce qui est funeste. La prise du Pion va se payer cruellement) ; **6.** ..., Cf6 × d5 ! ! (ce Cavalier qu'on pouvait croire immobilisé se montre récalcitrant) ; **7.** Fg5 × d8, Ff8 — b4+ ; **8.** Dd1 — d2 (le seul coup) ; **8.** ..., Fb4 × d2+ ; **9.** Re1 × d2, Re8 × d8 et comptons : les Blancs ont perdu dans cette chaude affaire un Cavalier !

5. ..., Ff8 — e7.

Dans cette première phase du début, les Noirs préfèrent se tenir sur leurs gardes.

Un essai très intéressant de conquérir — même dans ce début difficile ! — l'initiative pour les Noirs, est **5.** ..., c7 — c6 pour faire suivre Dd8 — a5 et Ff8 — b4. Voir A.

6. Cg1 — f3, 0 — 0 ; **7.** Ta1 — c1, ...

Une phase instructive. Un coup plus naturel semblerait être **7.** Ff1 — d3 (pour parvenir également au plus tôt au Roque), mais alors **7.** ..., d5 × c4 gagnerait, en tout cas, un « temps » (Fd3 × c4), tandis que si les Noirs répondent au coup du texte par **7.** ..., d5 × c4, la reprise à c4 par le Fou s'effectue en un seul trajet.

D'autre part, le coup du texte constitue une mesure très utile, puisque la TD des Blancs occupe une colonne (FD) potentiellement ouverte, sur laquelle elle va exercer une pression durable.

Un plan de blocage qui ne donne pas ce qu'il promet, est ici **7.** c4 — c5 (à cause de **7.** ..., c7 — c6 ; **8.** b2 — b4, a7 — a5 ! ; **9.** a2 — a3, b7 — b6 et les Noirs veulent briser la chaîne de Pions blancs, avancés sur le côté-Dame).

259

APRÈS **7.** Ta1 — c1

N° 89

Enfin, un plan hasardeux, au lieu du coup du texte, est **7.** Dd1 — c2 (ce qui est encore jouable); **7.** ..., c7 — c5!; **8.** 0 — 0 — 0 (ce qui est déjà trop risqué, puisque les bastions du Roi blanc ne sont pas ici très fermes. Mieux **8.** Ta1 — d1); **8.** ..., Dd8 — a5 et la contre-attaque des Noirs se révèle plus rapide que celle que les Blancs voudraient faire sur le côté opposé.

Pour toutes ces raisons, le coup du texte, sûr et raisonné, a conquis le plus de suffrages dans la pratique des tournois modernes et la position obtenue est connue sous le nom de la « position normale du Gambit-Dame orthodoxe ». Voir diagr. N° 89.

7. ..., a7 — a6.

Cette défense, appelée par les uns « suisse », par les autres « argentine », prépare une contre-attaque des Noirs sur le côté-Dame, par **8.** ..., d5 × c4; **9.** Ff1 × c4, b7 — b5, etc. Elle oblige l'adversaire à éliminer la « tension des Pions au centre ».

Deux autres suites jouables sont ici **7.** ..., b7 — b6 (« défense antique du GD », ayant pour but de sortir, tant bien que mal, son FD à b7) ou surtout **7.** ..., c7 — c6 (« défense moderne du GD », ayant pour plan de raffermir la case d5, tout en diminuant la pression de la TD adverse sur la colonne FD). Voir partie N° 68.

Une poussée bien aléatoire est, par contre, **7.** ..., c7 — c5 (à cause de **8.** d4 × c5, Cd7 × c5; **9.** c4 × d5, e6 × d5; **10.** Fg5 × f6, Fe7 × f6; **11.** Cc3 × d5 et les Blancs ont gagné un Pion).

8. c4 × d5, ...

Trop stérile serait encore, comme l'a démontré, en 1915, le maître suisse distingué Walter Henneberger, ici l'essai de blocage **8.** c4 — c5 (à cause de **8.** ..., c7 — c6; **9.** b2 — b4, b7 — b6; **10.** a2 — a3, a6 — a5 et les Noirs déploient sur le côté-Dame, grâce aux Pions blancs trop avancés, beaucoup d'activité).

Comme, d'autre part, les coups neutres: **8.** Ff1 — d3 ou aussi **8.** a2 — a3 permettraient la contre-offensive ci-dessus: **8.** ..., d5 × c4; **9.** F × c4, b7 — b5, etc., les Blancs se décident à couper court, par leur coup du texte, à toutes ces tentatives.

8. ..., e6 × d5 ; **9.** Ff1 — d3, ...

Sans le danger d'être incommodé, le FR des Blancs se place sur une bonne diagonale qui vise h7.

9. ..., c7 — c6.

Ce coup d'appui est nécessaire.

10. 0 — 0, Tf8 — e8.

Non seulement la Tour occupe une colonne devenue demi-ouverte, mais encore elle évacue la case f8 pour le CD qui pourra alors (après Cd7 — f8) surveiller la case importante h7, tout en rouvrant la diagonale c8 — h3 au FD des Noirs.

11. Dd1 — e2, ...

Une bonne case pour la Dame blanche dans ce début. Sans y être exposée, la Dame permet le ralliement des deux Tours blanches, tout en surveillant elle-même diverses lignes et diagonales.

11. ..., Cd7 — f8.

La consolidation s'accomplit. On constate que le 8e coup a favorisé l'action de la TR des Noirs (sur la colonne-Roi) et celle du FD des Noirs (sur la diagonale c8 — h3).

12. a2 — a3, ...

Pour faire suivre b2 — b4, puis Cc3 — a4, etc. On remarquera que la trouée des cases noires (c5, b6 et autres), causées par la structure des Pions du côté-Dame : d5 — c6 — b7 — a6, se prête à quelques entreprises des Blancs.

Ce travail d'utilisation ne pourra être que long et minutieux, basé sur des manœuvres positionnelles et non sur des attaques fulgurantes du côté-Roi. Entre-temps, les Noirs pourront élaborer quelque plan au centre (par ex. **12.** ..., Cf6 — e4) ou même contre le Roque ennemi.

Notre analyse de la position obtenue a donc le droit de conclure à l'équilibre.

A

5. ..., c7 — c6.

L'analyse qui suit offre un bon exemple d'un coup d'apparence purement défensive (raffermissement de la case d5) qui peut aussi comporter des tendances agressives.

6. Cg1 — f3, Dd8 — a5.

Cette sortie, habilement préparée par le coup précédent des Noirs, procure aussitôt à ceux-ci un jeu mordant.

En effet, au lieu de se laisser (par **6.** ..., Ff8 — e7) imposer les événements, les Noirs cherchent à désigner la case c3 comme théâtre de guerre principal.

Connue sous le nom de la «défense Pillsbury» (alias: «défense Cambridge-Springs»), cette méthode oblige les Blancs à redoubler pendant quelque temps de vigilance pour ne pas se laisser enlever l'initiative.

7. Fg5 × f6, ...

Le plus simple. Les variantes suivantes illustrent les astuces de la position.

I. — **7.** Ff1 — d3 (un coup de pur développement); **7.** ..., Cf6 — e4 (le C, décloué par le coup précédent des Noirs, se met à l'œuvre).

8. Dd1 — c2? (cette décision de défendre le point c3, doublement attaqué, est funeste. Le mieux était **8.** Dd1 — a4, simplifiant le combat); **8.** ..., Ce4 × g5; **9.** Cf3 × g5, d5 × c4 et les Noirs gagnent une figure!

II. — **7.** Cf3 — d2 (pour décclouer le Cavalier c3, tout en renforçant le contrôle de la case e4); **7.** ..., Ff8 — b4; **8.** Dd1 — c2, 0 — 0 (si **8.** ..., d5 × c4, alors préalablement **9.** Fg5 × f6, Cd7 × f6 et puis **10.** Cd2 × c4, Da5 — c7; **11.** Ff1 — d3 avec chances réciproques).

9. Ff1 — d3? (ce coup, d'apparence si plausible, est une bévue: il fallait jouer **9.** Ff1 — e2 avec jeux égaux): **9.** ..., d5 × c4 et les Noirs gagnent un des deux Fous adverses, simultanément attaqués˙, car si **10.** Fg5 × f6, c4 × d3, attaquant la Dame.

7. ..., Cd7 × f6; **8.** Ff1 — d3, Ff8 — b4.

Développement bien plus agressif que ne le serait **8.** ..., Ff8 — e7 ou **8.** ..., Ff8 — d6.

9. Dd1 — c2, 0 — 0; **10.** 0 — 0,

et le jeu des Blancs est préférable, le FD adverse restant encore enfermé, tandis qu'une attaque de la part des Blancs (par ex. par Cf3 — e5 suivi de f2 — f4, etc.) se prépare.

Nº 68

Partie d'exhibition jouée avec pièces vivantes
à Berlin, en 1924.

Blancs	Noirs
RUBINSTEIN	LASKER

1. d2 — d4   d7 — d5
2. c2 — c4   e7 — e6
3. Cg1 — f3   Cg8 — f6
4. Cb1 — c3   Ff8 — e7
5. Fc1 — g5   Cb8 — d7

Coup de développement raffermissant la case f6. Un essai prématuré d'émancipation serait **5.** ..., c5 ? à cause de **6.** d × c, F × c5 ; **7.** F × f6 et les Blancs gagnent le Pion vital d5.

6. e2 — e3   0 — 0
7. Ta1 — c1   c7 — c6

Ce coup d'appui, qui rétrécit en outre la pression de la TD adverse sur la colonne FD, est le plus solide de tous.

8. Ff1 — d3   ...

Les Blancs renoncent à « la lutte pour le temps » (Ff1 — d3, d5 × c4).

Cette lutte pourrait encore être continuée par les petits coups expectatifs : **8.** a2 — a3 ou **8.** h2 — h3, mais l'utilité de ces mesures, ainsi que de **8.** Dd1 — c2, ne serait qu'hypothétique.

8. ...   d5 × c4
9. Fd3 × c4   Cf6 — d5

Une manœuvre de déclouage très habile pour se débarrasser du Fou envahisseur g5.

Un autre plan pour affranchir quelque peu son jeu, consiste dans l'offensive latérale **9.** ..., b7 — b5 ; **10.** Fc4 — d3, a7 — a6 (mesure nécessaire pour rendre mobile le PFD) ; **11.** 0 — 0, c6 — c5, etc.

10. Fg5 × e7   Dd8 × e7
11. 0 — 0   ...

« L'attaque Rubinstein ». Plus raisonnée mais moins vive est « l'attaque Alekhine » : **11.** Cc3 — e4 qui évite l'échange des Cavaliers, mais permet après **11.** ..., De7 — b4+ ou, d'une façon encore plus précise : **11.** ..., Cd5 — f6 ; **12.** Ce4 — g3, De7 — b4+ ; **13.** Dd1 — d2 (le mieux) ; **13.** ..., Db4 × d2+ ; **14.** Re1 × d2, l'échange des Dames. La lutte devient alors très minutieuse, le coefficient de la nullité très grand.

11. ...   Cd5 × c3
12. Tc1 × c3   e6 — e5

Profitant de l'instant propice pour ouvrir son jeu.

13. Cf3 × e5   Cd7 × e5
14. d4 × e5   De7 × e5
15. f2 — f4   ...

Une bien fière décision de rendre le combat plus rude.

15. ...   De5 — e7

Le moment critique. Trop hasardeuse est l'incrustation de la Dame noire dans le camp adverse par **15.** ..., De5 — c4. Par leur retraite les Noirs préparent soit **16.** ..., Tf8 — d8 (occupation de la colonne ouverte), soit **16.** ..., Fc8 — e6 (« développement par opposition »).

La meilleure retraite est ici **15.** ..., De5 — f6 qui se réserve ces deux possibilités, tout en mieux protégeant la position du roque sur laquelle les Blancs font dorénavant concentrer leurs attaques.

16. f4 — f5 !   ...

Joignant l'idée de cerner (par l'empêchement de **16.** ..., Fc8 — e6) à celle d'assaillir (par l'avance f5 — f6).

16. ...   Fc8 — d7

Le développement avant tout ! Si **16.** ..., Tf8 — d8, alors **17.** f5 — f6 !!, par exemple **17.** ..., Td8 × d1 (si **17.** ..., De7 × f6 ; **18.** Fc4 × f7 + !!) ; **18.** f6 × e7, Td1 × f1+ ; **19.** Fc4 × f1 !, Fc8, Td1 × f1+ ; **19.** Fc4 × f1 !, Fc8 — f5 (pour empêcher **20.** Tc3 — d3) ; **20.** e3 — e4 !, Ff5 — g6 (si **20.** ..., Ff5 × e4 ; **21.** Tc3 — e3) ; **21.** Tc3 — d3, Ta8 — e8 ; **22.** Td3 — d8, f7 — f6 ; **23.** Ff1 — c4+, Rg8 — h8 (si **23.** ..., Fg6 — f7 ; **24.** Td8 × e8×) ; **24.** Fc4 — e6 (avec la menace imparable **25.** Fe6 — d7) ; **24.** ..., h7 — h6 ; **25.** Fe6 — d7, Te8 — g8 ; **26.** Td8 × g8+, Rh8 × g8 ; **27.** e7 — e8D+, Fg6 × e8 ; **28.** Fd7 × e8 et gagne. — Une belle variante qui fut trouvée par un amateur anglais, Mr. Rhodes.

Contre l'offensive latérale **16.** ..., b5, la suite d'une partie Dr Euwe-Sir Thomas, Hastings, 1935 : **17.** Fb3, b4 ; **18.** f6 !, g × f ; **19.** T × c6, D × e3+ ; **20.** Rh1, etc., marqua l'avantage des Blancs.

17. e3 — e4   ...

Une attaque plus franche est ici fournie par **17.** Dd1 — h5, Ta8 — d8 ; **18.** f5 — f6 (toujours le même motif stratégique d'abattre les remparts ennemis) ; **18.** ..., g7 × f6 ; **19.** Dh5 — h4! (si **19.** Dh5 — h6, f6 — f5! et la défense des Noirs devient possible) ; **19.** ..., Rg8 — g7 ; **20.** e3 — e4! (avec la menace **21.** Tc3 — g3+) ; **20.** ..., Fd7 — e6 ; **21.** Tc3 — g3+, Rg7 — h8 ; **22.** Tf1 — f4!! avec la menace quasi imparable : **23.** Dh4 × h7+!, Rh8 × h7 ; **24.** Tf4 — h4×, variante qui fut trouvée par un amateur argentin, Sr. Chiroga.

17. ...	Ta8 — d8
18. Dd1 — h5	De7 × e4

La tension du combat va se résoudre d'une façon pacifique.

19. Tc3 — g3	...

Les Blancs laissent leur Fou c4 en prise, puisque si immédiatement **19.** ..., De4 × c4? alors **20.** f5 — f6 et gagne.

19. ...	De4 — d4+!
20. Tf1 — f2	...

Si **20.** Rg1 — h1, Dd4 × c4 et les Blancs, n'ayant pas le temps d'exécuter le coup mortel f5 — f6, devraient aussi, comme dans la suite de la partie, chercher leur sauvetage dans l'échec perpétuel par **21.** Tg3 × g7+, etc.

20. ...	Fd7 × f5
21. Dh5 × f5	Dd4 × c4

Les Noirs ont non seulement gagné deux Pions, mais encore éclairci le terrain. La position ouverte ménage pourtant pour les Blancs une issue honorable :

22. Tg3 × g7+	...

Un sacrifice de nullité.

22. ...	Rg8 × g7
23. Df5 — f6+	Rg7 — g8
24. Df6 — g5+	

Éch. perp.

★

ÉCHIQUIER VIVANT. — L'idée de jouer une partie d'Échecs dans un grand cadre avec des personnes vivantes (dans l'Antiquité avec des esclaves), fut assez souvent pratiquée.

Rabelais dans son *Pantagruel* conte d'une façon attrayante une semblable partie qui réjouit l'œil tout en divertissant l'esprit.

N° 69

Jouée au grand tournoi international
à Paris, en 1900.

Blancs	Noirs
MARSHALL	BURN

1. d2 — d4	d7 — d5
2. c2 — c4	e7 — e6
3. Cb1 — c3	Cg8 — f6
4. Fc1 — g5	Ff8 — e7
5. e2 — e3	0 — 0
6. Cg1 — f3	b7 — b6

Le problème de faire participer le FD au combat représente la difficulté principale dans ce début où le second coup des Noirs ferme la diagonale (c8 — h3) de cette pièce.

Au lieu du coup du texte, les deux autres suites usitées sont :

I. — **6.** ..., Cb8 — d7, ramenant avec l'interversion des coups le déroulement « normal », exposé dans notre analyse.

II. — **6.** ..., Cf6 — e4, déclouage résolu, qui veut se débarrasser au plus tôt du Fou envahisseur g5. La suite ordinaire en est : **7.** Fg5 × e7, Dd8 × e7 ; **8.** c4 × d5, Ce4 × c3 (nécessaire pour ne pas perdre un Pion) ; **9.** b2 × c3, e6 × d5 et, bien que les Blancs aient une certaine supériorité au centre, les Noirs ont un jeu assez facilité pour espérer s'équilibrer.

7. Ff1 — d3	Fc8 — b7
8. c4 × d5 !	e6 × d5

Voici donc la « diagonale d'avenir » (a8 — h1) refermée devant le FD des Noirs.

D'autre part, si **8.** ..., Cf6 × d5, alors **9.** Cc3 × d5, Fb7 × d5 (ou **9.** ..., Fe7 × g5 ; **10.** Cd5 × c7 !, Dd8 × c7 ; **11.** Cf3 × g5 à l'avantage des Blancs) ; **10.** Fg5 × e7, Dd8 × e7 ; **11.** e3 — e4 et la prépondérance des Blancs au centre se précise.

On comprend donc l'efficacité du 8ᵉ coup des Blancs.

9. Fg5 × f6   ...

Pour éliminer le « Cavalier de défense ».

9. ...   Fe7 × f6
10. h2 — h4   ...

Les hostilités ouvertes commencent. Les Blancs menacent de faire un **sacrifice connu** : **11.** Fd3 × h7+, Rg8 × h7 ; **12.** Cf3 — g5+, par ex. **12.** ..., Ff6 × g5 (mieux toutefois **12.** ..., Rh7 — h6) ; **13.** h4 × g5+déc., Rh7 — g6 (ou **13.** ..., Rg8 ; **14.** Dh5, f6 ; **15.** g6 avec la menace imparable **16.** Dh8×) ; **14.** Dh1 — h5+, Rg6 — f5 ; **15.** Dh5 — h3+!, Rf5 — g6 ; **16.** Dh3 — h7+, Rg6 × g5 ; **17.** Dh7 — h5!, Rg5 — f6 ; **18.** Dh5 — e5+, Rf6 — g6 ; **19.** Cc3 — e2, f7 — f5 ; **20.** Ce2 — f4+ et mat au coup suivant.

10. ...   g7 — g6

Si **10.** ..., h7 — h6, alors **11.** g2 — g4 et l'assaut de Pions continue de plus belle.

11. h4 — h5   ...

L'ouverture de la colonne TR devient l'atout principal de la victoire.

11. ...   Tf8 — e8
12. h5 × g6   h7 × g6
13. Dd1 — c2   ...

Le sacrifice à g6 devient imminent.

13. ...   Ff6 — g7
14. Fd3 × g6!   f7 × g6
15. Dc2 × g6   Cb8 — d7

Cette cavalerie de réserve arrive trop tard.

16. Cf3 — g5   Dd8 — f6

Pour parer, du moins, la menace **17.** Dg6 — f7+ mais l'image de la mort se présente sous un autre aspect :

17. Th1 — h8+!!   ...

Un sacrifice persuasif.

17. ...   Rg8 × h8
18. Dg6 — h7×

*Jouée sur le premier échiquier du match
par câble U.S.A.-U.R.S.S.[1], en septembre 1945.*

Blancs	Noirs
A. DENKER	M. BOTVINNIK
(U.S.A.)	(U.R.S.S.)

1. d2 — d4   d7 — d5
2. c2 — c4   e7 — e6
3. Cb1 — c3   c7 — c6

Combinant la défense classique avec la défense slave (**2.** ..., c7 — c6).

4. Cg1 — f3   Cg8 — f6
5. Fc1 — g5   ...

Moins ambitieux est **5.** e3, Cbd7 ; **6.** Fd3, etc.

5. ...   d5 × c4

Par cette acceptation postérieure du gambit, les Noirs posent à l'adversaire de nouveaux problèmes.

6. e2 — e4   ...

Ici, **6.** a4 est à envisager.

6. ...   b7 — b5
7. e4 — e5   h7 — h6

Ainsi la pièce est sauvée.

8. Fg5 — h4   g7 — g5
9. Cf3 × g5   h6 × g5

Si **9.** ..., Cd5 ; **10.** C × f7.

10. Fh4 × g5   Cb8 — d7
11. e5 × f6   ...

1. La sensation de ce match — qui fut la première manifestation culturelle internationale, après la guerre mondiale — ne fut dépassée que par son résultat : 15 points et demi contre 4 points et demi en faveur de l'U.R.S.S., dont les maîtres montrèrent bien plus de travail préparatoire.

Le match fut joué sur 10 échiquiers, en deux tours.

Moment important. Plus actuel que de reprendre la pièce qui ne leur échappait pas, était de jouer **11.** g3 (par ex. **11.** ..., Da5; **12.** e × f, Fb7; **13.** Fg2, etc.) pour contester au FD ennemi la grande diagonale blanche.

11. ...   Fc8 — b7
12. Ff1 — e2   Dd8 — b6

Quant aux Noirs, ils ne se hâtent point de reprendre le PFR (qui ne leur échappera pas non plus) et préfèrent concentrer leurs efforts sur le déploiement rapide de leurs forces.

13. 0 — 0   ...

Mieux **13.** Ff3.

13. ...   0 — 0 — 0
14. a2 — a4   b5 — b4
15. Cc3 — e4   ...

Non **15.** a5 à cause de **15.** ..., Dc7, menaçant du mat.

15. ...   c6 — c5
16. Dd1 — b1   ...

Cherchant à maintenir son C au centre, car ni **16.** f3 (affaiblissement!), ni **16.** Cg3 (déplacement!) ne seraient satisfaisants.

16. ...   Db6 — c7
17. Ce4 — g3   c5 × d4
18. Fe2 × c4   ...

Cela complète l'idée de leur 14ᵉ coup, mais la contre-attaque des Noirs va s'avérer trop forte :

18. ...   Dc7 — c6
19. f2 — f3   d4 — d3!

Déjà avec la menace **20.** ..., Fc5+; **21.** Rh1, T × h2+!, etc.

20. Db1 — c1   Ff8 — c5+
21. Rg1 — h1   Dc6 — d6
22. Dc1 — f4   ...

Plausible mais fatal.

Relativement la meilleure défense était **22.** Ff4, T × h2+; **23.** R × h2, Th8+; **24.** Ch5 (si **24.** Fh6, d2 gagne); **24.** ..., T × h5+; **25.** Rg3, e5; **26.** Fe3 et les Blancs peuvent encore lutter.

22. ...   Th8 × h2+!

Triomphe de la colonne ouverte.

23. Rh1 × h2	Td8 — h8+
24. Df4 — h4	...

Ou **24.** Ch5, T × h5+; **25.** Rg3, T × g5+, etc.

24. ...	Th8 × h4+
25. Fg5 × h4	Dd6 — f4

Les Blancs abandonnent (car **26.** Rh3, D × c4). — Belle partie.

101. — Contre-gambit Albin (**1.** d2 — d4, d7 — d5; **2.** c2 — c4, e7 — e5). — Au lieu de céder du terrain au centre en acceptant le gambit (**2.** ..., d5 × c4) ou de resserrer leurs lignes en refusant le don (**2.** ..., e7 — e6), les Noirs peuvent aspirer à l'initiative en sacrifiant eux-mêmes un Pion : **2.** ..., e7 — e5 et si **3.** d4 × e5, d5 —d4. Tout comme dans le contre-gambit Falkbeer (**1.** e4, e5; **2.** f4, d5; **3.** d5, e4, voir § 93), les Noirs espèrent exercer par leur Pion avancé une pression durable. Les Blancs s'en préservent au mieux, en continuant, après **1.** d2 — d4, d7 — d5; **2.** c2 — c4, e7 — e5; **3.** d4 × e5, d5 — d4, par **4.** Cg1 — f3 (prématuré serait **4.** e2 — e3 à cause de l'« échec intermédiaire » : **4.** ..., Ff8 — b4+ avec la suite piquante : **5.** Fd2, d × e !; **6.** F × b4, e × f+; **7.** Re2, f × g fait C avec échec !, etc.); **4.** ..., Cb8 — c6; **5.** a2 — a3, Fc8 — g4; **6.** Cb1 — d2, etc. Une possibilité, très souvent adoptée, d'éviter le contre-gambit Albin est, du reste, **1.** d2 — d4, d7 — d5; **2.** Cg1 — f3, Cg8 — f6 et seulement maintenant **3.** c2 — c4+ pour rentrer après **3.** ..., e7 — e6; **4.** Fc1 — g5, Ff8 — e7; **5.** Cb1 — c3, etc., dans la défense orthodoxe.

Chapitre XXIII

Parties
des Pions-Dame

(**1.** d2 — d4, d7 — d5)

102. — Méthodes paisibles. — Sans chercher à bouleverser immédiatement la zone centrale du combat par **2.** c2 — c4 (ou par **2.** Cg1 — f3, Cg8 — f6 ; **3.** c2 — c4), les Blancs peuvent aussi engager le combat par **2.** Fc1 — f4, sortant ainsi leur FD des lignes ; ou par **2.** e2 — e3, renfermant leur FD pour accélérer le développement du côté-Roi (Ff1 — d3, etc.) ; ou encore par **2.** Cg1 — f3, se réservant encore les possibilités **3.** Ff4, **3.** e3 et autres.

Outre ces trois méthodes principales qui donnent à la partie un caractère paisible mais soutenu, citons encore les essais intéressants d'un début plus compliqué par **2.** Cb1 — c3 («système Betbeder») ainsi que par **2.** g2 — g3 («système Catalan»). Le débutant préférera suivre les voies claires et énergiques du Gambit-Dame : **2.** c2 — c4.

PARTIE MODÈLE

N° 71

Jouée dans un match par correspondance France-Allemagne[1], en 1928.

Blancs	Noirs
CRÉPEAUX	V. HOLZHAUSEN
(France)	(Allemagne)

1. C3FR		P4D
2. P3R		C3FR
3. P4D		...

Avec une interversion des coups fort curieuse, les Blancs refont une partie de pions-Dame, à savoir : **1.** P4D, P4D ; **2.** C3FR, C3FR ; **3.** P3R (au lieu de **3.** F4F ou du Gambit-Dame : **3.** P4F).

Ce système paisible mais tenace, connu sous le nom de « système Colle », a pour but stratégique de préparer l'avance centrale : P4R qui ouvrira le jeu à l'avantage de l'ayant-trait (voir le 9ᵉ coup des Blancs).

3. ...		P3R

Au lieu de se résigner à un jeu passif, les Noirs pourraient aussi essayer de sortir leur FD en jouant **3.** ..., F4F (ou même **3.** ..., F5C).

Ce serait pourtant un coup plus risqué que celui du texte.

4. F3D		P4F
5. P3F		...

Raffermissant le centre. On remarquera que le trio des Pions blancs à 3R, 4D et 3FD est d'une solidité éprouvée.

5. ...		C3F
6. CD2D		...

Ainsi, la poussée sus-indiquée du PR est suffisamment préparée.

---

1. Le résultat de ce match — où dix adversaires jouèrent chacun deux parties, l'une avec les Blancs et l'autre avec les Noirs — fut nul, soit 10 à 10 points pour chaque pays.

La partie commentée ci-dessus fut jouée sur l'échiquier N° 1.

6. ...	F2R

On peut aussi jouer **6.** ..., F3D.

7. Roq	Roq
8. P pr P	...

Dès que la première phase du début — délimitée par les Roques réciproques! — est finie, les Blancs passent aux actions directes.

Prématurée serait toutefois l'avance immédiate **8.** P4R? à cause de **8.** ..., PD pr P; **9.** C pr P, P pr P et les Noirs gagnent un Pion.

8. ...	F pr P
9. P4R	...

L'avance caractéristique. On voit que, malgré le début calme, l'ayant-trait a conservé l'initiative.

9. ...	P4R

Une réponse tapageuse.

Le plus simple est **9.** ..., P pr P; **10.** C pr P, C pr C (si **10.** ..., F2R; **11.** D2R); **11.** F pr C, D pr D; **12.** T pr D, et quoique la position des Blancs soit plus aisée, le combat simplifié tend à la nullité.

10. P pr P	C pr P

Préférable est ici **10.** ..., D pr P, bien que la suite **11.** D2R, F5CR; **12.** C4R accuse alors aussi l'avantage positionnel des Blancs, dont les menaces sont multiples (par ex. **12.** ..., C pr C; **13.** F pr C, D3D; **14.** F pr P éch!, R pr F; **15.** C5C éch, suivi de **16.** D pr F et les Blancs ont gagné un Pion).

11. C4F	...

Une bonne manœuvre. On voit que le 9ᵉ coup des Noirs a exposé leur PR.

11. ...	F5CR

Si **11.** ..., P3F; **12.** D2F et si **11.** ..., T1R; **12.** F4R avec de nouvelles menaces.

12. F4R	F pr C

Si **12.** ..., C de 4D à 2R, alors **13.** D pr D, TD pr D; **14.** C de 4F pr P.

C'est donc pour sauver leur PR menacé que les Noirs se décident à l'échange du texte. Sans nécessité il ne faut jamais se hâter pour échanger son Fou cloueur contre le Cavalier cloué.

13. D pr F   C de 4 à 2R

14. T1D   ...

Occupation d'une colonne ouverte.

14. ...   D2F

15. P4CD   ...

Offensive latérale.

15. ...   F3C

16. P4TD   P3TD

Définitivement, les Noirs se laissent dicter les événements. Au lieu de cela, ils auraient dû essayer de se libérer par le stratagème suivant : **16.** ..., C5D ; **17.** P pr C (si **17.** D3D, P4F) ; **17.** ..., D pr C ; **18.** P pr P, C3F ; **19.** F2C, C pr PC ; **20.** TD1F et, bien que les Blancs conservent la supériorité de terrain, les Noirs auraient réussi à éliminer les menaces les plus dangereuses.

17. C pr F   ...

Un échange gros de conséquences.

17. ...   D pr C

18. T7D !   Les Noirs abandonnent.

La menace **19.** F3R est décisive, par ex. **19.** ..., D2T (la Dame aux abois !) ; **20.** F3R, D1C ; **21.** F5FD !, T1R ; **22.** F de 4R pr C, gagnant (si **22.** ..., P pr F ; **23.** F pr C) une pièce ou forçant (si **22.** ..., C pr F ; **23.** D pr P éch) le mat. — Une partie très belle dans sa simplicité.

Chapitre XXIV

Défense hollandaise

(**1.** d2 — d4, f7 — f5)

103. — Ses buts et ses moyens. — En réponse à **1.** d2 — d4, l'avance **1.** ..., f7 — f5 cherche tout comme **1.** ..., d7 — d5 à empêcher mécaniquement la suite e2 — e4.

Remarquons que le coup **1.** ..., f7 — f5 ne sert à développer aucune nouvelle pièce et entame la garde du Roi noir.

Néanmoins, la vieille défense hollandaise a bien sa raison d'être, puisqu'elle ménage encore la bonne disposition des Pions centraux (par ex. e6 et d5 ou bien d6 et e5) et qu'elle prépare, d'autre part, une offensive latérale du côté-Roi.

Ce n'est que par un jeu très raisonné que les Blancs réussissent à freiner l'élan adverse. Voyons cela de plus près.

1re analyse.

Suite superficielle.

1. d2 — d4, f7 — f5 ; **2.** c2 — c4, ...

Sans trop distinguer, les Blancs traitent le début à l'instar du Gambit-Dame ordinaire. Sans être défectueuse, cette suite permet pourtant au second joueur de se développer d'une façon intensive.

2. ..., e7 — e6 ; **3.** Cb1 — c3, Cg8 — f6 ; **4.** Fc1 — g5, ...

De même si **4.** e2 — e3, alors **4.** ..., Ff8 — b4 ! (le contre-clouage) ; **5.** Ff1 — d3, b7 — b6 ! (la mise en valeur du FD des Noirs) ; **6.** Cg1 — f3, Fc8 — b7 ; **7.** 0 — 0, 0 — 0 et les Noirs ont déjà avantageusement accompli la première phase du début.

Le développement le plus scientifique pour les Blancs semble donc être **4.** g2 — g3 suivi de Ff1 — g2 et Cg1 — f3 (ou même éventuellement Cg1 — h3 pour ne pas gêner la grande diagonale du FR « fianchettisé »).

4. ..., Ff8 — b4.

Ce contre-clouage est plus efficace que le développement modeste **4.** ..., Ff8 — e7.

5. e2 — e3, b7 — b6 ! ; **6.** Ff1 — d3, Fc8 — b7.

Voici donc le problème ardu de développer le FD des Noirs résolu. En effet, non seulement il commande la grande diagonale a8 — h1, sans être obstrué (comme cela a lieu dans le Gambit-Dame refusé) par son propre Pion d5 ; mais encore il empêche mécaniquement la poussée importante e3 — e4.

7. Cg1 — f3, ...

Une idée de développement plus artificielle est **7.** f2 — f3 suivi de Cg1 — e2.

7. ..., 0 — 0 ; **8.** 0 — 0, Fb4 × c3.

Les Noirs se décident à cet échange pour ne pas être forcés à la retraite puisqu'ils veulent un début agressif. En effet, si par ex. immédiatement **8.** ..., Dd8 — e8, alors **9.** Cc3 — b5 (une diversion habile) ; **9.** ..., Cb8 — a6 ; **10.** Dd1 — a4 et les Noirs ont des difficultés du côté-Dame.

D'autre part, si **8.** ..., d7 — d6 (pour faire suivre **9.** ..., Cb8 — d7), alors **9.** Cc3 — e2, se soustrayant dorénavant à la prise avec menace de capturer le FR adverse par **10.** a2 — a3, Fb4 — a5 ; **11.** b2 — b4.

9. b2 × c3, Dd8 — e8.

Ayant à leur choix plusieurs suites (par ex. **9.** ..., h7 — h6, exigeant une décision du FD adverse ; **9.** ..., c7 — c5, immobilisant le Pion doublé des Blancs ; **9.** ..., d7 — d6, mobilisant le centre ; **9.** ..., Cb8 — c6, poursuivant le développement des pièces), les Noirs se décident au coup du texte pour faire suivre De8 — h5 ou De8 — g6, marquant ainsi leur volonté d'offensive sur le côté des roques. Ils sont mieux.

2ᵉ **analyse.**

Suite scientifique.

1. d2 — d4, f7 — f5 ; **2.** g2 — g3, ...

La grande diagonale h1 — a8 (cette « voie lactée » de l'échiquier !)

restant grande ouverte, les Blancs veulent les premiers en prendre possession.

2. ..., e7 — e6 ; **3.** Ff1 — g2, Cg8 — f6 ; **4.** Cg1 — f3, ...

Une autre manière de développer ce Cavalier pourrait être **4.** Cg1 — h3. Ce développement latéral serait, en effet, compensé par le fait de ne pas obstruer l'action du FR sur sa grande diagonale.

Une avance quelque peu prématurée serait **4.** c2 — c4, permettant l'« échec d'allégement » : **4.** ..., Ff8 — b4+, tandis que maintenant les Noirs devront se contenter de développer leur FR d'une façon moins efficace.

4. ..., d7 — d5.

Diminuant l'action du FR adverse sur la grande diagonale, le coup du texte est le moyen le plus solide de développer le jeu des Noirs. On se plaît à appeler la constellation de Pions noirs f5 — e6 — d5 le « stonewall » (ce qui veut dire en anglais : le mur de pierres) parce que cette formation est très difficile à briser.

Une méthode de développement plus compliquée pourrait être **4.** ..., d7 — d6 pour faire suivre Cb8 — d7 et plus tard e6 — e5, puisque alors le FR des Blancs resterait très influent sur sa grande diagonale.

5. 0 — 0, Ff8 — d6 ; **6.** c2 — c4, ...

Après le roque, cette avance vigoureuse a sa raison d'être, puisque après **6.** ..., d5 × c4 ; **7.** Dd1 — a4+, c7 — c6 ; **8.** Da4 × c4, les Blancs regagneraient leur Pion, tout en prolongeant la portée de leur FR.

6. ..., c7 — c6 ; **7.** b2 — b3, Cb8 — d7 ; **8.** Fc1 — b2, ...

Empêchant l'avance éventuelle e6 — e5.

8. ..., 0 — 0 ; **9.** Cb1 — d2, Cf6 — e4.

Une bonne manœuvre d'avant-poste qui complète utilement la structure « stonewall ».

10. Cf3 — e5, ...

Formation du « contre-stonewall » par les Blancs.

10. ..., Cd7 — f6 ; **11.** f2 — f4.

Jeux égaux.

3ᵉ **analyse.**

Suite mouvementée.

1. d2 — d4, f7 — f5 ; **2.** e2 — e4, ...

Sous la devise : « Quand même ! » Ce **gambit Staunton** renonce à la lutte de tranchées pour inaugurer aussitôt, fût-ce au prix d'un Pion, un combat franc et ouvert.

2. ..., f5 × e4 ; **3.** Cb1 — c3, Cg8 — f6 ; **4.** Fc1 — g5, ...

Pour regagner, par l'élimination du Cavalier-défenseur, le Pion du Gambit.

Un gambit véritable peut se créer après **4.** f2 — f3, par ex. **4.** ..., e4 × f3 (mieux **4.** ..., d7 — d5) ; **5.** Cg1 × f3 et la pression des Blancs augmente.

Une idée téméraire est ici **4.** g2 — g4, voir partie N° 72.

4. ..., c7 — c6.

Pour préparer d7 — d5. **Une faute** serait la tentative de défendre son butin par l'avance immédiate **4.** ..., d7 — d5 ?, car il s'ensuivrait alors **5.** Fg5 × f6, e7 × f6 ; **6.** Dd1 — h5+, g7 — g6 ; **7.** Dh5 × d5, Dd8 × d5 ; **8.** Cc3 × d5 et les Blancs ont non seulement regagné leur Pion, mais ils en capturent encore un autre, grâce à leur double menace : **9.** C × c7+ et **9.** C × f6+.

5. Fg5 × f6, ...

Au lieu de regagner leur Pion, les Blancs peuvent continuer encore ici, d'une façon assez vigoureuse, par **5.** f2 — f3.

5. ..., e7 × f6 ; **6.** Cc3 × e4, Dd8 — h6.

Par cette diversion (rendue possible par le 4ᵉ coup des Noirs), ceux-ci cherchent à inquiéter l'adversaire. Le combat est à deux faces. En général, le Gambit Staunton donne lieu à des parties très intéressantes, dont voici un petit exemple pratique :

PARTIE MODÈLE

N° 72

Jouée au tournoi de Baden-Baden, en 1925.

Blancs	Noirs
TARTAKOVER	MIÈSES

1. d2 — d4   f7 — f5
2. e2 — e4   f5 × e4
3. Cb1 — c3   Cg8 — f6
4. g2 — g4   ...

Une « attaque à la baïonnette ».

4. ...   d7 — d5

Ce désir de conserver son butin oblige à perdre beaucoup de terrain.

Préférable est **4.** ..., h7 — h6, avec la suite probable : **5.** g4 — g5, h6 × g5 ; **6.** Fc1 × g5, d7 — d5, bien que les Blancs aspirent alors aussi, en jouant **7.** f2 — f3, à faire tourner le combat en leur faveur.

5. g4 — g5   Cf6 — g8

Au lieu de cette retraite immédiate, les Noirs pouvaient essayer d'alléger la lutte par la « manœuvre intermédiaire » : **5.** ..., Fc8 — g4, par ex. **6.** Ff1 — e2 (mais non pas **6.** f2 — f3, e4 × f3 ; **7.** g5 × f6 ?? à cause de **7.** ..., f3 — f2+ suivi de **8.** ..., F × D) ; **6.** ..., Fg4 × e2 ; **7.** Dd1 × e2, Cf6 — g8.

Néanmoins, la diversion **8.** De2 — b5+ infligeait des pertes matérielles à l'adversaire, par ex. **8.** ..., c7 — c6 ; **9.** Db5 × b7 ou **8.** ..., Cb8 — d7 ; **9.** Db5 × d5, etc.

6. f2 — f3   ...

Éliminant l'avant-poste adverse.

6. ...   e4 × f3

Mieux **6.** ..., Fc8 — f5.

7. Dd1 × f3   e7 — e6
8. Ff1 — d3   g7 — g6

Parant avant tout la menace **9.** Df3 — h5+, g7 — g6 ; **10.** Fd3 × g6+, etc.

9. Cg1 — e2	Dd8 — e7
10. Fc1 — f4	c7 — c6
11. Ff4 — e5 !	...

On va voir que ce coup « conquiert » la case d6.

11. ...	Ff8 — g7
12. Df3 — g3 !	Cb8 — a6

Pourquoi ce Cavalier doublement attaqué doit-il chercher un refuge sur une case aussi «excentrique»? La réponse à cette question est donnée par les deux variantes suivantes :

I. — **12.** ..., Cb8 — d7 (développement qui semble être plus naturel, mais qui coûte du matériel) ; **13.** Fe5 — d6, De7 — d8 (si **13.** ..., De7 — f7 ? ; **14.** Th1 — f1) ; **14.** Th1 — f1 (avec la menace **15.** Dg3 — f4 et **16.** Df4 — f7×) ; **14.** ..., Cd7 — h6 (si **14.** ..., Cg8 — e7 ; **15.** Fd6 — c7 et la Dame noire ne peut se délivrer qu'au prix d'une pièce) ; **15.** Dg3 — f4, Cg8 — e7 (si **15.** ..., Dd8 — d7 ; **16.** Df4 — f8+ ! Fg7 × f8 ; **17.** Tf1 × f8×) ; **16.** Fd6 — c7 (si **16.** Df4 — f7+, Re8 — d7 ; **17.** Fd6 — c5 alors **17.** ..., Dd8 — f8 avec sauvetage) ; **16.** ..., Th8 — f8 (car si **16.** ..., Dd8 — d7 ; **17.** Df4 — f7×). **17.** Df4 × f8+, Fg7 × f8 ; **18.** Fc7 × d8 et les Blancs conservent une T de plus.

II. — **12.** ..., Fg7 × e5 (cet essai d'éliminer la pièce menaçante coûte quand même une pièce) ; **13.** Dg3 × e5 et gagne.

On voit que par des manœuvres savantes, les Blancs ont réussi à dominer tout un réseau de **cases noires** dans le camp adverse.

13. 0 — 0	Fc8 — d7

Atrocement cernés, les Noirs tentent encore d'arriver au grand roque, mais il n'en sera rien.

14. Fe5 — d6	De7 — d8
15. Dg3 — f4	Les Noirs abandonnent.

En effet, ils ne peuvent guère parer la double menace du mat (à f7 ou à f8).

Si, par ex., **15.** ..., Cg8 — f6 ; **16.** g5 × f6, Fg7 — f8 ; **17.** f6 — f7×.

La partie présente stratégiquement l'exemple d'un blocus en miniature.

Chapitre XXV

Défense indienne

(1. d2 — d4, Cg8 — f6)

104. — L'idée motrice de la défense indienne. — En réponse à **1.** d2 — d4, les coups **1.** ..., d7 — d5 ou **1.** ..., f7 — f5 sont basés sur la croyance que pour partager la propriété du centre, les Noirs doivent y être aussi représentés par un Pion.

Une conception plus moderne (pour ne pas dire: ultra-moderne) vise à influencer, voire dominer la zone centrale, sans l'occuper.

Un exemple est fourni par la réponse indienne **1.** ..., Cg8 — f6 qui empêche **2.** e2 — e4, tout en conservant la faculté de l'utilisation ultérieure des Pions centraux, en sortant, en outre, cette pièce habile, dévouée et intelligente qu'est, sans doute, le CR des Noirs!

105. — Les défenses indiennes en fianchetto. — Si, en réponse à **1.** d2 — d4, les Noirs jouent immédiatement **1.** ..., b7 — b6 (« Fianchetto di Donna ») ou **1.** ..., g7 — g6 (« Fianchetto del Re »), les Blancs ont le loisir d'occuper le centre par **2.** e2 — e4, de sorte que le combat ultérieur se déroulera sous le signe de l'hégémonie des Blancs dans la zone du milieu.

Or, en connexion avec la réponse indienne **1.** ..., Cg8 — f6 (qui empêche **2.** e2 — e4), les Noirs auront souvent la possibilité de former au second coup, ou plus tard, un des deux fianchetti, sans renoncer pour cela à surveiller le centre.

Bien au contraire, leur Fou posté en fianchetto participera

activement à la lutte initiale, puisqu'il influencera la case centrale très importante e4 (si c'est le FD à b7) ou d4 (si c'est le FR à g7).

Pour ces raisons, le développement en fianchetto est une stratégie fréquente dans les défenses indiennes et l'amateur fera bien d'en étudier ci-après quelques aspects :

1ᵉʳ analyse.

Formation du fianchetto-Dame
par les Noirs.

(Défense ouest-indienne)

1. d2 — d4, Cg8 — f6 ; **2.** Cg1 — f3, ...

Plus solide, plus vigoureux est **2.** c2 — c4 pour faire pression sur la case d5, car alors la réponse en fianchetto-Dame : **2.** ..., b7 — b6 est moins commode pour les Noirs.

Par contre, au coup simple **2.** e2 — e3, la réponse en fianchetto-Dame : **2.** ..., b7 — b6 conserve toute sa raison d'être.

2. ..., b7 — b6.

Au lieu du coup du texte, les Noirs pourraient encore ici (et même plus tard) ramener une partie des Pions-Dame en jouant **2.** ..., d7 — d5.

Ils ont, en outre, à leur choix plusieurs autres plans de développement (par ex. **2.** ..., g7 — g6 ; **2.** ..., e7 — e6 ; **2.** ..., d7 — d6 ; **2.** ..., c7 — c6 ; **2.** ..., c7 — c5), dont les principaux seront examinés dans les analyses ultérieures.

3. g2 — g3, ...

Un duel des Fous en fianchetto s'engage. Un coup mouvementé est ici : **3.** c2 — c4, voir partie N° 73.

3. ..., Fc8 — b7 ; **4.** Ff1 — g2, e7 — e6.

Un autre moyen de développer son FR pourrait être **4.** ..., g7 — g6 ou, d'une façon plus précise : **4.** ..., c7 — c5 (manœuvre latérale pour affaiblir quelque peu la case centrale d4) ; **5.** c2 — c3, g7 — g6 ; **6.** 0 — 0, Ff8 — g7.

On constatera que les Noirs auraient réussi à former dans cette variante, sans renoncer à l'influence au centre, un «double fian-chetto».

5. c2 — c4, ...

Pour faire suivre **6.** Cb1 — c3 et **7.** d4 — d5, en restreignant ainsi l'action du FD adverse.

Si **5.** 0 — 0, c7 — c5 avec l'émancipation croissante du jeu des Noirs.

5. ..., Ff8 — b4+.

«Échec d'allégement». Un jeu plus serré, et par conséquent moins facile à manier, est fourni par **5.** ..., Ff8 — e7 avec la suite **6.** 0 — 0, 0 — 0; **7.** Cb1 — c3, etc.

Si l'on jouait ici **5.** ..., c7 — c5, alors **6.** d4 — d5! (ce sacrifice temporaire d'un Pion fut inventé par Rubinstein) **6.** ..., e6 × d5; **7.** Cf3 — h4! (démasquant au moment propice son FR); **7.** ..., g7 — g6 (pour empêcher l'irruption éventuelle, Ch4 — f5); **8.** Cb1 — c3 et les Blancs vont regagner avantageusement par Cc3 × d5 ou par c4 × d5 le Pion «cloué» à d5. Le duel des Fous g2 et b7 se prononcera en faveur des Blancs.

6. Fc1 — d2, ...

Le plus sage.

6. ..., Dd8 — e7.

Les Noirs n'ont pas encore besoin de se hâter pour l'échange **6.** ..., Fb4 × d2+ qui favorise le développement de l'adversaire. Maintenant, la Dame noire occupe à e7 un poste très utile.

7. 0 — 0, ...

Si **7.** Fd2 × b4, De7 × b4+, gagnant même un Pion (b2 ou c4).

Si **7.** a2 — a3, Fb4 × d2+, cet échange s'effectuant avec le gain d'un bon temps de développement pour les Noirs.

Si enfin **7.** Cb1 — c3, 0 — 0 et les Blancs n'obtiennent pas l'avance centrale, si tentante, e2 — e4.

7. ..., Fb4 × d2; **8.** Dd1 × d2, ...

Au lieu du développement «plat»: **8.** Cb1 × d2, les Blancs veulent faire suivre Cb1 — c3 pour opérer une pression simultanée contre les cases centrales e4 et d5.

8. ..., 0 — 0; **9.** Cb1 — c3, Cf6 — e4!

Par cette bonne manœuvre d'échange, les Noirs éclaircissent le terrain. En effet, si d'une façon plus neutre: **9.** ..., d7 — d6 (pour faire suivre Cb8 — d7), alors **10.** Dd2 — c2!, Cb8 — d7; **11.** e2 — e4 et les Blancs se sont installés au centre.

10. Cc3 × e4, ...

Ou **10.** Dd2 — c2, Ce4 × c3; **11.** b2 × c3, f7 — f5! et l'avance importante e2 — e4 est encore empêchée.

10. ..., Fb7 × e4; **11.** Cf3 — e1, Fe4 × g2.

Le duel des deux Fous se termine par leur extermination réciproque.

12. Ce1 × g2, d7 — d5.

Jeux égaux.

2ᵉ analyse.

Formation du fianchetto-Roi
par les Noirs.

(Défense est-indienne)

1. d2 — d4, Cg8 — f6; **2.** Cg1 — f3, ...

Contre **2.** c2 — c4 les Noirs peuvent aussi arrêter leur choix sur **2.** ..., g7 — g6, voir partie N° 74.

2. ..., g7 — g6; **3.** c2 — c4, ...

Une bonne suite est aussi la formation du fianchetto correspondant par **3.** g2 — g3, par ex. **3.** ..., Ff8 — g7; **4.** Ff1 — g2, d7 — d5 (pour rétrécir l'action du FR adverse sur la grande diagonale); **5.** c2 — c4 (assaut latéral); **5.** ..., c7 — c6 (coup d'appui. Inutile serait **5.** ..., d5 × c4 à cause de **6.** Dd1 — a4+ suivi de **7.** Da4 × c4 et les Blancs ont avantageusement regagné leur Pion, puisque leur Dame reste efficacement postée sur la colonne FD); **6.** b2 — b3, 0 — 0; **7.** 0 — 0, Cf6 — e4; **8.** Fc1 — b2 et les deux armées sont prêtes à l'action.

3. ..., Ff8 — g7; **4.** Cb1 — c3, 0 — 0.

Permettant avec sang-froid la formation du centre par l'adversaire, puisqu'il y a espoir pour les Noirs de prendre le contre-pied dans cette zone du combat (voir le 7ᵉ coup des Noirs).

Une suite moins retenue pourrait être **4.** ..., d7 — d5, par ex. **5.** c4 × d5, Cf6 × d5; **6.** e2 — e3 (c'est plus solide que **6.** e2 — e4, Cd5 × c3; **7.** b2 × c3, c7 — c5! et, bien que le centre blanc, formé par les trois Pions: c3, d4 et e4, ait l'air très imposant, il n'en reste pas moins exposé à la pression adverse). **6.** ..., 0 — 0; **7.** Dd1 — b3 (une bonne sortie positionnelle qui attaque le Cavalier d5, tout en surveillant le côté-Dame adverse); **7.** ..., c7 — c6 et les Noirs ont néanmoins des moyens de défense suffisants.

5. e2 — e4, d7 — d6.

Préparant en pleine connaissance de cause la contre-avance e7 — e5 qui émancipera le jeu des Noirs.

6. Ff1 — e2, ...

Sans valeur serait le dépassement de la zone de démarcation : **6.** e4 — e5, les Noirs y répondant soit par **6.** ..., d6 × e5 ; **7.** Cf3 × e5, Cb8 — d7, etc. avec des simplifications, soit même par le recul élastique : **6.** ..., Cf6 — e8 et le point avancé des Blancs (e5) va être assiégé.

6. ..., Cb8 — d7 ; **7.** 0 — 0, e7 — e5.

Après des préparatifs « louvoyants », qui sont propres aux parties indiennes, un corps à corps s'engage.

8. d4 — d5, ...

Espérant cerner le jeu ennemi. Trop simplificateur serait **8.** d4 × e5, d6 × e5 et si, d'autre part, **8.** 0 — 0, alors **8.** ..., e5 × d4 ; **9.** Cf3 × d4, Tf8 — e8 et la contre-attaque des Noirs sur la colonne-Roi se dessine.

8. ..., Cd7 — c5 ; **9.** Dd1 — c2, a7 — a5.

Les deux derniers coups des Noirs sont très caractéristiques de la défense est-indienne. En effet, le CD des Noirs essaie de s'établir en avant-poste à c5 et le coup du PTD est alors nécessaire pour empêcher autant que possible son refoulement par b2 — b4.

10. b2 — b3, ...

Pour faire suivre a2 — a3, Fc1 — b2 et b3 — b4. Une grande hâte (fort instructive, du reste, pour le débutant !) serait **10.** a2 — a3 à cause de **10.** ..., a5 — a4 ! et le PCD des Blancs se trouve « bloqué ».

10. ..., Cf6 — h5, et les Noirs cherchent à réaliser une contre-attaque sur le côté-Roi.

Combat massif.

106. — Autres défenses indiennes. — Bien que très fréquent, le développement en fianchetto n'est pas le seul plan applicable en connexion avec la réponse indienne. L'élasticité de l'utilisation des Pions centraux par les Noirs est grande et l'on y voit tantôt e6 et d7 (tenant en réserve la possibilité de la poussée d7 — d5), tantôt d6 et e7 (tenant en réserve l'éventualité de la poussée e7 — e5), tantôt e6 et d6 (formant ainsi le « centre retenu », prêt à se redresser par l'avance postérieure d'un de ces deux Pions-jumeaux), tantôt même — pendant un laps de temps assez long — e7 et d7 (conservant ainsi le « centre figé », morne et menaçant dans son immobilité compacte).

Voici quelques variantes instructives qui se déroulent « sous le signe indien » :

I

1. d2 — d4, Cg8 — f6 ; **2.** c2 — c4, d7 — d6.

Défense Tchigorine. — Elle donne un jeu serré mais redressable.

3. Cb1 — c3, ...

Préparant l'occupation du centre par **4.** e2 — e4.

3. ..., Cb8 — d7.

Peu recommandable serait **3.** ..., e7 — e5 à cause de **4.** d4 × e5, d6 × e5 ; **5.** Dd1 × d8+, Re8 × d8 et la simplification obtenue ne compense pas complètement le déroquement des Noirs, puisque ce seront les Blancs qui obtiendront d'abord des avantages sur la colonne-Dame ouverte.

4. e2 — e4, e7 — e5.

Le corps à corps commence. Par une interversion des coups fort curieuse, on est rentré dans une sorte de défense Philidor (voir § 75), où la position e5, d6 et Cd7 est connue sous le nom de « système du major Hanham ».

Sans doute, c'est un exemple très instructif de l'affinité qui peut exister entre les débuts les plus différents — tels la méthode « louvoyante » de la défense indienne et le jeu ouvert de la partie Philidor !

5. Cg1 — f3, ...

Si **5.** d4 × e5, d6 × e5 et les deux armées restent séparées.

5. ..., Ff8 — e7.

Un autre plan de développement pourrait être ici aussi **5.** ..., g7 — g6, suivi de Ff8 — g7 (cf. l'analyse précédente).

286

6. 0 — 0, 0 — 0.

Combat difficile.

II

1. d2 — d4, Cg8 — f6; **2.** c2 — c4, e7 — e6; **3.** Cg1 — f3, Ff8 — b4+.

Défense Bogoliouboff. — Par cet «échec d'allégement», les Noirs veulent en même temps accélérer la mobilisation de leur côté-Roi.

4. Fc1 — d2, ...

Le plus solide. Outre ce «développement par opposition», les Blancs peuvent aussi couvrir l'échec par **4.** Cb1 — d2 ou par **4.** Cb1 — c3.

4. ..., Dd8 — e7.

Les Noirs n'ont pas besoin de se hâter d'échanger les Fous, ce qui favoriserait le développement adverse.

D'autre part, la Dame noire occupe à e7 un poste bien utile.

Précepte général: Ne pas se hâter de découvrir «ses cartes», retarder (même si ce n'est que pour un coup!) ses décisions; en d'autres termes, conserver autant que possible l'élasticité du combat.

5. a2 — a3, ...

Pour forcer l'adversaire à découvrir ses cartes. Le coup du texte n'est pas tout à fait un «temps» perdu, puisqu'il pourra servir plus tard pour une offensive sur le côté-Dame (b2 — b4, c4 — c5, etc.).

Tranquille pourrait être, au lieu du coup du texte, **5.** e2 — e3 suivi de Ff1 — d3; une suite qui recherche un développement plus «scientifique» **5.** g2 — g3, suivi de Ff1 — g2.

Admissible est aussi le coup de pur développement **5.** Cb1 — c3. Hasardeux serait par contre l'échange **5.** Fd2 × b4, De7 × b4+ et l'un des deux Pions des Blancs (c4 ou b2) doit mourir.

5. ..., Fb4 × d2+.

Évidemment forcé.

6. Dd1 × d2, ...

Au lieu du développement «rampant»: **6.** Cb1 × d2, les Blancs veulent faire suivre Cb1 — c3 pour exercer une pression simultanée contre les cases centrales e4 et d5.

6. ..., d7 — d6; **7.** Cb1 — c3, e6 — e5.

Marquant une activité au centre, rendue possible par la position de la Dame noire à e7.

8. d4 — d5, ...

Fermant la zone centrale du combat.

8. ..., Cb8 — d7.

Peu raisonnable serait l'avance **8.** ..., e5 — e4, puisqu'elle mettrait seulement ce Pion en danger et permettrait au CR adverse d'occuper la bonne case centrale d4.

9. e2 — e4, a7 — a5.

Pour assurer au CD une position d'avant-poste à c5. On pourrait, du reste, jouer immédiatement **9.** ..., Cd7 — c5 ; **10.** Dd2 — c2 (parant la menace **10.** ..., Cc5 — b3) ; **10.** ..., a7 — a5, etc.

10. Dd2 — c2, ...

Empêchant l'avance **10.** ..., a5 — a4 qui «bloquerait» le Pion b2 des Blancs.

10. ..., Cd7 — c5 ; **11.** b2 — b3, 0 — 0.

Jeux égaux.

III

1. d2 — d4, Cg8 — f6 ; **2.** c2 — c4, e7 — e6 ; **3.** Cb1 — c3, Ff8 — b4.

Défense Nimzowitch. — Ce clouage empêche l'occupation du centre par l'adversaire (**4.** e2 — e4 ?). De plus, il accélère le développement du côté-Roi et inquiète l'adversaire qui ne voudra peut-être pas laisser doubler les pions FD.

Au lieu du coup du texte, une façon mécanique d'empêcher l'avance **4.** e2 — e4 pourrait être **3.** ..., d7 — d5, quittant la plate-forme de la défense indienne, pour rentrer avec l'interversion des coups dans le gambit-Dame régulier (voir § 100).

Moins logique serait ici **3.** ..., b7 — b6, les Blancs profitant de ce coup de relâche pour occuper le centre par l'avance résolue **4.** e2 — e4, précisément préparée par leur 3ᵉ coup.

Une suite amusante, après **3.** ..., b7 — b6 ; **4.** e2 — e4 pourrait être : **4.** ..., Ff8 — b4 (mieux d'abord **4.** ..., Fc8 — b7 ; **5.** Ff1 — d3 et seulement maintenant **5.** ..., Ff8 — b4) ; **5.** e4 — e5, Cf6 — e4 (plus prudent est **5.** ..., Cf6 — g8) ; **6.** Dd1 — g4 ! (l'assaut commence) ;

6. ..., Ce4 × c3 ; **7.** b2 × c3, Fb4 × c3+ ; **8.** Re1 — d1 !, Re8 — f8 (le meilleur car si **8.** ..., Fa1 ; **9.** D × g7, Tf8 ; **10.** Fg5, f6 ; **11.** Fe2 !, De7 ; **12.** Fh5+, Tf7 ; **13.** Dg8+, Df8 ; **14.** F × f7+, Re7 ; **15.** F × f6×) ; **9.** Ta1 — b1, Cb8 — c6 (mieux **9.** ..., Fc8 — b7) ; **10.** Fc1 — a3+, Rf8 — g8 ; **11.** Tb1 — b3 (décisif) ; **11.** ..., Fc3 × d4 (tombant dans l'abîme. Il fallait tenter de se sauver par le sacrifice «volontaire» d'une pièce : **11.** ..., Cc6 × e5, etc.) ; **12.** Dg4 × g7+ ! ! (ce coup brillant force le mat en quelques coups) ; **12.** ..., Rg8 × g7 ; **13.** Tb3 — g3+, Rg7 — h6 (ou **13.** ..., Dd8 — g5 ; **14.** Tg3 × g5+, Rg7 — h6 ; **15.** Fa3 — c1 et l'échec à la découverte qui menace, est mortel) ; **14.** Fa3 — c1+, Rh6 — h5 ; **15.** Ff1 — e2+ (la coopération des deux Fous est manifeste) ; **15.** ..., Rh5 — h4 ; **16.** Tg3 — h3×.

4. Dd1 — b3, ...

Pour surveiller la case c3, tout en attaquant le Fou adverse. Quelques autres bonnes suites sont ici :

I. — **4.** Dd1 — c2, surveillant de même la case c3, tout en favorisant aussi la poussée centrale e2 — e4. Pour l'empêcher les Noirs répondent au mieux **4.** ..., d7 — d5 et tiennent tête.

II. — **4.** Cg1 — f3. Sans se soucier du doublement éventuel du PFD, les Blancs poursuivent le développement de leur côté-Roi. Les Noirs conservent au mieux la tension du combat, en jouant **4.** ..., b7 — b6 ; **5.** e2 — e3, Fc8 — b7 et la poussée centrale e2 — e4 demeure empêchée.

III. — **4.** e2 — e3. De même que dans le cas précédent, les Blancs cherchent à mobiliser leur côté-Roi (Ff1 — d3), tout en se réservant en outre le développement du CR à f3 ou à e2.

Si maintenant **4.** ..., Fb4 × c3+ ; **5.** b2 × c3, le centre très compact des Blancs les dédommage largement dans la lutte vive qui va suivre du doublement de leur PFD et de l'isolement de leur PTD.

La meilleure réponse des Noirs est **4.** ..., c7 — c5 pour miner quelque peu la base d4 du jeu adverse.

IV. — **4.** a2 — a3. Les Blancs se décident même à perdre un «temps», pour obliger le Fou adverse à prendre un parti. Après **4.** ..., Fb4 × c3+ ; **5.** b2 × c3, les Noirs se résoudront à prendre part aux opérations du centre, en jouant **5.** ..., d7 — d5 suivi de c7 — c5.

4. ..., Fb4 × c3+.

Cédant le terrain. Plus d'initiative est montrée ici par **4.** ..., c7 — c5 conservant encore son Fou cloueur et cherchant à bouleverser le centre des Blancs. Voir partie N° 75.

5. Db3 × c3, ...

Moins raisonnable serait **5.** b2 × c3, affaiblissant sans nécessité ni compensation sa structure de Pions.

5. ..., Cf6 — e4; **6.** Dc3 — c2, d7 — d5; **7.** e2 — e3, c7 — c5!

Éclaircissant le terrain.

8. d4 × c5, Dd8 — a5+; **9.** Fc1 — d2, Da5 × c5.

Jeux égaux.

PARTIES MODÈLES
DE LA DÉFENSE INDIENNE

N° 73

*Jouée au championnat
de Paris, en 1930.*

Blancs	Noirs
Dʳ CUKIERMAN	TARTAKOVER

1. d2 — d4   Cg8 — f6
2. Cg1 — f3   b7 — b6

L'idée d'occuper par son FD la grande diagonale a8 — h1, non encombrée (comme c'est le cas dans le Gambit-Dame refusé) par son propre Pion d5, est tentante.

3. c2 — c4   ...

Au lieu du coup paisible **3.** e2 — e3 ou du coup scientifique **3.** g2 — g3, inaugurant le duel des Fous en fianchetto, les Blancs appliquent une méthode vigoureuse.

3. ...   Fc8 — b7
4. g2 — g3   ...

Une autre bonne suite est ici **4.** Cb1 — c3, persistant encore dans le développement de l'aile gauche, par ex. : **4.** ..., e7 — e6; **5.** Dd1 — c2 (en vue d'occuper le centre par **6.** e2 — e4); **5.** ..., Ff8 — b4 (empêchant, par le clouage du CD adverse, l'avance importante **6.** e2 — e4); **6.** a2 — a3, Fb4 × c3+; **7.** Dc2 × c3, Cf6 — e4; **8.** Dc3 — c2 et la Dame blanche conserve un bon poste d'observation.

4. ...   c7 — c5

Au lieu de cette démonstration latérale, une suite plus commode est
fournie par le coup de développement **4.** ..., e7 — e6.

5. d4 — d5 !   e7 — e6
6. Cb1 — c3   e6 × d5
7. c4 × d5   b6 — b5

Au lieu de cette contre-attaque (qui empêche l'avance **8.** e2 — e4,
mais engage trop l'aile-Dame des Noirs), une suite plus simple était
7. ..., d7 — d6, suivi de Ff8 — e7, 0 — 0, Cb8 — d7, etc.

8. Fc1 — g5 !   ...

Par ce clouage, les Blancs restent définitivement maîtres du
combat.

Peu de vigueur avait, par contre, **8.** Cc3 × b5, Cf6 × d5 ; **9.** e2 — e4,
Cd5 — f6 ; **10.** Fc1 — f4, Cb8 — a6 et les Blancs doivent maintenant
songer, eux-mêmes, à la défense de leur PR.

8. ...   b5 — b4
9. Cc3 — e4   d7 — d6
10. Fg5 × f6   g7 × f6
11. Dd1 — a4+   ...

La poursuite du Roi noir commence.

11. ...   Re8 — e7

En effet, si **11.** ..., Cb8 — d7, alors **12.** Ff1 — h3.

12. Cf3 — h4 !   ...

Très finement joué. Au lieu de perdre un temps précieux pour
défendre le Pion d5, les Blancs inaugurent une lutte acharnée pour la
case f5.

12. ...   Fb7 — c8

Peu heureuse était la suite **12.** ..., Fb7 × d5 à cause de **13.** Ch4 — f5+,
Re7 — e6 ; **14.** Ff1 — h3 !!, Fd5 × e4 ; **15.** Cf5 × d6+ !, Re6 × d6 ;
16. 0 — 0 — 0+, Fe4 — d5 ; **17.** Td1 × d5+ !, Rd6 × d5 ; **18.** Th1
— d1+, Rd5 — c4 (ou **18.** ..., Rd5 — e4 ; **19.** Da4 — c2+, Re4 — e5 ;
20. f2 — f4×) ; **19.** Td1 × d8, Ff8 — h6+ ; **20.** e2 — e3 (c'est
encore plus convaincant que **20.** Td2, F × d2+ ; **21.** R × d2) ;
20. ..., Th8 × d8 ; **21.** Fh3 — f1+, Rc4 — d5 ; **22.** Da4 — d1+ suivi
de **23.** Dd1 × d8 et gagne.

Néanmoins, le coup du texte qui renonce à une position du Fou bien
acquise, n'est pas le meilleur. Préférable était **12.** ..., Dd8 — c8,
effectuant d'une façon plus intense le contrôle de la case f5.

13. Ff1 — g2   ...

Avec la menace **14.** Ce4 × c5, d6 × c5 ; **15.** d5 — d6+ suivi de Fg2 × a8.

13. ...   Dd8 — b6

La Dame noire quitte la zone centrale, où se déroulent les événements importants. Mieux valait immédiatement **13.** ..., Cb8 — a6.

14. Ta1 — c1   ...

Renforçant la menace sur le Pion c5 adverse, tout en mobilisant pour la suite une pièce de grosse artillerie.

14. ...   Cb8 — a6
15. Da4 — b3   ...

Visant les cases e3 ou f3.

15. ...   Ff8 — h6

Mieux valait immédiatement **15.** ..., f6 — f5.

16. Db3 — f3 !   ...

Cette diversion de la Dame d'une aile à l'autre renferme une combinaison très fine et très efficace.

16. ...   f6 — f5

Excès de confiance. Plus de résistance promettait **16.** ..., Fh6 — g7 ou **16.** ..., Fh6 — g5, défendant la case d'irruption f6.

17. Tc1 — c4 ! !   ...

Au lieu de céder le terrain par **17.** Ce4 — d2 ou de s'engager dans une aventure nébuleuse par **17.** Ch4 × f5+, Fc8 × f5 ; **18.** Df3 × f5, Fh6 × c1 ; **19.** Df5 — f6+, Re7 — d7 ; **20.** Fg2 — h3+, Rd7 — c7 ; **21.** Df6 × f7+, Rc7 — b8, etc., les Blancs donnent au combat, par le sacrifice du Cavalier e4, une tournure décisive.

17. ...   f5 × e4
18. Tc4 × e4+   Re7 — f8
19. Df3 — f6   Fh6 — g7
20. Df6 — e7+   Rf8 — g8
21. Dc7 — e8+   Fg7 — f8
22. Te4 — e7   ...

La « pointe » finale de la belle combinaison.

Le travail de cette Tour (Ta1 — c1 — c4 — e4 — e7) est très remarquable.

22. ...   Fc8 — e6

23. d5 × e6   ...

Une riposte élégante.

23. ...   Ta8 × e8
24. e6 × f7+   Rg8 — g7
25. f7 × e8 D + déc.

Les Noirs abandonnent car le mat en quelques coups est inévitable, par ex. **25.** ..., Rg7 — h6; **26.** Te7 × h7+ suivi de **27.** De8 — g6×.

N° 74

Jouée au tournoi de Debreczen
(Hongrie), en 1924.

Blancs	Noirs
GRUENFELD	Dr NAGY

1. d2 — d4   Cg8 — f6
2. c2 — c4   g7 — g6

L'idée d'occuper par son FR la grande diagonale h8 — a1, visant tôt ou tard la base adverse à d4, est tentante.

3. g2 — g3   ...

Outre cette formation du fianchetto correspondant, dont la « stratégie enveloppante » va se manifester dans cette partie, les Blancs peuvent notamment choisir les trois méthodes de développement suivantes :

I. — **3.** Cg1 — f3, Ff8 — g7, etc., selon l'analyse est-indienne, donnée dans le § 105.

II. — **3.** Cb1 — c3 (avec la menace positionnelle d'occuper le centre par **4.** e2 — e4); **3.** ..., d7 — d5 (pour détourner, sinon parer, cette menace. Une défense plus réservée est **3.** ..., Ff8 — g7; **4.** e2 — e4, d7 — d6, etc., selon l'analyse précitée); **4.** c4 × d5 (acceptant le défi de livrer un combat de Cavaliers au milieu de l'échiquier. Deux autres bonnes suites sont **4.** e2 — e3 ou **4.** Fc1 — f4); **4.** ..., Cf6 × d5; **5.** e2 — e3 (bien plus solide que **5.** e2 — e4, Cd5 × c3; **6.** b2 × c3; c7 — c5 ! et bien que le centre blanc ait l'air très imposant, il n'en reste pas moins exposé aux attaques adverses. Connue sous le nom de « défense Gruenfeld », cette variante produit des combats très vifs, où le point de vue des Noirs semble être pleinement défendable).

5. ..., Ff8 — g7; **6.** Dd1 — b3, c7 — c6 et bien que les Blancs soient bien développés, le jeu des Noirs ne reste pas sans ressources, puisqu'ils participent, eux aussi, aux destinées du centre.

III. — **3.** f2 — f3 (une idée intéressante de dresser par e2 — e4, etc., un échafaudage imposant au centre); **3.** ..., Ff8 — g7 (adoptant la devise : « Laisser faire. » Plus entreprenants, mais aussi plus risqués sont ici les contre-essais : **3.** ..., d7 — d5 ou **3.** ..., c7 — c5); **4.** e2 — e4, d7 — d6; **5.** Cb1 — c3, 0 — 0; **6.** Fc1 — e3, e7 — e5 (songeant à l'émancipation); **7.** d4 — d5 et les Blancs conservent encore l'initiative.

3. ...   d7 — d5

Réponse audacieuse. Bien plus prudent est pourtant de préparer cette avance par le coup d'appui : **3.** ..., c7 — c6, par ex. **4.** Ff1 — g2, d7 — d5 ; **5.** b2 — b3, Ff8 — g7 ; **6.** Cg1 — f3, 0 — 0 ; **7.** 0 — 0, Cf6 — e4 ; **8.** Fc1 — b2. Les Noirs ont non seulement un Pion (d5) bien appuyé au centre mais encore une pièce d'avant-poste (Ce4), que les Blancs devront encore songer à chasser. D'où le diagnostic : chances égales.

4. c4 × d5   Dd8 × d5

L'attaque passagère de la Th1 sera immédiatement écartée et bientôt, la Dame noire se butera elle-même aux obstacles qui la feront succomber.

Préférable est **4.** ..., Cf6 × d5 ; **5.** e2 — e4 (occupant avec le gain de temps, le centre) ; **5.** ..., Cd5 — b6 (trop encombrant est le retour **5.** ..., Cd5 — f6 et trop aventureux le saut **5.** ..., Cd5 — b4) ; **6.** Ff1 — g2, Ff8 — g7 ; **7.** Cg1 — e2 et bien que l'occupation réelle du centre soit monopolisée par les Blancs, les Noirs visent d'un œil menaçant le Pion adverse d4.

5. Cg1 — f3   Ff8 — g7
6. Ff1 — g2   0 — 0
7. Cb1 — c3   Dd5 — h5

Cette diversion de la Dame se révèle funeste. Moins entreprenante, mais aussi moins aléatoire était la pleine retraite : **7.** ..., Dd5 — d8, permettant aux Blancs, et sans lutte, de marquer par **8.** e2 — e4 une grande supériorité au centre.

8. h2 — h3 !   ...

Si maintenant **8.** e2 — e4, alors **8.** ..., Fc8 — h3 et la position de fianchetto des Blancs va être privée de son principal figurant (Fg2).

Le coup du texte empêche donc cette éventualité, tout en préparant une **capture de la Dame** très astucieuse.

8. ...   Cb8 — c6

Il fallait prévoir le danger mortel et quitter par **8.** ..., Dh5 — a5 des contrées peu hospitalières.

9. Cf3 — g5   ...

Le destin s'accomplit. Les Blancs menacent quasi irrévocablement: **10. Fg2 — f3, Dh5 — h6; 11. Cg5 × f7** et les Noirs doivent perdre leur Dame pour deux pièces mineures.

9. ...	Tf8 — d8
10. Fg2 — f3	Td8 × d4
11. Dd1 — b3	Les Noirs abandonnent.

N° 75

Jouée au tournoi
de Scarborough, en 1930.

Blancs	Noirs
WINTER	COLLE

1. d2 — d4	Cg8 — f6
2. c2 — c4	e7 — e6
3. Cb1 — c3	Ff8 — b4

L'idée d'arracher aux Blancs le contrôle des événements, est tentante.

La «défense Nimzowitch», réalisée par le coup du texte au lieu de la poussée classique **3.** ..., d7 — d5, produit, en effet, très souvent des combats souples et vigoureux à deux faces.

4. Dd1 — b3   ...

Cette sortie qui fortifie la case c3, tout en attaquant le Fou cloueur, est considérée comme la suite la plus raisonnée, voire scientifique.

Pour les autres continuations possibles, voir l'analyse au § 106.

4. ...   c7 — c5

Le plus efficace.

5. d4 × c5   ...

Une autre idée pourrait être **5.** e2 — e3, Cb8 — c6; **6.** Cg1 — f3, etc., continuant à «tenir» la case centrale d4 en sa possession.

5. ...   Cb8 — c6

Le Pion adverse c5 ne pouvant guère s'échapper, le coup du texte continue le développement tout en conservant son FR, autant que possible, sur son poste avancé.

Moins avantageuse serait, en effet, la reprise immédiate **5.** ..., Fb4 × c5.

6. Cg1 — f3   Cf6 — e4

Stratégie de menace.

7. Fc1 — d2   Ce4 × c5

Poursuivant cette stratégie de piqûres.

Une autre variante pourrait être : **7.** Ce4 × d2 (éliminant une pièce de longue portée) ; **8.** Cf3 × d2, f7 — f5 (empêchant la manœuvre Cd2 — e4) ; **9.** e2 — e3, Fb4 × c5 (regagnant le Pion) ; **10.** Ff1 — e2, 0 — 0 ; **11.** 0 — 0 — 0 (se décidant au grand roque pour réaliser au plus vite une pression sur la colonne-Dame ouverte) ; **11.** ..., b7 — b6 (résolvant le problème de développement du FD enfermé) ; **12.** Cd2 — f3, Fc8 — b7, etc. aux ressources réciproques.

8. Db3 — c2   f7 — f5

Pour conquérir la case e4.

9. e2 — e3   ...

Si **9.** a2 — a3, Fb4 × c3 ; **10.** Fd2 × c3, 0 — 0 ; **11.** b2 — b4, alors, grâce au 8ᵉ coup des Noirs, leur Cavalier-voyageur s'établit sur une bonne case d'avant-poste, soit : **11.** ..., Cc5 — e4.

9. ...   0 — 0
10. a2 — a3   Fb4 × c3
11. Fd2 × c3   b7 — b6

La diagonale d'avenir.

12. Ff1 — e2   Fc8 — b7
13. 0 — 0   ...

Décision importante. Le Roi blanc espère être ici plus en sûreté que sur le côté opposé (**13.** 0 — 0 — 0), néanmoins il y aura aussi des dangers à surmonter.

13. ...   Ta8 — c8
14. Tf1 — d1   ...

L'artillerie réciproque se met en position.

14. ...   Dd8 — e7
15. b2 — b4   Cc5 — e4

La seule case, mais bonne, bien préparée, d'où le Cavalier-migrateur des Noirs prend une part très active aux événements.

16. Fc3 — e1   ...

Le point névralgique. La retraite du texte veut faire suivre **17.** b4 — b5, sans permettre **17.** ..., Cc6 — a5 et pour continuer par l'avance a3 — a4 — a5.

En d'autres termes, elle cherche les solutions sur le côté-Dame, tandis que la clé de la position se trouve sur le côté des roques.

Bien plus utile était donc la retraite **16.** Fc3 — b2, conservant son FD sur la grande diagonale.

16. ...   Tf8 — f6

Le signal de l'attaque.

17. Cf3 — d4   ...

Voici une pièce de défense qui quitte son poste utile. Mieux valait, par ex., **17.** Fe2 — f1.

17. ...   Tf6 — g6
18. Fe2 — f1   ...

Si **18.** f2 — f3, De7 — g5 ! avec la double menace : **19.** ..., D × g2× et **19.** ..., D × e3+.

18. ...   Ce4 — g5 !

Manœuvre décisive qui prépare un dénouement de toute beauté.

19. Rg1 — h1   Cc6 × d4

20. e3 × d4   Cg5 — f3 ! !

Les Blancs abandonnent. — En effet, ils sont surtout menacés par l'irruption **21.** ..., De7 — h4 suivie de **22.** ..., Dh4 × h2×.

Si donc **21.** d4 — d5, pour intercepter du moins la terrible diagonale a8 — h1, alors quand même **21.** ..., De7 — h4 ! avec les deux belles ramifications suivantes :

a) **22.** g2 × f3, Dh4 — g5 ! forçant le mat au coup suivant, à g1 ou à g2 ;

b) **22.** h2 — h3, Dh4 × h3+ ! ! ; **23.** g2 × h3, Tg6 — g1×.

Victoire élégante.

107. — Défense Budapest (**1.** d2 — d4, Cg8 — f6 ; **2.** c2 — c4, e7 — e5). — De cette façon hardie qui offre, au moins temporairement, un Pion, les Noirs ouvrent la zone centrale du combat et cherchent à s'emparer de l'offensive. En effet, après **1.** d2 — d4, Cg8 — f6 ; **2.** c2 — c4, e7 — e5 ; **3.** d4 × e5 (« Gambit de Budapest accepté ». Si **3.** e2 — e3, e5 × d4 ; **4.** e3

$\times$ d4, d7 — d5, jeux vite égalisés) ; **3.** ..., Cf6 — g4, il y a surtout ces trois suites :

I. — **4.** Fc1 — f4 (les Blancs cherchent à conserver leur butin) ; **4.** ..., Cb8 — c6 (une idée intéressante est aussi **4.** ..., g7 — g5) ; **5.** Cg1 — f3, Ff8 — b4+ suivi de Dd3 — e7, avec des ressources.

II. — **4.** Cg1 — f3 (développement calme) ; **4.** ..., Ff8 — c5 ; **5.** e2 — e3, Cb8 — c6 ; **6.** Ff1 — e2, Cg4 $\times$ e5 et les Noirs ont regagné leur Pion avec un jeu approximativement égal.

III. — **4.** e2 — e4 (les Blancs rendent volontairement le Pion, pour gagner en compensation du terrain) ; **4.** ..., Cg4 $\times$ e5 ; **5.** f2 — f4 et les Blancs maintiennent, il est vrai, l'initiative, mais leur « front élargi » (Pions f4, e4 et c4) leur crée des risques. Les Noirs ont à leur choix les retraites : **5.** ..., Ce5 — g6 ou **5.** ..., Ce5 — c6 ou encore l'« échec intermédiaire » **5.** ..., Ff8 — b4+.

Notons toutefois que « la défense (alias : le gambit) de Budapest », dont les écueils sont nombreux, peut être évitée par les Blancs en jouant au second coup **2.** Cg1 — f3. C'est une des causes pour lesquelles **2.** Cg1 — f3 est plus solide que **2.** c2 — c4.

Chapitre XXVI

Débuts irréguliers

(autres que **1.** e2 — e4 ou **1.** d2 — d4)

108. — Tendances ultra-modernes. — Si, dans les débuts ouverts (**1.** e2 — e4, e7 — e5), un corps à corps immédiat s'engage et dans le Gambit-Dame (**1.** d2 — d4, d7 — d5 ; **2.** c2 — c4), la tension des Pions au centre devient un thème palpitant du combat, — nous avons déjà vu lors de la défense indienne (**1.** d2 — d4, Cg8 — f6) que les deux combattants y préfèrent « louvoyer », sans encore donner une forme précise, voire définitive, à leur structure centrale.

C'est dans ce sens que les grands stratèges (comme l'étaient surtout Nimzowitch et Réti) se plaisent à éviter, même pour les Blancs, les coups initiaux, soi-disant les plus « énergiques » : **1.** e2 — e4 ou **1.** d2 — d4, pour n'élaborer que peu à peu, derrière le rideau des événements secondaires, leur plan principal.

Ayant déjà cité, lors de la classification des ouvertures (voir § 69), quelques débuts irréguliers, examinons-en les deux suivants qui contiennent une grande idée stratégique : **1.** Cg1 — f3 et **1.** c2 — c4.

109. — Début Zukertort-Réti (1. Cg1 — f3). — Tout en empêchant l'adversaire de s'emparer par e7 — e5 du terrain prépondérant au centre, les Blancs veulent éviter, autant que possible, de dévoiler leurs plans concernant l'utilisation de leurs Pions centraux. Voyons comment cette idée motrice du début se réalise dans la pratique.

1. Cg1 — f3, Cg8 — f6.

Les Noirs préfèrent, eux aussi, « tâter » le terrain, au lieu d'occuper résolument le centre par **1.** ..., d7 — d5. (Les ressources réciproques de cet autre plan seront exposées lors de la partie modèle N° 76).

2. c2 — c4, ...

Ne voulant pas encore mouvoir leurs deux Pions centraux, les Blancs devront songer à développer leurs Fous en fianchetto. En effet, les deux suites correspondantes : **2.** g2 — g3 (pour faire suivre Ff1 — g2) ou **2.** b2 — b3 (pour faire suivre Fc1 — b2) sont appliquées assez souvent, mais le coup du texte se réserve encore le choix entre ces deux fianchetti, tout en « bloquant » la case d5, ce qui rendra à l'adversaire dorénavant plus difficile la poussée d7 — d5.

D'autre part, les Blancs pourraient ici (et encore au coup suivant) rentrer par **2.** d2 — d4 dans la partie des Pions-Dame, aux contours classiques.

2. ..., c7 — c5.

Comme dans beaucoup de débuts qui ne menacent encore directement rien, les Noirs peuvent avoir recours à un déroulement *symétrique*.

Peu utile serait **2.** ..., d7 — d5 à cause de **3.** c4 × d5 et que les Noirs reprennent avec leur Dame (**3.** ..., Dd8 × d5) ou avec leur Cavalier (**3.** ..., Cf6 × d5), ils ne pourront pas maintenir cette pièce au centre. Par contre, les deux coups d'appui : **2.** ..., e7 — e6 ou **2.** ..., c7 — c6, pour faire suivre d7 — d5, ont leur raison d'être.

Deux autres bons plans de développement sont ici **2.** ..., g7 — g6 (suivi de Ff8 — g7) ou **2.** ..., b7 — b6 (suivi de Fc8 — b7).

3. g2 — g3, g7 — g6 ; 4. Ff1 — g2, Ff8 — g7 ; 5. Cb1 — c3, Cb8 — c6 ; 6. d2 — d3, d7 — d6 ; 7. Fc1 — e3, ...

Plan, rompant la symétrie qui pourrait encore être continuée par **7.** 0 — 0, 0 — 0 ; **8.** h2 — h3, h7 — h6, etc.

7. ..., 0 — 0 ; **8.** Dd1 — c1, ...

Pour forcer par **9.** Fe3 — h6 l'échange du FR adverse, ce qui causerait alors quelque faiblesse au second joueur sur les *cases noires*.

Si, d'autre part, **8.** Dd1 — d2, pour exécuter le même plan, alors **8.** ..., Cf6 — g4 et le FD des Blancs qui n'a pas la case de retraite d2, devra être échangé non pas contre un Fou, mais contre un Cavalier adverse.

Et si **8.** h2 — h3 pour faire suivre Dd1 — d2 et Fe3 — h6, alors déjà

8. ..., h7 — h6 ; **9.** Dd1 — d2, Rg8 — h7 et les Noirs ont juste à temps atteint une bonne consolidation de leur position du roque.

8. ..., Tf8 — e8.

Inutile serait ici **8.** ..., Cf6 — g4, à cause de **9.** Fe3 — d2, suivi de **10.** h2 — h3, Cg4 — f6 ; **11.** Fd2 — h6 et la manœuvre du CR des Noirs n'a réussi qu'à faire à l'adversaire le cadeau du coup important h2 — h3.

9. h2 — h3, ...

Inutile serait maintenant l'excursion **9.** Fe3 — h6, le FR des Noirs n'étant plus obligé de se laisser échanger. En effet, après **9.** ..., Fg7 — h8 ! les Noirs conserveraient le contrôle des cases noires.

9. ..., Fc8 — d7 ; **10.** 0 — 0, Ta8 — b8.

Le travail des deux adversaires va se consacrer au côté-Dame.

11. a2 — a3, a7 — a6 ; **12.** Ta1 — b1, b7 — b5 ; **13.** c4 × b5, a6 × b5 ; **14.** b2 — b4, c5 × b4 ; **15.** a3 × b4.

Jeux égaux.

PARTIES MODÈLES

N° 76

Jouée au grand tournoi international
à New York, en 1924 (Prix de beauté).

Blancs	Noirs
Réti	Bogoliouboff

1. Cg1 — f3   d7 — d5

L'idée d'occuper le centre que l'adversaire semble dédaigner est tentante. Néanmoins, le coup du texte implique plus de risques que **1.** ..., Cg8 — f6, puisque les Blancs vont aussitôt assiéger le poste noir à d5.

2. c2 — c4   ...

Par ce « Gambit Réti », les Blancs rendent le combat plus violent que par les suites expectatives : **2.** g2 — g3 ou **2.** b2 — b3.

D'autre part, en jouant **2.** d2 — d4, les Blancs pourraient tout simplement rentrer dans la partie des Pions-Dame, bien banale.

2. ...   e7 — e6

Une autre manière d'appuyer son Pion d5, est **2.** ..., c7 — c6.

Rien d'avantageux ne donne **2.** ..., d5 × c4 (« Gambit Réti accepté »), puisque les Blancs regagnent immédiatement leur Pion par **3.** Dd1 — a4+ suivi de **4.** Da4 × c4 et conservent alors assez longtemps l'initiative grâce à l'influence de leur Dame sur les événements. Ce même raisonnement est valable pour les trois coups suivants :

3. g2 — g3   Cg8 — f6
4. Ff1 — g2   Ff8 — d6
5. 0 — 0   0 — 0
6. b2 — b3   ...

Avec la double fonction de protéger le Pion c4 et d'ouvrir une porte à son FD.

6. ...   Tf8 — e8
7. Fc1 — b2   Cb8 — d7

Par leurs quatre derniers coups les Noirs semblent préparer la poussée e6 — e5 qui ouvrirait leur jeu, mais la réponse des Blancs entrave ce plan :

8. d2 — d4 !   ...

Pour cerner les cases e5 et c5 les Blancs renoncent à leur stratégie « centrophobe » et rentrent dans une variante qui pourrait tout aussi bien s'utiliser dans une partie des Pions-Dame.

On voit comment les débuts les plus différents s'apparentent.

8. ...   c7 — c6
9. Cb1 — d2   Cf6 — e4

Ce saut qui espère éclairer le terrain, ne tiendra pas ses promesses.

Prématurée serait la poussée **9.** ..., e6 — e5 ; le meilleur plan était **9.** ..., Dd8 — e7 avec la double idée de renforcer la poussée c6 — c5 et de réaliser éventuellement l'échange allégeant : Fd6 — a3 × b2.

10. Cd2 × e4   d5 × e4
11. Cf3 — e5   f7 × f5

Nécessaire pour défendre le Pion exposé e4, puisque si **11.** ..., Cd7 — f6 ; **12.** Dd1 — c2, gagnant le Pion critique.

12. f2 — f3 !   ...

Le point avancé des Noirs va être « miné » et ne servira qu'à ouvrir les lignes à l'agresseur.

12. ...   e4 × f3
13. Fg2 × f3   ...

Bien plus efficace que **13.** e2 × f3, le PR des Blancs étant réservé pour une mission dynamique et non pas statique (voir le 15ᵉ coup des Blancs).

13. ...	Dd8 — c7
14. Ce5 × d7	Fc8 × d7
15. e2 — e4 !	e6 — e5

Pour empêcher le débordement e4 — e5.

D'autre part, il est évident qu'après **15.** ..., f5 × e4; **16.** Ff3 × e4, les atouts des Blancs — grâce à la colonne FR ouverte et à la faiblesse du Pion adverse e6 — deviennent prépondérants, par ex. **16.** ..., Tf8 — e8 (pour partager l'usufruit de la colonne ouverte); **17.** Dd1 — h5, g7 — g6; **18.** Fe4 × g6!, h7 × g6; **19.** Dh5 × g6+, Rg8 — h8; **20.** c4 — c5 ! (mais non pas immédiatement **20.** d4 — d5+ déc., à cause de **20.** ..., e6 — e5); **20.** ..., Fd6 — e7; **21.** d4 — d5+ déc. (voici le rôle important de la grande diagonale démasqué !); **21.** ..., e6 — e5; **22.** d5 — d6 et gagne.

Néanmoins, le coup du texte qui semble alléger le combat par l'élimination de tous les Pions du centre, ne tiendra pas non plus ses promesses.

16. c4 — c5	Fd6 — f8
17. Dd1 — c2	...

Attaquant deux Pions adverses (e5 et f5) à la fois.

17. ...	e5 × d4

Si **17.** ..., f5 × e4; **18.** Ff3 × e4, un des deux autres Pions noirs (e5 ou h7) devrait succomber.

18. e4 × f5 !	...

Bien plus efficace que **18.** Fb2 × d4, Ta8 — d8, par ex.; **19.** e4 × f5, Fd7 × f5!; **20.** Dc2 × f5, Td8 × d4.

On voit que la position est fertile en finesses tactiques.

18. ...	Ta8 — d8

Si **18.** ..., Te8 — e5, alors **19.** Dc2 — c4+, Rg8 — h8; **20.** f5 — f6 ! ce Pion-levier démolissant les remparts du Roi ennemi.

19. Ff3 — h5 !	...

Au lieu de rentrer par **19.** Fb2 × d4, Fd7 × f5 ! etc. dans une variante précitée, qui ne donnerait que l'équilibre, les Blancs apportent, par cette manœuvre ingénieuse, une nouvelle vague d'énergie dans le combat.

19. ...	Te8 — e5
20. Fb2 × d4	Te5 × f5

Si **20.** ..., Te5 — d5, alors **21.** Dc2 — c4, Rg8 — h8; **22.** Fh5 — g4 et les Blancs conservent un Pion de plus.

21. Tf1 × f5	Fd7 × f5
22. Dc2 × f5	Td8 × d4
23. Ta1 — f1	...

Dans cette position qui semble être d'autant plus simplifiée que les Fous sont de couleurs différentes, les Blancs réussissent, d'une façon artistique, à démontrer la supériorité décisive de leurs stratagèmes précédents.

23. ...	Td4 — d8

Une très belle variante se produirait aussi après **23.** ..., Dc7 — e7, à savoir : **24.** Fh5 — f7+, Rg8 — h8; **25.** Ff7 — d5!! (empêchant **25.** ..., Td4 — d8); **25.** ..., De7 — f6; **26.** Df5 — c8 et les Blancs gagnent.

24. Fh5 — f7+	Rg8 — h8
25. Ff7 — e8!!	...

Un coup final de toute beauté. *Les Noirs abandonnent*, puisque — pour éviter le pire — ils doivent perdre tout au moins une pièce (par **25.** ..., Ff8 × c5+; **26.** Df5 × c5 ou par **25.** ..., h7 — h6; **26.** Df5 × f8+, etc.).

Nº 77

Jouée au tournoi de la F.I.D.E.,
à La Haye, en 1928.

Blancs	Noirs
Euwe	Mattison

1. Cg1 — f3	d7 — d5
2. c2 — c4	Cg8 — f6

Renonçant à appuyer, par **2.** ..., e6 ou **2.** ..., c6, le centre.

3. c4 × d5	Cf6 × d5
4. d2 — d4	e7 — e6
5. e2 — e4	Cd5 — b6

En revenant sur f6, le CR des Noirs aurait pu participer d'une façon plus efficace au combat.

6. Cb1 — c3	Ff8 — e7
7. Ff1 — d3	0 — 0
8. 0 — 0	c7 — c5

Mieux valait préparer cette poussée par **8.** ..., Cb8 — d7.

9. d4 × d5	Fe7 × c5
10. e4 — e5	Fc5 — e7
11. Dd1 — e2	Cb8 — c6
12. Tf1 — d1	Cb6 — d5

Espérant, mais à tort, neutraliser l'action de la TR adverse. Mieux valait **12.** ..., Fd7.

13. Fd3 — e4 !	Cd5 × c3

Forcé pour ne pas perdre un Pion, car si **13.** ..., Ccb4 ; **14.** a3.

14. Fe4 × h7+ !	Rg8 — h8

Évidemment non **14.** ..., R × h7 à cause de **15.** Dc2+ suivi de T × d8.

15. b2 × c3	Dd8 — a5
16. Fh7 — c2	Da5 × c3

Les Noirs ont regagné le Pion, mais l'affaiblissement de leur rempart royal aura des conséquences funestes.

17. De2 — e4	g7 — g6
18. Cf3 — g5 !!	...

Les Blancs sont à même de laisser leur TD en prise puisqu'ils menacent d'un mat en deux coups.

18. ...	Dc3 — b4

Voyons les autres variantes :

a) **18.** ..., D × e5 ; **19.** Dh4+, Rg7 ; **20.** Dh7 +, Rf6 ; **21.** Ce4 +, Rf5 ; **22.** Dh3 mat.

b) **18.** ..., F × g5 ; **19.** F × g5, f5 ; **20.** e × f (e.p.) et les malheurs des Noirs vont croissant.

c) **18.** ..., Rg7 ; **19.** C × f7 !, T × f7 ; **20.** D × g6+, Rh8 ; **21.** Tb1 ! avec la menace décisive **22.** Tb3.

19. Cg5 × f7+ !	...

Créant la brèche.

19. ...	Tf8 × f7
20. De4 × g6	Tf7 — g7

Sur **20.** ..., Dc3 ou **20.** ..., Cd8 ; **21.** Tb1 continuerait victorieusement l'attaque.

Le plus de résistance offrait **20.** ..., C × e5 bien qu'après **21.** Dh5+,

Rg8 ; **22.** D × e5, les Blancs auraient bien avantageusement regagné leur pièce.

| **21.** Dg6 — h5+ | Rh8 — g8 |
| **22.** Fc1 — h6 | ... |

Menaçant avant tout : **23.** De8+, Ff8 ; **24.** F × g7, R × g7 ; **25.** Dg6+, Rh8 ; **26.** Dh7 mat.

| **22.** ... | Fe7 — f8 |

Ou **22.** ..., Dg4 ; **23.** De8+, Ff8 ; **24.** F × g7 suivi de Td1 — d3 — g3.

| **23.** Fh6 × g7 | Ff8 × g7 |
| **24.** Td1 — d3 | ... |

Menaçant surtout **25.** Tf3 suivi de Dh7 mat.

| **24.** ... | Db4 — c5 |

Ou par ex. **24.** ..., Db2 ; **25.** De8+, Ff8 ; **26.** Tg3+ forçant le mat.

| **25.** Td3 — f3 ! | |

Abandonne, car si **25.** ..., D × c2 ; **26.** De8+, Rh7 ; **27.** Th3+, Fh6 ; **28.** Df7, etc.

★

Ayant conquis, à La Haye 1928, le titre de « champion amateur », le Dr Euwe réussit sept ans plus tard à obtenir par sa victoire sur Alekhine le titre mondial.

110. Début anglais (**1.** c2 — c4). — Rendant peu utile la réponse immédiate **1.** ..., d7 — d5 (puisque, après **2.** c4 × d5, Dd8 × d5 ; **3.** Cb1 — c3, les Blancs gagneraient, à l'instar de la partie scandinave, un « temps » important), les Blancs veulent éviter, autant que possible, de dévoiler leur plan concernant l'utilisation de leurs Pions centraux. Voyons comment cette idée motrice du début se développe dans la pratique.

1. c2 — c4, Cg8 — f6.

Réponse expectative. Plus d'esprit d'initiative montre toutefois la poussée centrale **1.** ..., e7 — e5, la partie devenant alors une « Sicilienne en première main ».

Or, la défense sicilienne (**1.** e2 — e4, c7 — c5) étant tout à fait correcte, les Blancs, munis ici (après **1.** c2 — c4, e7 — e5) d'un « temps » de plus, n'auront rien à craindre et même beaucoup à espérer dans cette suite, par ex. : **1.** c2 — c4, e7 — e5 ; **2.** Cb1 — c3, Cg8 — f6 ; **3.** Cg1 — f3, Cb8 — c6 (« la partie anglaise des Quatre Cavaliers ») ; **4.** d2 — d4 (ouvrant le centre) ; **4.** ..., e5 × d4 ; **5.** Cf3 × d4, Ff8 — b4 ; **6.** Fc1 — g5 (un contre-clouage efficace) ; **6.** ..., h7 — h6 ; **7.** Fg5 — h4 et les Blancs qui disposent de plus de terrain sont légèrement mieux.

Parmi les autres réponses admissibles, citons **1.** ..., e7 — e6, formant ainsi un appui pour faire suivre immédiatement ou plus tard d7 — d5 (voir partie N° 78).

2. Cb1 — c3, ...

Un autre bon plan pourrait être **2.** Cg1 — f3, rentrant avec l'interversion des coups dans le début Zukertort-Réti (**1.** Cg1 — f3, Cg8 — f6 ; **2.** c2 — c4), analysé dans le paragraphe précédent (§ 109).

En jouant **2.** d2 — d4, les Blancs peuvent rentrer dans la défense indienne (**1.** d2 — d4, Cg8 — f6 ; **2.** c2 — c4).

2. ..., e7 — e6.

Encore ici, les réponses plus franches ; **2.** ..., e7 — e5 (« Sicilienne en première main ») ou **2.** ..., c7 — c5 (« Variante symétrique ») peuvent être faites.

3. e2 — e4, ...

Au lieu du coup plus académique : **3.** d2 — d4, qui rentrerait de nouveau dans la partie indienne, les Blancs provoquent une escarmouche intéressante au centre.

3. ..., d7 — d5.

Trop serré serait le jeu des Noirs en cas de **3.** ..., d7 — d6 ; cf. partie N° 79.

4. e4 — e5, d5 — d4 ; **5.** e5 × f6, d4 × c3 ; **6.** b2 × c3, ...

Pour avoir du matériel pour former un centre. Trop de simplification permet **5.** f6 × g7, c3 × d2+ ; **6.** Fc1 × d2, Ff8 × g7 ; **7.** Dd1 — c2, Cb8 — c6 ; **8.** Cg1 — f3, Cc6 — d4, etc., avec des échanges.

6. ..., Dd8 × f6 ; **7.** d2 — d4, c7 — c5 !

Cette démonstration latérale a pour but de rendre moins compact le centre des Blancs.

8. Cg1 — f3, h7 — h6.

Pour empêcher la sortie inquiétante **9.** Fc1 — g5.

9. Ff1 — e2, c5 × d4 ; **10.** c3 × d4, Ff8 — b4+.

Un vrai échec d'allégement.

11. Fc1 — d2, Fb4 × d2+ ; **12.** Dd1 × d2, 0 — 0.
Jeux égaux.

PARTIES MODÈLES

Nº 78

(en notation descriptive
et avec renvois aux notes)

*Partie jouée au tournoi de
Londres, en 1883.*

Blancs	Noirs
ZUKERTORT	BLACKBURNE

	Blancs	Noirs
1.	P. 4FD	P. 3R
2.	P. 3R	C. 3FR
3.	C. 3FR	P. 3CD
4.	F. 2R	F. 2C
5.	Roq.	P. 4D
6.	P. 4D[1]	F. 3D
7.	C. 3FD	Roq.
8.	P. 3CD	CD. 2D
9.	F. 2CD	D. 2R[2]
10.	C. 5CD	C. 5R
11.	Cpr. F	Ppr. C[3]
12.	C. 2D	CD. 3FR
13.	P. 3FR	Cpr. C
14.	Dpr. C	Prp. P[4]
15.	Fpr. P	P. 4D
16.	F. 3D	TR. 1FD
17.	TD. 1R[5]	T. 2FD
18.	P. 4R	TD. 1FD
19.	P. 5R	C. 1R
20.	P. 4FR	P. 3CR
21.	T. 3R[6]	P. 4FR
22.	Ppr. P. en pass.	Cpr. P[7]
23.	P. 5FR[8]	C. 5R[9]
24.	Fpr. C	Ppr. F
25.	Ppr. PC	T. 7DF[10]

308

26. Ppr. P éch.	R. 1T[11]
27. P. 5D éch. déc.	P. 4R
28. D. 4CD!![12]	TD. 4FD[13]
29. T. 8FR éch.[14]	Rpr. P[15]
30. Dpr. P. éch.	R. 2C
31. Fpr. P. éch.[16]	Rpr. T
32. F. 7C éch.	R. 1C
33. Dpr. D	Les Noirs abandonnent.

Notes :

(1) Avec l'interversion des coups, le début a le caractère d'une partie des Pions-Dame (**1.** P4D, P4D, etc.).

(2) Cela permet à l'adversaire d'échanger une pièce presque sans action (CD) contre une très active (FR).

Une suite plus franche était **9.** ..., P4FD.

(3) Avec le double plan de renforcer le centre (préparation de la poussée éventuelle — P4R) et d'ouvrir la colonne FD pour ses Tours.

(4) Plus d'esprit de suite montrait la poussée centrale **14.** ..., P4R.

(5) Les Blancs dédaignent la menace du doublement des Tours adverses sur la colonne FD et préparent l'attaque sur le centre.

(6) L'attaque directe des Blancs s'annonce de plus en plus.

APRÈS **28.** D. 4CD!!

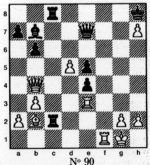

N° 90

(7) Une erreur de jugement. En jouant **22.** ..., Dpr. P suivi de C. 2C, les Noirs pourraient encore espérer maintenir l'équilibre.

(8) Le commencement d'une très profonde combinaison.

(9) Forcé pour éviter la perte d'un Pion, car si **23.** ..., PC pr. P ; **24.** Fpr. P gagne.

(10) Croyant le moment propice pour faire valoir ses droits. En effet, le triomphe des Tours noires semble être imminent et une pièce des Blancs irrévocablement perdue. La suite va pourtant démontrer que cette espérance est vaine.

309

Le coup correct était **25.** ..., Ppr. P, cependant les Blancs restaient avec une position nettement supérieure.

(11) Si **26.** ..., Rpr. P ; **27.** T. 3T éch. et si **26.** ..., Dpr. P ; **27.** T. 3C éch. gagne.

(12) Coup magnifique et décisif. Assurément, Zukertort a dû prévoir cette suite en jouant **25.** Ppr. PC. Voir diagramme N° 90.

(13) Si **28.** ..., Dpr. D, les Blancs font mat en sept coups : **29.** Fpr. P éch., Rpr. P ; **30.** T. 3T éch., R. 3C ; **31.** T. 6F éch., R. 4C ; **32.** T. 3C éch., R. 4T ; **33.** T. 5F éch., R. 3T ; **34.** F. 4F éch., R. 2T ; **35.** T. 5T mat.

(14) Ce coup forme un complément logique du sacrifice précédent, dont le motif commun est de faire dévier la Dame adverse du contrôle sur le Pion 4R.

(15) En effet, si **29.** ..., Dpr. T ; **30.** Fpr. P éch., Rpr. P ; **31.** Dpr. PR éch. et gagne.

(16) Digne fin d'une des plus brillantes parties qui existent.

N° 79

*Partie jouée au tournoi
de Hastings, en 1935.*

Blancs	Noirs
FLOHR	NORMAN

1. c2 — c4   Cg8 — f6
2. Cb1 — c3   ...

Au lieu de rentrer par **2.** Cf3 dans le début Zukertort, les Blancs vont donner au combat un aspect plus vivant.

2. ...   e7 — e6
3. e2 — e4   d7 — d6

Cette réponse réservée permet à l'adversaire d'établir un centre puissant. Une escarmouche intéressante se produit après **3.** ..., d5 ; **4.** e5, d4.

4. d2 — d4   ...

Une stratégie plus tapageuse est ici **4.** f4.

4. ...   Ff8 — e7
5. Ff1 — d3   Cb8 — d7

6. Cg1 — e2   e6 — e5

Ce Pion a pris du temps.

7. f2 — f3   ...

Les Blancs ont fort bien échafaudé leur partie.

7. ...   c7 — c5

Provoquant une explication au centre, sans que cela allège la situation.

8. d4 — d5   Cf6 — h5

Cette manœuvre latérale aurait un sens, si elle pouvait être suivie du saut Ch5 — f4 ou bien de l'avance f7 — f5, mais tous ces plans offensifs s'avèrent ici irréalisables.

9. Fc1 — e3   a7 — a6
10. Dd1 — d2   Cd7 — f8
11. g2 — g4 !   ...

Empêchant au moment juste l'avance prémentionnée 11. ..., f5 et favorisant, de son côté, une entreprise énergique.

11. ...   Ch5 — f6
12. Ce2 — g3   h7 — h6

Les Noirs en sont réduits à attendre les événements.

13. Cg3 — f5   Fc8 × f5

Se hâtant d'éliminer une pièce ennemie, mais d'autre part, par l'échange du texte, la case e4 devient « vivante » (c'est-à-dire accessible aux engins d'attaque des Blancs).

14. e4 × f5   Cf6 — h7
15. 0 — 0 — 0   ...

Grâce aux Roques différents, le jeu des Blancs s'apprête à devenir menaçant.

15. ...   Dd8 — a5

Cette tentative de former un contre-jeu échoue.

16. h2 — h4   ...

Assaut soutenu.

16. ...   Cb8 — d7
17. g4 — g5   h6 — h5
18. Rc1 — b1   Ta8 — b8
19. Dd2 — e2 !   Ch7 — f8
20. Fe3 — d2   Da5 — c7

21. Cc3 — e4	Cd7 — b6
22. Fd2 — a5	Cf8 — d7
23. f3 — f4 !	...

Les Blancs passent aux sanctions.

23. ...	f7 — f6

Sur **23.** ..., e × f; **24.** f6 gagne du matériel.

24. Ce4 — g3	Dc7 — c8

Le Pion h5 n'est pas défendable.

25. Cg3 × h5	Re8 — f7
26. f4 × e5	d6 × e5
27. Td1 — g1	

et sans attendre l'assaut général, **les Noirs abandonnent.**

En effet, si par ex. **27.** ..., Ff8; **28.** g × f, g × f; **29.** Tg6, Th6; **30.** Dg4, etc.

Logique et fantaisie : ces deux facteurs se trouvent très heureusement réunis dans le jeu de Flohr.

TROISIÈME SECTION

Le milieu de la partie

Chapitre XXVII

Considérations générales

111. — Conseils et maximes. — Outre les conseils fondamentaux, énoncés dans le § 39 que le débutant fera bien de relire et d'approfondir, voici quelques pensées des grands joueurs et des bons pédagogues :

Si vous êtes attaqués, faites des échanges. Opposez à une pièce une pièce de même importance. Massez vos Pions au centre. Maintenez le Roi hors de partie (Philidor).

L'avantage est à celui qui attaque (La Bourdonnais).

Emparez-vous des lignes ouvertes (Morphy).

Évitez les positions touffues qui rendent plus difficile l'œuvre de la défense. Usez de l'économie des forces, surtout dans l'attaque. Songez aux réserves. Ne perdez pas du temps à en vouloir gagner un (A. de Rivière).

La réfutation d'un sacrifice consiste assez souvent dans son acceptation (Steinitz).

La menace est plus forte que l'exécution (Tarrasch).

Enfin et surtout : Ne soyez pas trop dogmatique dans vos jugements. Tenez haut le drapeau des « règles », sans pourtant abaisser le pavillon des « exceptions ».

« La victoire dans une partie d'Échecs appartient la plupart du temps à celui qui voit un peu plus loin que l'adversaire », c'est ainsi — au lieu des formules savantes ! — que Lasker expliqua les succès de sa carrière échiquéenne.

112. — Conseils particuliers concernant les différentes pièces. — Tout en ayant en vue la valeur relative et la puissance mutuelle des pièces sur l'échiquier, le débutant fera bien de passer en revue les particularités de chaque pièce.

Le Roi. — Pièce importante par excellence, au sort de laquelle tient celui de la partie. Une constante préoccupation du bon joueur est donc de mettre son Roi en sécurité et à cet effet il roque. « Tenez le Roi hors la portée », dit Philidor. « *Safety first* », disent les Anglais. N'oublions pas que par le Roque le joueur acquiert la disponibilité d'une Tour. Le Roque du côté-Roi comporte moins d'obstacles ; donc il est plus usuel. — A mesure que les pièces sont échangées, la puissance du Roi augmente ; courageusement, il se dirige vers les Pions à secourir ou bien au-devant des fantassins adverses à l'avance menaçante. — Avant de donner au Roi adverse l'échec, ou surtout des échecs successifs, examinez si le Roi pourchassé n'ira pas à l'aide de ces échecs, juste à la case qu'il convoite. D'autre part, lorsque vous recevrez l'échec, regardez, avant de couvrir, s'il n'est pas meilleur de déplacer le Roi pour éviter qu'une de vos pièces ne soit paralysée.

La Dame. — Pièce puissante par excellence, trop puissante même pour l'exposer, par une sortie prématurée, aux attaques de pièces moindres et l'obliger à changer de case en perdant des temps pendant que le jeu de l'adversaire se développe. — Au point de vue de la défense, une bonne case pour la Dame est à e2 (respectivement, pour les Noirs, à e7) ; au point de vue de l'attaque, elle se porte assez souvent, surtout dans les débuts ouverts, victorieusement à h5.

La Tour. — Puisqu'il y en a deux, notons que celle du Roi est d'ordinaire plus prompte à se mettre en ligne, parce qu'on se fie de préférence au petit Roque. Si le Roque marque très souvent le passage de la phase du début à celle du milieu de jeu, on peut aussi prétendre que l'entrée en lice de l'autre Tour (qu'on pourrait appeler « la Tour de réserve ») influe sensiblement sur les événements ultérieurs. L'occupation par une Tour d'une colonne devenue ouverte ou semi-ouverte, le doublement vertical des deux Tours, puis — l'échiquier se vidant — l'irruption d'une Tour, et surtout des deux Tours jumelles sur la septième rangée adverse, voilà d'ordinaire les exploits de cette pièce ferme et modeste. Pour le milieu, comme aussi pour la fin du jeu, le débutant remarquera qu'il est préférable de placer sa Tour en arrière d'un Pion de son jeu, afin de le soutenir et de le pousser.

Le Fou. — Si, même arithmétiquement, la valeur du Fou est moindre que celle de la Tour, la plupart des connaisseurs estiment que dynamiquement un Fou est quelque peu supérieur, grâce à sa longue portée, au Cavalier sautillant, ce qu'on se plaît même à traduire par « la petite qualité ». D'une façon générale, le débutant évitera donc d'échanger sans nécessité un Fou contre un Cavalier adverse. — La valeur de deux Fous (en anglais : *two bishops*) qui peuvent dominer par leur coopération toutes les cases — blanches et noires — de l'échiquier, est incontestablement supérieure à celle de deux Cavaliers ; les deux Fous sont aussi plus forts que Fou et Cavalier. — On accorde au Fou du Roi une légère supériorité sur l'autre Fou, en raison du nombre des développements dans lesquels son attaque est immédiate. Dans les débuts ouverts, le débutant n'aura que trop souvent à éprouver la vigueur de la « diagonale italienne », a2 — g8, dominée par le Fou-Roi des Blancs, développé à c4. Dans les débuts fermés, c'est surtout la diagonale b1 — h7 qui est fertile en combinaisons pour le Fou-Roi, placé à cet effet le plus souvent à d3. Quant au Fou-Dame des Blancs, on appréciera très souvent son rôle de cloueur, en le plaçant à g5. L'adversaire fera bien, selon le conseil de Capablanca, de l'obliger bientôt par le petit coup h7 — h6 à se décider pour une des deux diagonales. N'oublions, d'ailleurs, pas que le développement, devenu si fréquent, des Fous en fianchetto peut influencer, à lui seul, tout le déroulement du combat.

Le Cavalier. — C'est la pièce que non seulement les débutants, mais même les joueurs avancés manœuvrent le moins bien, surtout s'il s'agit des trajets peu communs. — Le développement le plus naturel du CR est à f3, d'où il soutient bien le centre et parvient très souvent à la case d'avant-poste, e5. Très fort est aussi un Cavalier soutenu par un Pion à f5 ; ancré à d6, ou à e6, il exigera souvent le sacrifice d'une qualité. — Pour les Noirs, leur Cavalier à f6 est un défenseur intrépide de la position du petit Roque, puisqu'il protège mécaniquement la case douloureuse h7. — Quant aux Cavaliers de la Dame, leur développement le plus intense est pour la plupart du temps à c3 (respectivement à c6) ; toutefois, dans les débuts fermés, on tâche de jouer d'abord c2 — c4 (resp. c7 — c5) pour ne pas renoncer à la coopération de ce Pion dans la lutte centrale. — La vieille controverse, de savoir s'il est préférable de sortir d'abord le Fou ou le Cavalier est tranchée par l'esprit moderne dans le sens que le Cavalier est loin de se décider pour un poste définitif (« *il cavallo e mobile* ») et que, par conséquent, sa sortie rapide ne trahit pas autant le déroulement des événements que celle du Fou. Notons, du reste, que la rivalité de ces deux pièces mineures donne assez de fil à retordre, même aux meilleurs stratèges. — Dans les finales, le débutant constatera à son étonnement qu'on ne gagne pas de temps avec un Cavalier dont le circuit reste limité, malgré toute son ampleur. Pour cette raison, les deux Cavaliers sont impuissants à faire le mat contre le Roi dépouillé. Autre remarque, utile surtout dans les finales : contre les menaces du Cavalier, on se défend le mieux en se plaçant en diagonale à une case d'intervalle (exemple : Cavalier blanc à d3, Roi noir à b5).

PSYCHOLOGIE

> Une occulte raison fait préférer la pièce
> Dont un bon maniement augmente la valeur.
> Celui qui les conduit toutes avec adresse
> Saura, de tous ses plans, développer l'ampleur.

Jules LAZARD, Quatrains échiquéens.

Le Pion. — « Un Pion est un Pion » : loin d'être une vérité de M. de La Palice, cette constatation rappellera à l'amateur que les huit fantassins ne sont pas une troupe inépuisable et que très souvent, le gain d'un Pion suffit à l'adversaire pour obtenir la victoire après échanges. Néanmoins, il y aura toujours des joueurs portés par leur tempérament impétueux à ne pas veiller sur leur patrimoine de Pions, puisque après tout — et c'est là que réside la beauté profonde du jeu d'Échecs ! — chaque sacrifice peut augmenter le dynamisme du combat, ouvrir les lignes, accélérer le développement et, par conséquent, fournir des compensations. Les deux écoles ont du bon et rien ne serait plus erroné que de vouloir s'astreindre dogmatiquement à une seule tendance.

« Les Pions sont l'âme du jeu des Échecs », disait Philidor qui savait les manœuvrer d'une façon féconde, mais si l'on écoute Steinitz, il vaut mieux — dans le milieu, comme surtout dans la fin de partie — ne pas trop les déplacer pour conserver des temps de réserve et pour éviter quelque faiblesse chronique dans leur disposition. L'école ultra-moderne transpose ce principe même dans la phase du début et tâche de conserver immobiles ou peu engagés dans la bataille les Pions du centre, pour n'entreprendre, dans cette zone convoitée, qu'au moment propice des actions énergiques. Un conseil pratique, assez important, de Capablanca, est d'éviter autant que possible d'encombrer sa troisième rangée par de petits coups de Pions (comme par exemple : c2 — c3) puisque cette rangée pourrait être plus tard utilisée pour les évolutions des figures.

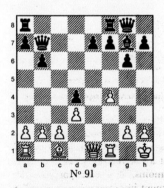

N° 91

Après le Roque, on aime à ouvrir une case de refuge pour le Roi. Toutefois, les petits coups h2 — h3 ou g2 — g3 (resp. h7 — h6 ou g7 — g6) peuvent aussi affaiblir la position du Roque. Terminons en disant que pour bien manœuvrer les Pions, il faut surtout savoir ne pas trop les manœuvrer. Mieux vaut préparer que réparer.

113. — Jugement de position. — C'est dans le jugement de la position que se révèle la force respective des adversaires. L'exemple qui suit va nous dévoiler quelque peu le travail cérébral qu'un joueur doit faire pour cueillir les fruits de sa stratégie raisonnée.

Dans une partie Thomas-Alekhine, jouée au tournoi de Baden-Baden, en 1925, après les coups : **1.** e4, Cf6 ; **2.** d3, c5 ; **3.** f4, Cc6 ; **4.** Cf3, g6 ; **5.** Fe2, Fg7 ; **6.** Cbd2, d5 ; **7.** 0 — 0, 0 — 0 ; **8.** Rh1, b6 ; **9.** e × d, D × d5 ; **10.** De1, Fb7 ; **11.** Cc4, Cd4 ; **12.** Ce3, De6 ; **13.** Fd1, Cd5 ; **14.** C × d4, c × d ; **15.** C × d5, D × d5 ; **16.** Ff3, Dd7 ; **17.** F × b7, D × b7, nous arrivons à la position du diagramme Nº 91.

Un jugement, même superficiel, de la position constate qu'il n'y a guère d'attaques directes à craindre et que le théâtre de guerre principal est ici du côté-Dame, à savoir la colonne FD aux trois quarts ouverte, où les Noirs vont masser leur artillerie pour maintenir la pression contre le PFD rétrogradé des Blancs. Le Fou des Noirs coopère sur sa grande diagonale à cette pression, tandis que son antagoniste blanc est condamné à un rôle passif. La disposition compacte des Pions noirs du côté-Roi ne permettra guère à l'adversaire d'entreprendre une contre-attaque sérieuse sur l'aile des Roques. On peut prévoir que la tâche des Noirs sera longue et minutieuse, d'autant plus qu'ils devront mener le siège avec la minorité de Pions (3 contre 4) sur l'aile critique.

Le déroulement de la partie fut le suivant :

18. c2 — c4, ... Nécessaire, puisque si **18.** De4, D × e4 ; **19.** d × e, Tac8 ; **20.** Tf2, Tc7, suivi de Tfc8, et le PFD des Blancs est déjà voué à la perte.

18. ..., d4 × c3.

19. b2 × c3, Ta8 — c8. Bien que l'objet de l'attaque soit devenu à c3 plus défendable qu'à c2, la pression des Noirs est convaincante.

20. Fc1 — b2, Tf8 — d8 ; **21.** Tf1 — f3, Fe7 — f6.

22. d3 — d4, ... Autant que possible, il faut tâcher de conserver deux Pions voisins *à la même hauteur* pour qu'ils puissent mieux se défendre mutuellement.

Or ici, les Blancs devront, tôt ou tard, se décider à une des deux poussées : d3 — d4 ou éventuellement après des préparatifs, c3 — c4. Dans ces deux cas, l'isolement artificiel de ces deux Pions soi-disant liés, demeure durable.

22. ..., Db7 — d5 ; **23.** De1 — e3, Dd5 — b5 ; **24.** De3 — d2, Td8 —

d5 ; **25.** h2 — h3, e7 — e6 ; **26.** Ta1 — e1, Db5 — a4 ; **27.** Te1 — a1, b6 — b5.

28. Dd2 — d1, Tc8 — c4. Dorénavant, on constate que les Noirs profitent de leur pression simultanée sur les deux colonnes ouvertes : « a » et « c ».

29. Dd1 — b3, Td5 — d6 ; **30.** Rh1 — h2, Td6 — a6 ; **31.** Tf3 — f1, Ff6 — e7.

32. Rh2 — h1, Tc4 — c6 ! Un regroupement « d'artillerie » très utile se prépare (Dc4, Taa4, Tca6).

33. Tf1 — e1, Fe7 — h4.

34. Te1 — f1, ... Cette Tour ne peut quitter la première rangée, car si **34.** Te5, D × b3 ; **35.** a × b, T × a1+ ; **36.** F × a1, Ta6 ; **37.** Fb2, Ta2 ; **38.** Fc1, Ta1 et les Noirs gagnent une pièce.

34. ..., Da4 — c4. Voici l'*art de liquider :* tandis qu'un débutant cherche d'ordinaire à obtenir l'échange par le pourchassement (souvent inutile) des pièces adverses, le maître des maîtres force ici l'échange qui lui est propice, par l'occupation inébranlable des points stratégiques importants.

35. Db3 × c4, Tc6 × c4. L'examen de la position montre que c'est dorénavant le PTD des Blancs, arriéré et isolé, qui constituera la faiblesse principale à assiéger.

36. a2 — a3, Fh4 — e7.

37. Tf1 — b1, Fe7 — d6. Cette *manœuvre intermédiaire* a pour but de fixer le reste des Pions adverses sur les cases noires.

En effet, dans la lutte finale, où les Fous respectifs sont de même couleur, il vaut mieux avoir ses Pions sur les cases de couleur opposée, pour qu'ils ne soient pas susceptibles d'être attaqués par le Fou ennemi.

38. g2 — g3, Rg8 — f8.

39. Rf1 — g2, Rf8 — e7. La centralisation des Rois, pour les acheminer vers les endroits secourables, caractérise bien la transition dans la phase finale, où la réduction du matériel (et surtout l'absence des Dames) diminue aussi le danger des attaques « matoïdes ».

40. Rg2 — f2, Re7 — d7 ; **41.** Rf2 — e2, Rd7 — c6 ; **42.** Ta1 — a2, Tc4 — a4 ; **43.** Tb1 — a1, Rc6 — d5 ; **44.** Re2 — d3, Ta6 — a5 ; **45.** Fb2 — c1, a7 — a6.

46. Fc1 — b2, ... Coup d'attente, mais aussi « contrainte de coup ».

46. ..., h7 — h5. Encore une manœuvre intermédiaire qui complète l'action principale se déroulant sur l'aile-Dame par une démonstration sur l'aile extrême opposée.

47. h3 — h4, f7 — f6.

48. Fb2 — c1, e6 — e5. Bien que le plan principal des Noirs continue à viser le PTD adverse, la mesure tactique entreprise par le coup du texte est d'une très grande portée. En effet, l'armature de Pions adverse s'effondre.

49. f4 × e5, f6 × e5 ; **50.** Fc1 — b2, e5 × d4.

51. c3 × d4, b5 — b4 ! Voici la rupture du front qui constitue le dénouement logique de toute la stratégie antérieure des Noirs.

Une faute serait, par contre, **51.** ..., F × g3 à cause de **52.** Fc3.

52. a3 × b4, Ta4 × a2 ; **53.** b4 × a5, Ta2 × b2.

Les Blancs abandonnent. Une partie de grande envergure.

Nº 92

114. — Pour éviter la gaffe. — Même les joueurs expérimentés doivent s'accoutumer à faire avant chaque coup, si plausible qu'il paraisse être, un examen des surprises possibles qui se réduit à peu près aux questions suivantes :

Ai-je une pièce en prise ?

Ai-je un échec à redouter ?

Ai-je des pièces « en l'air » ?

Le dernier coup adverse ne cache-t-il pas quelque piège ?

Une fourchette ? (Cf. diagr. Nº 92.) Un « jet de filet » ? (Cf. diagr. Nº 93.)

Un Pion devient-il menaçant ?

Que peut la Dame adverse, mon coup fait ? (Cf. diagr. Nº 93.)

Un sacrifice adverse est-il à craindre ?

Qui a l'attaque?

Les deux exemples suivants montrent que même à des maîtres, les petits exercices mentaux recommandés ci-dessus auraient pu éviter des suites fâcheuses.

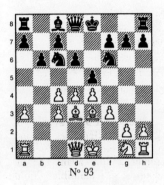

N° 93

I. *Fourchette.* — Dans une partie Canal-Becker, jouée au tournoi de Carlsbad, en 1929, après les coups: **1.** e4, e5; **2.** Cf3, Cc6; **3.** Cc3, Cf6; **4.** Fc4, Fc5; **5.** d3, d6; **6.** Fg5, h6; **7.** F × f6, D × f6; **8.** Cd5, Dd8; **9.** c3 (diagr. N° 92), la suite inopinée fut:

9. ..., Fc8 — e6? Une prévision plus raisonnable de la poussée adverse qui menace (d3 — d4 ou b2 — b4) consistait à jouer **9.** ..., a7 — a6, sinon **9.** ..., a7 — a5.

10. d3 — d4, e5 × d4.

11. c3 × d4, Fc5 — b6. Si **11.** ..., F × d5; **12.** e × d, Fb4+; **13.** Rf1!, Ce7; **14.** Da4+, gagnant une pièce.

12. Cd5 × b6, a7 × b6.

13. d4 — d5, ... Et voici la «fourchette»! La récolte suivra toutefois un peu plus tard.

13. ..., Cc6 — a5.

14. Fc4 — d3, Fe6 — g4.

15. b2 — b4, gagnant une pièce et la partie.

II. — *Jet de filet.* — Dans une partie Saemisch-Capablanca, jouée au même tournoi de Carlsbad, en 1929, après les coups: **1.** d4, Cf6; **2.** c4, e6; **3.** Cc3, Fb4; **4.** a3, F × c3+; **5.** b × c, d6; **6.** f3, e5; **7.** e4, Cc6; **8.** Fe3, b6; **9.** Fd3 (diagr. N° 93), la suite fut:

9. ..., Fc8 — a6?

Croyant pouvoir faire suivre **10.** ..., Ca5 et entamer ainsi une offensive partielle contre le Pion adverse c4.

L'esprit de précaution dictait pourtant **9.** ..., 0 — 0, éliminant le clouage du CD des Noirs.

10. Dd1 — a4, ... Cette pièce multilatérale attaque le FD et le CD adverses à la fois.

10. ..., Fa6 — b7.

11. d4 — d5, ... Et voici le « jet de filet » ! Le combat se termine avant de commencer.

11. ..., Dd8 — d7 ; **12.** d5 × c6, Fb7 × c6 ; **13.** Da4 — c2,

et, malgré une résistance héroïque de l'ex-champion désemparé, les Blancs gagnèrent au 62ᵉ coup.

N° 94

115. — L'abandon superflu. — Les exemples qui suivent montrent que cette psychologie curieuse qu'on pourrait appeler le « défaitisme échiquéen », se produit quelquefois même dans les tournois.

I. *Le clouage imaginaire.* — Fin d'une partie Popiel-Marco, jouée au tournoi international de Monte-Carlo, en 1902. Dans la position du diagramme N° 94, obtenue après le 35ᵉ coup des Noirs, la suite courte mais dramatique fut :

36. Tf1 — d1 ??, ... Croyant porter le coup mortel par cette attaque renforcée du Fou adverse cloué.

Il fallait, par contre, chercher à faire valoir les atouts d'une attaque directe contre le Roi adverse, en jouant **36.** Dh3 (par ex. **36.** ..., F × e4 ? ; **37.** F × e4, D × e4 ; **38.** C × h6 ! et gagne).

36. ..., *Les Noirs abandonnent.* — Cette « hypnose de la faute » est fort remarquable. En effet, en ripostant **36.** ..., Fd4 — g1 ! !, les Noirs pourraient non seulement sauver leur partie, mais encore « butiner » la Dame adverse (pour T et F), obtenant le gain eux-mêmes.

II. *Irruption prématurée.* — Fin d'une partie Cukierman-Fred Lazard, jouée au tournoi international de Paris, en 1929. Dans la position du diagramme N° 95, obtenue après le 32ᵉ coup des Blancs, la suite palpitante fut :

32. ..., Tf2 × g2+!! Pour commencer, les Noirs font un sacrifice brillant et profond qui devrait briser le rempart ennemi.

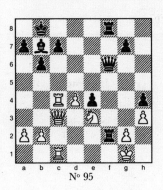

N° 95

33. Ce3 × g2, ... Si **33.** R × g2, alors de la façon la plus précise : **33.** ..., Df3× ; **34.** Rg1 (ou **34.** Rh2, Dg3+ ; **35.** Rh1, Tf2, forçant le mat) ; **34.** Dg3+ ; **35.** Cg2, e3 ! ; **36.** Tc2, Tf2 ! ; **37.** T × f2, D × f2+, suivi de **38.** ..., D × g2 mat.

33. ..., Df6 — f2+.

34. Rg1 — h2, ... Sur **34.** Rh1, le coup décisif serait **34.** ..., Tf3 ; **35.** D × f3, e × f, etc.

34. ..., e4 — e3 ! ; **35.** d4 — d5, Df2 — g3+.

36. Rh2 — h1, ... Sur **36.** Rg1, l'irruption **36.** ..., Tf2 serait, en effet, immédiatement décisive.

36. ..., Tf8 — f2 ? Jusqu'à présent, l'éminent problémiste M. Fred Lazard, a mené l'assaut avec la fougue et la finesse nécessaires, mais ici il précipite l'ouvrage.

Il fallait continuer tout simplement par **36.** ..., Fb7 × d5 (par ex. **37.** Tg4, F × g2+ ; **38.** Rg1, Df2+, etc., ou bien **37.** Dc2, Tf2, etc.).

Mais maintenant, opprimés par ces derniers coups de massue *les Blancs abandonnèrent*, sans remarquer qu'ils avaient à leur disposition une belle manœuvre de sauvetage, à savoir :

37. Tg4 !!, ... Avec la double fonction de défendre le Cg2, tout en évacuant la colonne FD pour la Dame.

37. ..., D × h3+.

38. Rg1, D × 4, regagnant sa Tour, mais passant l'initiative à l'adversaire.

39. D × c7+, Ra8 ; **40.** Dd8+, Fc8 ; **41.** T × c8+, Rb7 ; **42.** Dc7+, Ra6 ; **43.** Dc4+, D × c4 ; **44.** Tc × c4.

Et ce sont dorénavant les Blancs qui doivent gagner !

LA CATASTROPHE

Même au tournoi, telle méprise
Culbute un jeu de bon aloi.
Des coups justes, puis... la sottise
Qu'on voit trop tard avec effroi.

Jules LAZARD, *Quatrains échiquéens.*

Chapitre XXVIII

Les facteurs
de la victoire

116. — Les stratagèmes. — Tout en se déroulant au moyen des trois éléments fondamentaux du temps (représenté par les coups), de l'espace (représenté par l'échiquier) et de la force (représentée par les pièces), un combat d'Échecs emprunte sa vigueur à de nombreux stratagèmes, basés sur les relations mystérieuses qui existent entre les pièces et les cases de l'échiquier.

Citons parmi ces stratagèmes qui influent surtout sur le milieu de la partie :

la pression sur une colonne ouverte ; le doublement (et même le triplement) des engins « d'artillerie » ; l'irruption d'une Tour (et surtout des deux Tours) sur la septième rangée adverse, pourvue ou non de Pions ;

la coopération de deux Fous qui se complètent dans la domination d'une série de cases ;

l'échec à la découverte, voire l'échec double ; la stratégie du clouage et la technique du déclouage ;

l'idée de l'avant-poste et celle du minage de la chaîne de Pions adverse ; le blocus et le stoppage ;

le dogme des « cases mortes » et celui des « points forts » ; la tension des Pions au centre ; le trouage et l'isolement artificiel des Pions ennemis ;

le travail assidu sur (ou contre) une série de cases de même couleur ;

le travail simultané sur les deux ailes ; le « frayage » de lignes et la création des buts d'attaque ;

les nombreuses menaces : simples ou doubles, directes ou indirectes, réelles ou imaginaires ;

puis, la riche récolte des pièges et des combinaisons, des sacrifices, et des offres de sacrifices, des gambits et des ruptures de front ;

enfin, tout cet échafaudage de manœuvres et de plans intrépides, de « pointes » finales et de coups intermédiaires — en un mot, de l'idée qui s'efforce de vaincre la résistance de la matière.

En réexaminant les parties commentées, et même notre petit choix de parties miniatures (chapitre VIII), le lecteur trouvera nombre de points de repère qui illustreront les stratagèmes les plus saillants et les plus profonds. Il n'aura qu'à en tirer la conclusion qui confirme toute la beauté et toute la difficulté du jeu des Échecs : la logique y règne, mais ne gouverne pas.

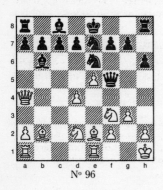

N° 96

117. — Quelques pièges.

— Bien qu'il ne soit pas recommandable de baser son jeu sur des pièges, ceux-ci servent quelquefois à sauver une partie compromise. — Le lecteur qui aura déjà constaté quelques « pièges de début » au cours des dissertations précédentes, concernant la théorie des ouvertures, examinera avec utilité les cas suivants, choisis parmi des milliers d'autres.

I. *Un piège qui réussit* (voir diagr. N° 96). — Fin d'une partie Gunsberg-Steinitz, jouée dans le match pour le championnat du monde, à La Havane, en 1890.

Les Blancs ont un Pion de moins, sacrifié dès le début dans

l'intérêt du développement accéléré des pièces. Pour ne pas se laisser enlever l'initiative, ils doivent poursuivre la stratégie de « l'inquiètement », avant que l'adversaire ne parvienne à consolider son jeu par le Roque. Voici donc la suite :

N° 97

1. Cf3 — h4, Df5 × f2? Tombant dans le piège, puisque les Noirs vont maintenant perdre la Dame pour une Tour. On voit que même les grands champions ne sont pas exempts de fautes graves.

Comme d'autre part, **1.** ..., Df5 — g5 ? perdait immédiatement la Dame à cause de **2.** Cd2 — e4, la retraite **1.** ..., Df5 — h7 s'imposait.

2. Cd2 — e4, Df2 — e3.

3. Fe2 — f1, la Dame est enfermée et ne peut éviter d'être prise.

II. *Un piège qui sauve* (voir diagr. N° 97). — Fin d'une partie de maîtres. Il est évident que le jeu des Noirs qui ont deux Pions de moins, est désespéré. Au lieu d'inaugurer par **1.** ..., De8 — e4+ une série bien courte d'échecs, les Noirs tirent leur dernière cartouche :

1. ..., h4 — h3+.

2. Rg2 × h3 ??, ... Tombant dans le piège. Encore pire était, bien entendu, **2.** Rf3 ?? (à cause de **2.** ..., De4×) ou **2.** Rg1 ?? (à cause de **2.** ..., De1×), mais en jouant **2.** Rf1, les Blancs obtenaient, grâce à la situation précaire du Roi adverse, assez facilement la victoire.

2. ..., De8 — e6+ ; **3.** Da6 × e6, pat.

III. *Un piège qui retombe sur la tête du « finasseur »* (voir diagr. N° 98). — Fin d'une partie Sultan-Khan — C. Alexander, jouée au tournoi de Hastings, en 1933.

Le diagramme représente la position après le 30° coup des Blancs. Dans cette situation, où la pression verticale des Blancs sur la colonne FD est évidente, les Noirs croient pouvoir se libérer d'une façon « énergique » :

31. ..., b7 — b5 !? Cette combinaison, bravant la logique supérieure des choses (qui recommande de ne pas trop forcer les événements), va bientôt échouer.

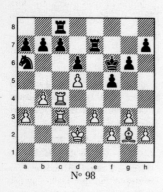

N° 98

Peu de résistance montrait, du reste, l'essai de regroupement : **31.** ..., Cb8, à cause de **32.** b5 (cette avance « cernante » est rendue possible par la renonciation du Cavalier adverse à dominer la case c5) ; **32.** ..., Cd7 (ou **32.** ..., a6 ; **33.** b6 et les Blancs gagnent un Pion vital) ; **33.** Ta4, etc., faisant du butin.

En voyant ces difficultés, il fallait conserver son sang-froid et se décider à attendre patiemment les événements en jouant — au lieu du malheureux coup du texte — **31.** ..., Tce8.

En effet, après **31.** ..., Tce8, rien de décisif ne s'annonçait, par ex. **32.** Ff1, Tc8 ; **33.** Td4 (pour déloger le Cavalier adverse, mais celui-ci va retrouver son activité) ; **33.** ..., Cb8 ; **34.** b5 (conséquent, mais affaiblissant) ; **34.** ..., Cd7 ; **35.** a4 (évidemment non **35.** Ta4, à cause de **35.** ..., Cc5 et les Noirs gagnent la qualité) ; **35.** ..., Cc5 ; **36.** Fg2, b6 et la position des Noirs se trouve même plus compacte que celle des Blancs.

32. Tc4 — c6, ... Confirmant sans peur les intentions de l'adversaire qui croit pouvoir enfermer cette Tour.

32. ..., Ca6 — b8.

33. Tc6 × d6+, Rf6 — e5. Si les Noirs prévoyaient ce qui va suivre, ils auraient joué **33.** ..., c × d ; **34.** T × c8, Cd7. Toutefois, les Blancs continueraient alors non pas **35.** Tc7, Cb6, etc., avec des contre-chances pour les Noirs, mais bien plus prosaïquement : **35.** Tc6, gagnant un second Pion.

34. Td6 — c6, Cb8 × c6.

35. Tc3 × c6, f5 — f4. Réveil terrible. Le coup du texte est le seul pouvant empêcher le mat immédiat (par **38.** f4). On voit donc que pour gagner la qualité, le Roi noir s'est pris dans une souricière.

36. g3 × f4+. Abandonne (car après **36.** ..., Rf5 ; **37.** Fh3+ la Tour c8 est perdue).

118. — Les plus jolies combinaisons. — Malgré le « surcroît de richesse », nous voulons en citer quelques-unes célèbres dans la littérature échiquéenne et que l'amateur fera bien de retenir, puisque leur thème peut se répéter assez souvent dans la pratique.

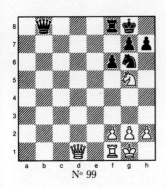

N° 99

I. *Mat « à l'étouffé »* (voir diagr. N° 99). — Les Blancs forcent le gain de la manière suivante :

1. Dd1 — d5+, Rg8 — h8 ; **2.** Cg5 — f7+, Rh8 — g8 ?

Croyant que l'adversaire n'a à sa disposition que l'échec perpétuel, mais si les Noirs prévoyaient (ou connaissaient) la combinaison qui suit, ils joueraient en tout cas **2.** Tf8 × f7, en évitant, par ce sacrifice de qualité, le pire.

3. Cf7 — h6++, ... Un des cas où l'échec double montre sa puissance.

3. ..., Rg8 — h8.

4. Dd5 — g8+ ! ! !, ... Un sacrifice de Dame qui est de toute beauté. Le premier qui réalisa cette idée brillante, devait être un grand artiste ès échecs. On peut en attribuer la priorité au glorieux Espagnol Lucena. Une combinaison semblable se retrouve dans le recueil de Greco (1619). Voir partie miniature N° 36.

4. ..., Tf8 × g8. Non seulement la Tour est forcée de quitter la surveillance de la case f7, mais encore elle va enfermer son propre Roi d'une façon funeste.

5. Ch6 — f7×.

Nº 100

II. *Sacrifice transformateur* (voir diagr. Nº 100). — Position après le 17e coup des Blancs d'une partie L. Paulsen-Morphy, jouée au tournoi de New York, en 1857.

Par leur dernier coup (**17. Da4 — a6**) qui oppose les Dames, les Blancs espèrent chasser la pièce protagoniste adverse de son poste bloquant toute l'aile gauche. La réponse peu banale des Noirs va transformer toute l'aile du roque des Blancs en un champ de mort.

17. ..., Dd3 × f3 ! ! ! Quelle surprise !

18. g2 × f3, Te6 — g6+.

19. Rg1 — h1, Fd7 — h3. Avec la menace **20.** ..., Fg2+ : **21.** Rg1, F × f3 mat.

20. Tf1 — d1, ... Évidemment non 20. Tg1 à cause de **20.** ..., T × g1+ ; **21.** R × g1, Te1+ avec le mat au coup prochain.

A envisager était pourtant 20. Dd3. **20.** ..., Fh3 — g2+ ; **21.** Rh1 — g1, Fg2 × f3+ déc.

22. Rg1 — f1, Ff3 — g2+. Une autre manière de voir les choses était **22.** ..., Tg2, par ex. **23.** d4 (pour empêcher **23.** ..., T × f2+) ; **23.** ..., T × h2 suivi de **24.** ..., Th1×.

23. Rf1 — g1, Fg2 — h3+ déc. ; **24.** Rg1 — h1, Fb6 × f2.

25. Da6 — f1, ... Triste nécessité pour empêcher le mat immédiat. Le reste est encore très cruel.

25. ..., Fh3 × f1 ; **26.** Td1 × f1, Te8 — e2 ; **27.** Ta2 — a1, Tg6 — h6 ; **28.** d2 — d4, Ff2 — e3.

Les Blancs abandonnent. (En effet, si **29.** F × e3, Th × h2+ ; **30.** Rg1, Teg2×).

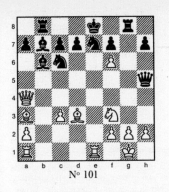

III. *Le « démasquage »* (voir diagr. N° 101). — Position après le 18e coup des Noirs d'une partie Anderssen-Dufresne, jouée à Berlin.

19. Ta1 — d1, ... Préparant une combinaison de toute beauté.

Une autre suite sérieuse à considérer était **19.** Fe4.

19. ..., Dh5 × f3.

Réponse incrédule.

Sur **19.** ..., Tg4; **20.** Fc4, maintenait la pression des Blancs.

20. Te1 × e7+, ... Menacés eux-mêmes du mat, les Blancs sont les premiers à l'œuvre.

20. ..., Cc6 × e7. Si **20.** ..., Rd8; **21.** T × d7+!, Rc8; **22.** Td8×!!! continue le travail héroïque.

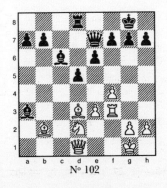

21. Da4 × d7+, ... C'est pour rendre possible ce sacrifice de Dame que les Blancs ont fait les sacrifices précédents.

21. ..., Re8 × d7.

22. Fd3 — f5++, ... La « pointe » principale de toute la combinaison résidant dans la puissance de cet échec double, le pauvre Roi noir va succomber.

22. ..., Rd7 — e8. Sur **22.** ..., Rc6 s'ensuivrait un mat immédiat par **23.** Fd7.

23. Ff5 — d7+, Re8 — f8. Sur **23.** ..., Rd8, même réponse sans lendemain.

24. Fa3 × e7 mat.

IV. « *Frayage* » *des routes* (voir diagr. N° 102). — Position après le 19ᵉ coup des Noirs d'une partie Alekhine-Drewitt, jouée au tournoi de Portsmouth, en 1923.

Matériellement, les jeux sont à peu près égaux, puisque les Noirs ont trois Pions pour une pièce mineure. Dynamiquement, les Blancs démontrent leur supériorité par une conception brillante :

20. Fd3 × h7+!, ... Maintenant ou jamais !

20. ..., Rg8 × h7 ; **21.** Tf3 — h3+, Rh7 — g8.

22. Fb2 × g7!!, ... Par ce double sacrifice des Fous, les Blancs démolissent la forteresse royale adverse.

Bien que cette variante ait déjà des précédents (parties Lasker-Bauer, Amsterdam, 1889 et Nimzowitch-Tarrasch, Saint-Pétersbourg, 1914), elle fut jouée ici d'une façon très masquée.

22. ..., Abandonne. — En effet, si **22.** ..., f6, alors **23.** Fh6!, Dh7 ; **24.** Dh5!, Fe8 (ou **24.** ..., Ff8 ; **25.** Dg4+, R joue **26.** F × f8, etc.) ; **25.** Tg3+, Rh8 ; **26.** Fg7+, Rg8 ; **27.** F × f6+ déc. et gagne.

Brillant et profond.

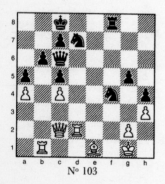
N° 103

V. *Mat* « *constructif* » (voir diagr. N° 103). — Position après le 33ᵉ coup des Blancs d'une partie Bogoliouboff-Monticelli, jouée au tournoi de San Remo, en 1930. (Prix de beauté.)

La suite — qui compte parmi les plus brillantes des tournois modernes ! — fut :

33. ..., g5 — g4 !

Mettant en feu tout le « coin royal » des Blancs.

34. Fe1 × h4, g4 × h3 ; **35.** g2 — g3, ...

334

Espérant pouvoir tenir fermée la colonne du CR, car si **35.** g × h ; Ce5 décide rapidement.

35. ..., Cd7 — e5.

Le feu d'artifice que les Noirs s'apprêtent à offrir, est peu commun.

36. Tb1 — b3, ... Parant tant bien que mal à la menace **36.** ..., Cf3+, mais succombant à une autre :

36. ..., Cf4 — e2+ ! !

Tournure diabolique.

37. Td2 × e2, Tf8 — f1+ ! ! ; **38.** Rg1 × f1, Dc6 — h1+ ; **39.** Rf1 — f2, Ce5 — g4 mat.

QUATRIÈME SECTION

Les fins de partie

Chapitre XXIX

Cas généraux

119. — Fins de jeu simples. — Le sort de la partie ne se décide pas toujours « en pleine bataille ». La réduction du matériel réciproque se produit non seulement comme le déroulement naturel des choses, mais aussi selon le désir de celui qui ayant conquis un avantage matériel (par ex. un Pion, une qualité, etc.) veut aboutir, par des échanges, à une de ces positions simples, où son avantage peut se « réaliser » d'une façon purement technique.

Il y a donc fins et fins. Les positions simples (par ex. Roi et Tour contre Roi seul), permettant des « mats techniques », sont exposées dans les notions préliminaires (voir chapitre VII).

Il y a des positions plus compliquées (par ex. Roi et Tour contre Roi et Cavalier ; Roi et Dame contre Roi, Tour et Pion ; Roi et Pions contre Roi et Pions ; etc.), dont l'exposition complète encombrerait déjà trop la mémoire du débutant. Cette remarque est d'autant plus valable pour une multitude de situations qu'on appelle *fins de partie*, puisqu'elles ne présentent plus le même caractère que le *milieu de partie* avec ses attaques massives et ses tournures imprévues.

Bien souvent, c'est l'élimination des Dames réciproques qui marque le passage du combat des idées à celui des temps, lesquels sont surtout décisifs dans les fins de partie

120. — Les six principes. — Sans embrouiller le débutant par un examen détaillé de tous les cas qui peuvent se présenter, énonçons ici quelques principes généraux, très importants pour bien mener une fin de partie. Disons tout de suite que la plupart des joueurs appliquent ces principes sans les connaître, ou bien (ce qui est bien plus triste !) les connaissent sans les appliquer !

1° Nécessité d'un **plan** (car même la finale R et D contre R ne donnerait autrement que des manœuvres infinies sans résultat !). La formation d'un plan doit être précédée par l'analyse, c'est-à-dire l'appréciation de la position ; cela constitue aussi la base de toute stratégie dans le milieu du jeu.

Le but primaire étant de mater, la conception d'un plan se voit remplacée dans les positions simples par la connaissance d'une formule.

2° Le **Roi** est devenu plus actif (car le danger du mat est amoindri, par les échanges, surtout après l'échange des Dames). Si le milieu du jeu se joue *pour* le Roi, la fin de partie s'effectue *par* le Roi.

La « centralisation des Rois », courant vers les meilleurs observatoires, marque assez souvent l'avènement de la phase finale du combat.

3° Les **Pions** sont devenus bien plus importants (car leur marche « à Dame » offre des perspectives bien plus concrètes sur le champ plus libre). Tout en se souvenant du dire de Philidor que « les Pions sont l'âme du jeu des Échecs », on s'accordera à dire que les Pions sont l'âme des fins de jeu aux Échecs.

Rappelons, en tout cas, que toutes les « faiblesses dynamiques » dans la disposition des Pions (le doublement, l'isolement, l'arriérage, etc.) se paient surtout dans la phase finale, où l'on ne peut plus compenser ou masquer ces faiblesses par une attaque fulminante.

4° Les **Tours**, elles aussi, sont devenues plus fortes (car elles peuvent dorénavant combattre plus efficacement les Pions et cerner le Roi ennemi sur les colonnes devenues grandes ouvertes). Ajoutons que selon des statistiques impeccables, plus de 50 % des « fins de jeu » se déroulent avec l'assistance des Tours, ce qui est assez explicable par le fait qu'elles n'entrent d'ordinaire que tardivement dans le combat.

D'autre part, on constate qu'à peu près 75 % des fins avec

Tours aboutissent à la nullité, expliquée par leur travail rectangulaire. La supériorité d'un, et quelquefois même de deux Pions, ne suffit souvent pas à forcer la victoire.

5° Finales de **Fous**. Il faut tenir compte, dans le maniement des Pions, de l'inefficacité des Fous à l'égard des cases de couleur opposée. Si le Fou adverse domine la même couleur que le vôtre, il est bon d'avoir vos Pions sur les cases de couleur opposée.

Si les Fous adverses sont de « couleur **différente** », la supériorité d'un, et même de deux Pions, n'assure que rarement la victoire. Plus encore que les finales de Tours celles de Fous de différentes couleurs offrent un « refuge de nullité ».

6° Prépondérance, dans les phases finales, de la méthode « **positionnelle** » sur la tendance « combinatoire » qui caractérise, par contre, la phase du milieu.

En effet, combien de fois se contente-t-on en fin de partie d'assiéger un simple Pion, tandis que dans le milieu de jeu, c'est le Pion qui assiège ! Si les combinaisons multiples du milieu du jeu tendent au triomphe de la fantaisie, le travail assidu de la fin de jeu est surtout le triomphe de la logique.

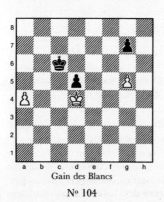

Gain des Blancs

N° 104

121. — Le Pion triomphateur. — La création du Pion **passé**, et surtout plus **éloigné** du secours royal, fournit la plupart du temps le thème principal des fins de partie. On peut donc établir pour les fins de jeu la maxime suivante : « Si l'on n'a pas un Pion passé, il faut le créer. »

Voici quelques exemples expressifs :

I. *Le Pion passé éloigné* (voir diagr. N° 104). — On réussira, par le sacrifice du Pion éloigné, à faire dévier le Roi adverse des autres points importants. Voici donc le gain :

1. a4 — a5, g7 — g6.

2. a5 — a6. « Sacrifice de déviation ».

2. ..., Rc6 — b6 ; **3.** Rd4 × d5, Rb6 × a6 ; **4.** Rd5 — e6, Ra6 — b6 ;
5. Re6 — f6, Rb6 — c6 ; **6.** Rf6 × g6 et gagne.

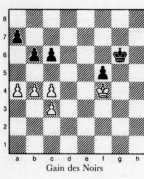

Gain des Noirs

N° 105

II. *Petite faiblesse, grands effets !* (voir diagr. N° 105). — Sur le côté-Dame, les trois Pions noirs neutralisent les quatre ennemis, car aucun « dédoublement » n'est possible, par exemple :

1. c4 — c5, b6 × c5 ; **2.** b4 × c5, a7 — a5 ; **3.** c3 — c4, Rg6 — f6 ; **4.** Rf4 — f3, Rf6 — e5, etc., ou **1.** b4 — b5, c6 — c5, etc., ou **1.** a4 — a5, c6 — c5, etc., avec gain facile, le Pion passé des Noirs (f5) étant donc effectivement en plus et forçant le Roi adverse à céder le terrain, par ex. : **1.** Rf3, Rg5 ; **2.** Rg3, f4+ ; **3.** Rf3, Rf5 ; **4.** Rf2, Re4 ; **5.** Re2, f3+ ; **6.** Rf2, Rf4 ; **7.** Rf1, Re3 ; **8.** Re1, Rd3 ! (diversion décisive) ; **9.** Rf2, R × c3 et les Noirs gagnent.

III. *Évitons le blocus !* — Les « Pions bloqués » (par ex. deux Pions noirs à a6 et b7, cernés par un seul Pion Blanc, situé à a5) représentent bien souvent une faiblesse chronique non moindre que celle des Pions doublés.

Règle pratique importante : on évite le blocage des Pions, en jouant sur le flanc, où il y a deux Pions contre un, *le Pion dont l'horizon est libre*.

Ainsi, dans la position du diagramme N° 106 le coup juste des Noirs — pour faire valoir le contrepoids — est **1.** ..., b7 — b6 !, puis a7 — a6 et enfin b6 — b5. Les adversaires auront alors des Pions passés qui aboutiront à la nullité.

Une faute décisive (dans les fins de jeu, presque chaque faute est décisive !) serait **1.** ..., a7 — a6 ?, à cause de la réponse bloquante: **2.** a4 — a5!, maîtrisant dorénavant la majorité adverse.

Nº 106

A remarquer que cette règle de « l'horizon libre » est encore plus claire, si les Pions sont plus proches, par ex. Pion blanc à a5; Pions noirs à a7 et b7. Sans hésiter, pour former un Pion passé, on jouera le Pion à l'horizon libre, soit **1.** ..., b7 — b6!, tandis que **1.** ..., a7 — a6? serait une faute évidente, bloquant de plein gré ses deux Pions.

Cette règle est aussi juste, s'il y a trois Pions contre deux, par ex. Pions blancs à a4 et b4; Pions noirs à a7, b7 et c7. Alors, ni **1.** ..., b7 — b6?; **2.** b4 — b5!, ni **1.** ..., a7 — a6?; **2.** a4 — a5!, etc., mais uniquement **1.** ..., c7 — c6!, puis b7 — b6 et enfin c6 — c5 serait la méthode juste pour se procurer automatiquement un Pion passé.

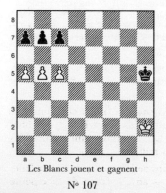

Les Blancs jouent et gagnent

Nº 107

IV. « *Frayage* » *du chemin* (voir diagr. Nº 107). — Un gain tout aussi important qu'instructif s'y réalise pour les Blancs, s'ils ont le trait :

1. b5 — b6!, ... Sans effet serait, par contre, **1.** a6 ou **1.** c6.

1. ..., c7 × b6. Ou **1.** ..., a × b; **2.** c6! gagne (« variante miroir »).

2. a5 — a6!, b7 × a6.

3. c5 — c6 gagne. — Tournure tragique.

N° 107 *bis*

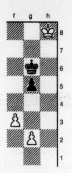

N° 107 *ter*

V. *Triangle royal* (voir diagr. N° 107 *bis*). — Fin d'une partie de maîtres : Fahrni-Alapine. Les Blancs jouent et gagnent, grâce à une manœuvre triangulaire de leur Roi :

1. Rd5, Rc8 ; **2.** Rc4, Rb8 ; **3.** Rd4, Rc8 (le Roi noir est forcé d'abandonner la « case correspondante ») ; **4.** Rd5 !, Rc7 ; **5.** Rc5 (voici donc la position du diagramme au trait transmis, ce qui force les Noirs à céder le terrain et le Pion) ; **5.** Rc8 ; **6.** Rb6, etc.

VI. *Course des Rois* (voir diagr. N° 107 *ter*). — Les Blancs jouent et gagnent grâce aux manœuvres subtiles imaginées par le maître soviétique V. D. Grigorieff :

1. g3 ! (si **1.** g4, Rh6 et le Roi blanc reste emprisonné) ; **1.** ..., Rh5 (si maintenant **1.** ..., Rh6 ; **2.** g4, Rg6 ; **3.** Rg8, Rf6 ; **4.** Rf8 ! gagne) ; **2.** Rg8 ! (si **2.** Rg7 ?, g4 ; **3.** f4 pat !) ; **2.** ..., g4 ; **3.** f4, Rg6 ; **4.** Rf8, Rf6 ; **5.** Re8, Re6 ; **6.** Rd8, Rd6 ; **7.** Rc8, Rc6 ; **8.** Rb8, Rb6 ; **9.** Ra8, Rc6 ! (si **9.** ..., Ra6 ; **10.** f5 gagne) ; **10.** Ra7, Rc7 ; **11.** Ra6, Rc6 ; **12.** Ra5, Rc5 ; **13.** Ra4, Rc4 ; **14.** Ra3, Rc5 (car si **14.** ..., Rc3 ; **15.** f5 gagne) ; **15.** Rb3, Rb5 ; **16.** Rc3, Rc5 ; **17.** Rd3, Rd5 ; **18.** Re3, Re6 (enfin, le Roi noir doit céder du terrain) ; **19.** Re4, etc.

On ne peut pas mieux illustrer les dessous de la lutte pour l'opposition.

Chapitre XXX

Théorie et pratique

122. — Études artistiques. — Ce sont les compositions tendant à démontrer la possibilité bien cachée d'un gain ou d'un sauvetage, sans un nombre déterminé de coups comme cela a lieu dans les problèmes. Les noms les plus glorieux dans ce domaine sont, à travers les âges et les peuples, ceux de *Philidor*, Stamma, Lolli, Horwitz, *Herlin*, Walker, *Rinck*, Troïtzky, Behting, Duras, Réti, Kubbel et *Fred Lazard*.

En voici deux exemples remarquables :

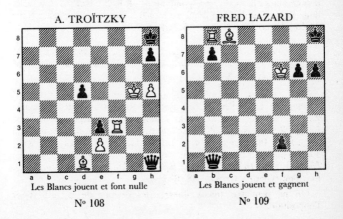

A. TROÏTZKY

Les Blancs jouent et font nulle

N° 108

FRED LAZARD

Les Blancs jouent et gagnent

N° 109

N° 108. Sacrifices réciproques. Le sauvetage des Blancs s'effectue de la façon suivante : **1.** Rg5 — h6, Rh8 — g8 ; **2.** Fd1 — b3, Dh1 × f3 ! ! ; **3.** Fb3 × d5+ ! !, Df3 × d5. Pat.

N° 109. « Rasoir automatique ». Voici un cas où l'on serait presque tenté d'abandonner la cause des Blancs qui ont pourtant, bien au contraire, un gain à leur disposition, à savoir : **1.** Fc8 — e6+ déc., Rh8 — h7 ; **2.** Fc6 — g8+, Rh7 — h8 ; **3.** Fg8 — b3+ ! éch. déc., Rh8 — h7 ; **4.** Tb8 × b7+, Rh7 — h8 ; **5.** Tb7 — b8+, Rh8 — h7 ; **6.** Fb3 — g8+, Rh7 — h8 ; **7.** Tb8+, b1 et gagne.

123. — Finales instructives. — Fréquemment, les parties véritablement jouées présentent dans leur déroulement final des finesses susceptibles de concourir dignement avec les positions imaginées par les « étudistes ». D'autre part, bien des compositions artificielles cherchent moins à briller par un dénouement extraordinaire qu'à instruire par une pointe qui peut se rencontrer dans la pratique.

Citons donc pour clore la partie didactique de notre ouvrage, quelques beaux exemples de la subtilité échiquéenne, dont deux sont tirés de la pratique des maîtres et deux autres résultent d'études composées.

LASKER

SCHLECHTER

N° 110

I. *La Tour valeureuse* (voir diagr. N° 110). — Fin d'une partie du match Schlechter-Lasker, jouée à Vienne, en 1910. — Trait aux Noirs. — Dans cette position, où les Noirs se trouvent déjà en désavantage matériel et où ils sont menacés de l'irruption du Roi adverse par c2 — c4 suivi de Rf3 — f4, etc., ils conçoivent un plan très profond de sauvetage :

54. ..., Ta4 — e4 ! ! Cette manœuvre sacrifie même un

second pion, mais oblige les pièces adverses à occuper des positions passives.

Une suite insuffisante serait, par contre, **54.** ..., Ta1, à cause de **55.** Ta6, a4; **56.** Rf4, Tf1+; **57.** Rg5, Tf3; **58.** T × a4, T × g3+; **59.** R × f5, etc., avec un gain assuré pour les Blancs.

55. Tc6 — c5, Rf7 — f6; **56.** Tc5 × a5, Te4 — c4!

57. Ta5 — a2, Tc4 — c3+. Refoulant le Roi adverse sur la seconde rangée (car si **58.** Rf4, Tc4+).

58. Rf3 — g2, Rf6 — e5. Voici la position à laquelle aspiraient les Noirs en faisant leur premier coup. La position *active* de la Tour c3 compense leur infériorité de deux Pions!

59. Ta2 — b2, Re5 — f6; **60.** Rg2 — h3, Tc3 — c6!

Trop d'optimisme montrerait **60.** ..., f4 à cause de **61.** Tb3!, T × c2; **62.** Tf3 et les Blancs gagnent le Pion f4.

61. Tb2 — b8, ... La seule tentative possible pour éviter la nullité. En effet, si **61.** h5, Rg5.

61. ..., Tc6 × c2; **62.** Tb8 — b6+, Rf6 — g7.

63. h4 — h5, Tc2 — c4! Coupant l'accès au Roi blanc, ce qui enlève à l'adversaire tout espoir de vaincre.

64. h5 — h6+, Rg7 — h7; **65.** Tb6 — f6, Tc4 — a4.

Partie nulle.

★

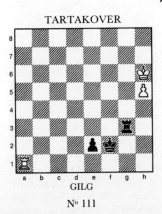

TARTAKOVER

GILG

N° 111

II. *La « faufilade » du Roi* (voir diagr. N° 111). — Position après le 61e coup des Blancs d'une partie Gilg-Tartakover, jouée au tournoi de Semmering, en 1926. — Ce n'est que par des manœuvres savantes que les Noirs peuvent réussir à gagner la Tour adverse pour leur Pion, tout en maîtrisant les menaces du Pion ennemi. Voici la suite :

61. ..., Tg3 — g1. Après **61.** ..., e1D; **62.** T × e1, R × e1; **63.** Rh7, etc., la partie deviendrait nulle, le Roi étant encore trop éloigné du secteur critique.

62. Ta1 — a2, Rf2 — f3.

63. Ta2 — a3+, ... Si, par contre, maintenant **63.** T × e2, R × e2 ; **64.** Rh7, alors **64.** ..., Rf3 ; **65.** h6, Rf4 ; **66.** Rh8, Rf5 ; **67.** h7, Rg6 ! ; **68.** Rg8, Rh6+ déc. (ou même **68.** ..., Ta1 ; **69.** h8C+, Rf6 ; **70.** Rh7, Ta7+ ; **71.** Rg8, Tb7 gagne) ; **69.** Rh8, Ta1 ; **70.** Rg8, Ta8+ ; **71.** Rf7, R × h7 gagne. — On voit comme une seule case de rapprochement peut changer de fond en comble le théâtre stratégique du combat !

63. ..., Rf3 — f4 ; **64.** Ta3 — a4+, Rf4 — g3 ; **65.** Ta4 — a3+, Rg3 — h4.

Ainsi, le Roi noir s'est faufilé aussi près que possible du Pion adverse.

66. Ta3 — a4+, Tg1 — g4 ; **67.** Ta4 — a1, Tg4 — e4.

68. Ta1 — h1+, ... Une petite série d'« échecs de désespoir » commence, car si **68.** Te1, Te6+ suivi de **69.** ..., R × P.

68. ..., Rh4 — g4 ; **69.** Th1 — g1+, Rg4 — f5.

70. Tg1 — e1, Rf5 — f6 ! Améliorant encore la position du Roi. Peu utile serait **70.** ..., Te7 à cause de **71.** Tf1+ (**71.** ..., e+fD ? pat).

71. Rh6 — h7, Rf6 — g5 ; **72.** h5 — h6, Te4 — e7+.

Les Blancs abandonnent.

★

ÉTUDE DE R. RÉTI
(version améliorée)

Les Blancs jouent et font nulle

N° 112

III. *Le carré magique* (voir diagr. N° 112). — Dans cette étude de R. Réti, le sauvetage des Blancs paraît à première vue irréalisable, puisque les trois Pions noirs se soutiennent, tandis que le Pion unique des Blancs semble très irrévocablement voué à la perte. Et pourtant, ça va :

1. Rh5 — g6, Ra6 — b6.

Ou **1.** ..., f5 ; **2.** R + g7 !, f4 ; **3.** Rf6 ! (mais non **3.** R + h6 ?) ; **3.** ..., f3 (ou **3.** ..., Rb6 ; **4.** Re5 !!, f3 ; **5.** Rd6, etc.) ; **4.** Re7 !, f2 ; **5.** c7, etc.

2. Rg6 × g7, h6 — h5.

Ou **2.** ..., f5 ; **3.** Rf6 !, f4 ; **4.** Re5 !, etc., pareillement à la suite du texte.

3. Rg7 × f6, h5 — h4.

4. Rf6 — e5 !, ... Visant à gauche et à droite. Figure de Janus, ce Roi sauve la partie par ses manœuvres en zigzag.

4. ..., Rb6 + c6. En effet, si **4.** ..., h3 ; **5.** Rd6, h2 ; **6.** c7, h1D (ou **6.** ..., Rb7 ; **7.** Rd7, etc.) ; **7.** c8D, partie nulle.

5. Re5 — f4 et le Roi blanc ayant quasi miraculeusement réussi à se glisser dans le carré (voir § 48), le Pion noir tombe et la partie s'annule.

★

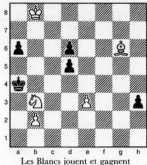

Les Blancs jouent et gagnent

N° 113

IV. *L'agilité du Cavalier* (voir diagr. N° 113). — Dans cette étude de Henri Rinck — comme dans presque toutes celles du grand compositeur lyonnais ! — la profondeur s'allie à la beauté.

1. Cb3 — c1, ... Avec sang-froid, le Cavalier prépare des évolutions d'« équilibriste » qui décident de la partie.

1. ..., h3 — h2.

Quel Pion menaçant ! Or, pour le moment, ce sont les Blancs qui sont à l'œuvre ;

2. Fg6 — e8+, Ra4 — a5.

Si **2.** ..., Rb4, alors **3.** Cd3+ suivi de **4.** Cf2, stoppant le Pion passé adverse.

3. Cc1 — d3 !, h2 — h1D.

La Dame est là, mais entre-temps, les Blancs ont réussi à construire un réseau de mat.

4. b2 — b4+, Ra5 — b6.

5. Cd3 — b2 !, ... Encore un coup « tranquille », mais dont la menace est d'autant plus criante (**6.** Ca4×).

5. ..., a6 — a5. Ou **5.** ..., Da1 ; **6.** Ca4+, D × a4 ; **7.** F × a4, a5 ; **8.** b × a×, R × a5 ; **9.** Fc6, d4 ; **10.** e × d, d5 ; **11.** F × d5, Rb4 ; **12.** Fe6 (**12.** Rc7 ? ?, Rc3, suivi de R × d4 avec nullité) ; **12.** ..., Rc3 ; **13.** d5 gagne.

6. Cb2 — a4+, Rb6 — a6 ; **7.** b4 — b5×.

CINQUIÈME SECTION

Le monde
des Échecs

Chapitre XXXI

Abrégé historique

124. — Origines. — Voici les hypothèses les plus admises :

Origine hindoue ? — Le docteur Forbes (*The History of chess*, London, 1860) place la naissance du jeu des Échecs aux Indes, 3 000 ans avant notre ère, où vivait Sissa, fils de Daher, ami du roi Belkib.

Origine persane ? — Fréret, dans son discours prononcé à l'Académie sous Louis XV (qui pratiquait les Échecs), est d'avis que les Persans ont reçu ce jeu des Indes et qu'il fut apporté en Perse sous le règne du Grand Cosroès.

Origine chinoise ? — Les Chinois (qui le surnomment le Jeu de l'Éléphant) reconnaissent qu'ils le tiennent des Hindous desquels ils l'ont reçu au cours du VIIe siècle.

La Haïpienne, leur dictionnaire, au mot « Stanghki », dit que ce fut sous le règne de Vou-ti, vers l'an 537, ère vulgaire.

Origine hébraïque ? — Platon écrit que du temps de Moïse (17 siècles avant J.-C.) fut connu ce jeu de délices et quelques auteurs l'attribuent à ce prophète.

Ce jeu s'appelait « Ithkakit ».

Origine grecque ? — On accorde aussi cette invention au Grec Palamède qu'Homère, qui écrivait au IXe siècle avant J.-C., cite parmi les chefs qui assiégeaient Troie deux ou trois siècles auparavant.

Hérodote cite les Échecs parmi les jeux que Lido, chef des Lydiens, sous le règne d'Atys, fils de Manès, inventa pour faire supporter la misère d'une famine.

Origine égyptienne ? — Cette hypothèse fut suggérée par des fouilles récentes.

Ajoutons aux diverses hypothèses à ce sujet que selon les fouilles effectuées en 1938 en Mésopotamie, notre jeu existait déjà vers 4 000 avant l'ère chrétienne.

125. — Diffusion. — Selon toute probabilité, le jeu des Échecs fut donc inventé aux Indes (« schatrandsch »). Une de ses formes premières consistait, dans un jeu à quatre, à réduire à l'impuissance les deux Rois ennemis. Le nom du brahmine Sissa comme inventeur de ce jeu — qui devait être, avec ses pièces variées, non seulement un simulacre de la guerre, mais aussi le symbole des devoirs royaux ! — semble résulter de recherches sérieuses.

GOUVERNER C'EST PRÉVOIR

Sissa, quand ses pions, fous, cavaliers et reines
Luttent Blanc contre Noir,
Montre au roi qu'en l'État, dont il détient les rênes,
Gouverner, c'est prévoir.

Jules LAZARD, *Quatrains échiquéens.*

Le grand poète persan Firdousi consacre plusieurs passages de ses poèmes à la description d'une partie d'Échecs. Les Arabes ayant conquis la Perse (en 651) y apprirent à jouer aux Échecs et apportèrent le jeu en Occident. Un jeu d'Échecs en ivoire et ébène avait été offert à Charlemagne par le calife Harun al-Rachid.

Henri IV avait une prédilection marquée pour les Échecs, ainsi que Tamerlan, le célèbre conquérant mongol manchot et boiteux, et les rois guerriers de Suède : Gustave-Adolphe et Charles XII. Napoléon avait fait des Échecs son délassement favori.

Le premier tournoi d'Échecs international eut lieu à la cour du roi Philippe II, à Madrid en 1575, entre quatre protagonistes de l'époque et finit par la victoire de l'Italien Leonardo.

L'ère moderne des compétitions internationales s'ouvre par le grand tournoi de Londres, en 1851, où le premier prix revint au pédagogue allemand Adolphe Anderssen.

Le joueur le plus prodigieux de tous les temps fut Paul Morphy, avocat américain dont la mère était française. La supériorité sur tous ses contemporains était incontestable. « Jouer à la Morphy », c'est le plus grand éloge qu'on puisse faire pour un jeu brillant et profond à la fois.

126. — Bibliographie. — L'histoire du jeu des Échecs fut surtout élucidée par A. Linde et par H. J. R. Murray. La série des auteurs qui ont écrit en Europe sur le jeu d'Échecs, s'ouvre vers l'an 1200 par Jacobus de Cessoles. La Bibliothèque Nationale et celle de l'Arsenal possèdent plusieurs manuscrits de sa main, tant en latin qu'en français. Notons que l'aimable image de la nymphe Caïssa, déesse-protectrice du jeu des Échecs, ne date que du XVIᵉ siècle (poème latin de Vida : *Scacchia ludus*).

Les premiers écrivains qui se sont occupés de la théorie des Échecs (fins et débuts) paraissent être deux Espagnols, Vicent et surtout Lucena, qui vivaient à la fin du XVᵉ siècle. Les ouvrages curieux du Portugais Damiano, du prêtre espagnol Ruy Lopez de Segura, du jurisconsulte italien Alessandro Salvio, de l'érudit allemand Gustavus Selenus (pseudonyme d'Auguste, duc de Brunswick), enfin et surtout du génie calabrais Gioachino Greco, suivirent.

Un ouvrage classique fut *L'Analyse du jeu des Échecs*, par M. André Danican Philidor. Paru en 1749 et réédité en 1777, ce livre consacra la gloire échiquéenne de son auteur, tandis que ses vingt-cinq opéras et opéras-comiques sont plutôt oubliés.

Avec son maître, M. de Legal, et ses successeurs : Deschapelles et La Bourdonnais, Philidor illustre une époque glorieuse pour les Échecs français. Si le sceptre a passé plus tard aux peuples anglo-saxons, germaniques et slaves, un revirement qui porterait de nouveau un intérêt mérité à ce jeu d'élite, ferait surgir des valeurs nouvelles dans notre art séculaire. « Clarté et profondeur », voilà la devise — malgré toutes les amplifications théoriques ou techniques — d'un combat d'Échecs.

127. — Liste des champions. — Représentant outre son caractère d'art et de science, l'idée de sport, le jeu des Échecs invite ses fervents à retenir quelques noms glorieux.

CHAMPIONS DU MONDE : Ruy Lopez, 1570-1575. — Leonardo, 1575-1587. — Greco, 1622-1634. — Philidor, 1745-1795. — La Bourdonnais, 1834-1840. — Staunton, 1841-1851. — Anderssen, 1851-1858. — Morphy, 1858-1863. — Steinitz, 1866-1894. — Lasker, 1894-1921. — Capablanca, 1921-1927. — Alekhine, 1927-1935. — Euwe, 1935-1937. — Alekhine, 1937-1946. — Botvinnik, 1948-1957. — Smyslov, 1957-1958. — Botvinnik, 1958-1960. — Tal, 1960-1961. — Botvinnik, 1961-1963. — Petrossian, 1963-1969. — Spassky, 1969-1972. — Fischer, 1972-1975. — Karpov, 1978-1985. — Kasparov, 1985-1988.

128. — De diverses conceptions du jeu des Échecs. — Les vers sont extraits du recueil : *Échéphiles et Échémanes*, de Jules Lazard.

I

Le jeu des Échecs est l'image de la guerre.

Les Anciens qui nommaient les pièces : fantassins, chevaux, éléphants, chariots, généralissime, etc., considéraient cette troupe comme destinée à agir suivant un plan offensif ou défensif.

La définition du jeu des Échecs comme simulacre de la guerre, est conforme à l'opinion que l'homme naît avec l'instinct, voire le besoin, de combattre.

> Ici, deux peuples sont en guerre,
> Viennent aux mains.
> La case du mat est la terre
> Qu'un souverain,
> Depuis longtemps, voudrait sans cesse
> (Quatre mille ans)
> Assujettir par son adresse
> Sur noir ou blanc.

II

Le jeu des Échecs est une science.

Bien que sujets à tant d'inconnues provenant des combinaisons en nombre infini auxquelles ils se prêtent, les Échecs peuvent être considérés comme une science puisque certains principes qui les régissent sont systématisés par l'application d'une méthode enseignée et perfectionnée par les maîtres.

> Enfin le Maître vient, doué de la science,
> Conduisant au progrès tous ses contemporains;
> Il ajoute, aux Traités, sa propre expérience
> Transportant le combat sur de nouveaux terrains.

III

Le jeu des Échecs est un art.

De même que d'autres beaux-arts, l'art des Échecs, par ses combinaisons imaginatives, est une œuvre de jouissance intellectuelle où le talent, et parfois le génie, peuvent se donner carrière.

Mais restons modestes : aucune branche de l'activité humaine n'est un critérium absolu de l'intelligence. Les Échecs ne font pas exception à cette loi.

> Modestie et sang-froid, mémoire, patience
> Sont, de l'art des Échecs, suffisants attributs;
> N'eût-on que, d'autre part, moyenne intelligence,
> On vaincra le savant, fût-il de l'Institut.

IV

Le jeu des Échecs est un sport.

Cet exercice, cette gymnastique cérébrale constitue une lutte quasi musculaire, munie de l'esprit et de la force, contre la matière également animée des mêmes éléments.

Dans ce sport échiquéen — pourvu, du reste, de lois et de

règlements — l'organe qui lutte est le plus noble de tous : c'est le cerveau.

Son exercice entraîne les jeunes à franchir certains obstacles abstraits et maintient, chez les vieux, la souplesse de l'imagination.

> L'ancien aime ce jeu, l'empêchant de vieillir.
> Pour ses nerfs affaiblis, c'est une gymnastique
> Qui permet à ses sens, à son esprit, de fuir
> La sénile ankylose où le « vouloir » abdique.

V
Le jeu des Échecs est de la mécanique.

La valeur des pièces augmente ou diminue suivant leur position : c'est l'effet d'une loi de la mécanique, loi du mouvement, de l'équilibre et de la force, loi statique ou loi dynamique.

C'est à ces lois que s'apparentent la tactique — cette science des moyens ! — et la stratégie — cette science des buts ! — qui font, de l'œuvre des grands maîtres ès échecs, une merveille de mécanique.

On trouve dans leurs combinaisons les rouages, les pivots, les engrenages qui font peser la force sur le but : le mat.

Ajoutons qu'Einstein se sert des Échecs pour démontrer cette quatrième dimension : la position qui modifie la valeur du volume. En effet, en prévoyant dans ses combinaisons une situation future, le joueur d'Échecs fait pour ainsi dire valoir la relativité du temps.

> « Regardez », nous dit-il, « le Maître qui médite
> « Quand le choix du coup juste, en son cerveau, s'agite :
> « La moindre variante est visible hors ses yeux.
>
> « La marche a modifié la valeur des figures,
> « Force et Position s'accroissant toutes deux.
> « Le quatrième aspect, notre jeu le procure. »

VI

Le jeu des Échecs est une symphonie.

Nombre de musiciens ont été ou sont de bons joueurs d'Échecs : tels furent Philidor et Chopin, par exemple.

Également le furent des poètes, musiciens du Verbe.

C'est surtout le jeu « à l'aveugle » qui donne l'impression d'une symphonie.

La matière de la pièce disparaît de l'esprit et son mouvement produit l'effet de l'un des tons d'instruments dont l'ensemble harmonieux se maintient jusqu'au « finale » triomphant.

Observez le Maître :

> Pour Lui, le jeu d'Échecs est une symphonie :
> Chaque coup que l'on joue en devient l'un des tons.
> Sa science en conçoit l'ordre et la poésie,
> Son art : un univers comme le vit Newton.

VII

Le jeu des Échecs est un entraînement moral.

Constatons d'abord que le jeu des Échecs prend la place d'autres distractions plus coûteuses puisqu'il passionne assez, par lui-même, sans nécessiter d'enjeux.

Dès la première page de sa légende, on trouve que l'invention, par le brahmine hindou Sissa, du jeu des Échecs eut pour but et pour effet de moraliser son Prince.

La valeur des pièces était comparée aux XIIᵉ et XIIIᵉ siècles à celle de la condition des hommes et le jeu considéré comme faisant partie de l'enseignement des jeunes gens et des jeunes filles nobles.

Les mémoires de Franklin consacrent un long chapitre aux réflexions du grand homme sur l'influence du jeu des Échecs en ce qui concerne presque toutes les circonstances de la vie.

> Enseignant la Prudence, il calme l'agité
> Qui s'oblige à jouer toute pièce qu'il touche ;

Par Circonspection, le péril évité,
Il apprend à prévoir la prochaine escarmouche.
Puis, la Persévérance, en bien des mauvais cas,
Aide à garder l'espoir du moment favorable
Où la Réflexion, nous tirant du faux pas,
Procure la victoire ou le « pat » honorable.

VIII

Le jeu des Échecs est un jeu de hasard.

C'est une définition paradoxale qui fait surgir la question suivante : dans quelle proportion le hasard provoque-t-il le « coup faible » ou la « gaffe » fatale ?

Cette proportion dépend de la nervosité, d'une défaillance, d'une distraction intérieure ou extérieure.

C'est ce qui constitue cette part de hasard qui fait parfois retourner les possibilités de gain :

Que de coups « décisifs » sont dus au pur hasard !
Que de gains espérés s'en vont à l'adversaire !
Le Maître a dit : « Qu'il faut, pour être le *veinard*,
Des gaffes aux Échecs, faire l'avant-dernière. »

IX

CONCLUSION

Faisons une place aux spéculations quasi scientifiques, accordons les qualités sportives, admettons de bonne volonté les perspectives artistiques, mais reconnaissons en toute sincérité que le jeu des Échecs n'est après tout qu'un jeu.

Chapitre XXXII

Récréations

129. — Le problème du Cavalier. — Il consiste à faire parcourir à un Cavalier les 64 cases de l'échiquier sans que le Cavalier puisse passer deux fois sur la même case.

Ce problème, d'après l'Encyclopédie de Diderot et d'Alembert, était connu des brahmines hindous il y a plus de deux mille ans.

Le premier mémoire sur cette question fut publié en 1759 par le célèbre géomètre Léonard Euler.

Les recherches ultérieures ont démontré que ce « problème d'Euler » comporte une infinité de solutions.

Il y a des solutions ouvertes quand le Cavalier ne revient pas à la case de départ, et fermées dans le cas contraire.

Si l'on représente la marche du Cavalier sur un diagramme au moyen de chiffres, dans l'ordre du parcours, on trouvera que, dans certains cas, les numéros des cases successivement parcourues forment un « carré magique », c'est-à-dire un carré tel que la somme des nombres de chaque ligne, de chaque colonne et de chaque diagonale est toujours la même.

Voici une des solutions, basée sur le principe de choisir pour le Cavalier la place d'où il trouve le moins de cases encore vacantes (voir diagr. N° 114).

130. — Le problème des huit Dames. — Placer 8 Dames sur l'échiquier, mutuellement imprenables.

8	14	29	34	55	12	27	24	49
7	35	56	13	28	33	50	11	26
6	30	15	54	51	58	25	48	23
5	41	36	57	32	61	52	63	10
4	16	31	40	53	64	59	22	47
3	37	42	1	60	19	62	9	6
2	2	17	44	39	4	7	46	21
1	43	38	3	18	45	20	5	8
	a	b	c	d	e	f	g	h

N° 114

Outre la solution que nous donnons ci-dessous (voir diagr. N° 115), il en existe beaucoup d'autres que les chercheurs trouveront sans trop de peine.

131. — Les grains de blé de Sissa. — D'après la légende qui attribue l'invention du jeu des Échecs au brahmine Sissa, on raconte que son prince, émerveillé, lui laissa le choix de la récompense.

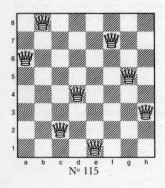

N° 115

Sissa demanda qu'on lui donne le nombre de grains de blé qui se trouveraient sur l'échiquier, en mettant 1 grain sur la première case, 2 sur la seconde, 4 sur la troisième et ainsi de suite en doublant jusqu'à la 64e. Le Roi, étonné de la modicité apparente de la demande, l'accorda, pour apprendre plus tard de ses trésoriers, que tous les greniers de son royaume ne suffiraient pas pour remplir sa promesse.

En effet, c'est par le nombre suivant que se traduirait le total des grains de blé de Sissa :

18 446 744 073 709 551 615

et ce nombre est de beaucoup inférieur à celui des combinaisons incalculables du noble jeu.

132. — Une anecdote historique. — Un enjeu peu banal.
Comme le raconte Ed. Fournier dans sa *Chronique* (Paris, 1864),
Robespierre comptait pendant la Terreur parmi les clients
assidus du *Café de la Régence*, ce sanctuaire des joueurs
d'Échecs.

Un soir, un jeune homme d'apparence timide vint s'asseoir à
la table de Robespierre et lui proposa de jouer avec lui aux
Échecs ; Robespierre accepta et perdit deux parties, puis il
demanda à son partenaire quel était l'enjeu ; le jeune homme,
qui n'était autre qu'une jeune fille dans un costume masculin,
lui répondit que l'enjeu était la grâce d'un jeune homme.
Robespierre ne put la refuser. La fiancée avait usé de ce
stratagème pour sauver la vie de son fiancé.

Une fois de plus, le dévouement de la femme triompha de la
cruauté humaine !

133. — Une description poétique. — Après la bataille.
Voici une description poétique des Échecs, tirée du poème de
l'abbé Delille : *L'homme des champs.*

... Plus loin, dans ses calculs gravement enfoncé,
Un couple sérieux qu'avec fureur possède
L'amour du jeu rêveur qu'inventa Palamède,
Sur des carrés égaux, différents de couleur,
Combattant sans danger, mais non pas sans chaleur,
Par cent détours savants conduit à la victoire
Ses bataillons d'ébène et ses soldats d'ivoire.
Longtemps des camps rivaux le succès est égal.
Enfin l'heureux vainqueur donne l'échec fatal,
Se lève, et du vaincu proclame la défaite ;
L'autre reste atterré dans sa douleur muette,
Et, du terrible mat à regret convaincu,
Regarde encore longtemps le coup qui l'a vaincu.

134. — Une partie d'Échecs miraculeuse. — Le
problémiste connu M. Victor Barthe a enchâssé deux problèmes jumeaux dans un conte du Moyen Age que voici :

PAOLO BOÏ ET LE DIABLE

Paolo Boï, le plus grand joueur du XVIᵉ siècle, poète, soldat et marin, la personnalité la plus curieuse et attachante, d'une vie mouvementée, est caractérisé par de La Bourdonnais comme « une des existences complètes qui appartiennent aux heureuses et puissantes organisations ». Célibataire aux mœurs irréprochables, habillé avec élégance, comme un jeune homme, avec une belle figure aux cheveux entièrement blancs, d'une taille élevée, bien prise et bien proportionnée, capricieux et fantasque, magnifique et libéral, éloquent et affable, cet homme par sa douceur et son énigmatique caractère, doué de capacités diverses, nous rappelle son plus grand compatriote, et presque contemporain, Leonardo da Vinci. La légende prétend que, dans sa vie errante, il a joué une fois aux échecs avec le diable.

★

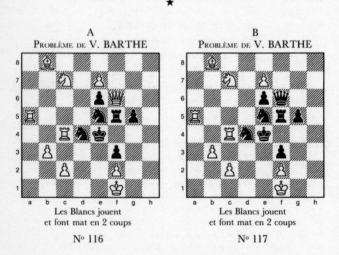

A
Problème de V. BARTHE

B
Problème de V. BARTHE

Les Blancs jouent
et font mat en 2 coups

Les Blancs jouent
et font mat en 2 coups

Nᵒ 116

Nᵒ 117

Devant la porte de l'église de Santa-Maria de C..., de la petite ville de C..., en Calabre, un beau matin de l'année 1570. Paolo Boï qui était religieux et observait tous les rites, rencontra une fois une jeune fille d'une beauté éblouissante, très brune et forte. Ses yeux pénétrants et énigmatiques brillaient d'une flamme fiévreuse. La conversation qui se noua tout de suite entre eux ne tarda pas à se transformer en amitié et Paolo Boï, à son grand étonnement, apprit que la jeune fille jouait aux échecs. Son étonnement fut encore plus grand, quand dans une partie engagée, il vit que sa partenaire était d'une force peu banale, faisant des coups extraordinaires. La lutte devenait de plus en plus acharnée, et, au bout de quelque temps, le Syracusain, se croyant déjà vainqueur, voulut déclarer mat en deux coups à son antagoniste (voir le diagr. A).

Mais, à ce moment, à sa grande stupéfaction, il vit la dame blanche de sa partie transformée en dame noire et la belle brune lui dit en riant :

— Non, Paolo, tu ne me gagneras pas, car, maintenant, j'ai une dame, et toi, tu n'en as pas.

— O, Santa Maria ! murmura Paolo effrayé.

Et en prononçant ces paroles, il remarqua que, malgré cette transformation, il pouvait encore gagner la partie en deux coups (voir le diagr. B).

La jeune fille le comprit, fronça ses sourcils, sortit de la pièce sans dire un mot et disparut. Paolo Boï vit bien qu'il avait joué avec le diable...

Solution des problèmes jumeaux :

A. — **1.** Cc7 × e6. Quatre variantes.

B. — **1.** Cc7 — b5. Cinq variantes.

APPENDICE

Chapitre XXXIII

Les problèmes d'Échecs

135. — Notions préliminaires. — Le problème d'Échecs est une position composée avec l'obligation d'obtenir le mat en un nombre déterminé de coups. Les problèmes en **deux** coups font surtout ressortir une idée choisie ; ceux en **trois** coups sont déjà à même de faire accompagner leur « thème » d'une exécution artistique ; les problèmes en **quatre** ou en plus de coups offrent un vrai combat d'Échecs en réduction.

Le problème d'Échecs doit joindre à la difficulté une certaine élégance. Appelée « la poésie des Échecs », cette branche a son but et ses règles propres (comme par exemple, le coup initial ou « clé » unique), qui la distinguent d'une fin de partie véritable, dont elle est pourtant dérivée.

L'épanouissement du problème d'Échecs avec ses idées multiples et sa technique raffinée, date du XIXᵉ siècle, tandis qu'auparavant on se contentait de composer des « deux-coups » enfantins, au premier coup brillant, mais facile à voir.

Citons parmis les plus éminents des problémistes modernes les noms d'Herlin, Anderssen, d'Orville, Healey, Sam Loyd (surnommé pour la richesse et l'originalité de ses idées « le roi des problémistes »), Shinkman, Pradignat, Klett, Bayer, Palkoska, Guidelli, Heathcote, Berger, Marin, Przepiorka, Ellerman, Fred Lazard.

Voici deux problèmes classiques, au moyen desquels nous pourrons faire connaissance avec la terminologie.

TH. HERLIN (1842)

Les Blancs jouent
et font mat en 2 coups

Nº 118

135 *bis*. — **Considérations sur le « deux-coups »** (voir diagr. Nº 118). — Tout d'abord nous constatons une supériorité matérielle écrasante des Blancs qui enlèverait tout intérêt à la continuation dans une partie pratique. Il en résulte que la solution du problème doit être bien cachée, voire difficile, pour rendre cette œuvre digne d'attention.

Le mat étant exigé en deux coups, les Noirs ne joueront donc qu'une fois, ce qui rendra plus facile notre tâche de prévoir toutes les éventualités.

La symétrie dans la position des Tours réciproques sautant aux yeux, cela nous guidera peut-être, dans le cas présent, pour trouver la solution juste. En effet, si le coup initial des Blancs devait être celui d'une Tour (a1 ou h8), cela pourrait tout aussi bien être valable pour l'autre Tour blanche. On aurait donc deux solutions distinctes, bien que symétriques, ce qui rendrait le problème incorrect.

Un coup du Roi blanc ne pouvant être, dans le cas présent, assez efficace, puisque les deux Tours blanches se trouvent sans appui, il en résulte que c'est la Dame blanche qui devra porter secours à ses deux Tours.

Solutions : 1. De4 — h1. Les deux variantes principales, bien symétriques (et qu'on pourrait donc appeler : « variantes-miroirs ») sont : **1.** ..., Tb8 × h8 ; **2.** Dh1 × h8× et **1.** ..., Ta7 × a1 ; **2.** Dh1 × a1×.

Les autres *variantes*, non moins symétriques, sont : **1.** ..., Tb8 joue ; **2.** Th8 × T× et **1.** ..., Ta7 joue ; **2.** Ta1 × T×. Une finesse particulière se présente toutefois dans la variante **1.** ..., Ta7 — a6 ; **2.** Ta1 × a6×, consistant dans le fait que la Dame blanche à h1 persiste à clouer le Pion noir b7.

L'examen du problème apprend que le coup initial de la solution ou **clé** est unique.

En effet, si par ex. **1.** De4 — d5, renonçant à appuyer ses deux Tours, alors **1.** ..., Tb8 × h8 ou **1.** ..., Ta7 × a1, rendant le mat au coup suivant impossible. Si **1.** De4 — f4, Tb8 × h8 et si **1.** De4 — e3, Ta7 × a1, échappant à une sanction immédiate.

D'autre part, si **1.** De4 — a4 ou **1.** De4 — e8 paraissant forcer aussi un mat en 2 coups, alors **1.** ..., Ta7 — a6+ rend cela irréalisable. De même, si **1.** De4 — d4 ou **1.** De4 — e5, renonçant à maintenir le clouage du Pion adverse, alors **1.** ..., Ta7 — a6+ prolonge, grâce à l'échec, la résistance des Noirs au-delà du délai prescrit, montrant que la position du Roi blanc n'est pas indifférente.

SAM LOYD (1893)

Les Blancs jouent
et font mat en 3 coups

N° 119

Tous ces coups, qui peuvent induire en erreur le solutionniste, se nomment **essais** et augmentent la valeur du problème. Si pourtant un de ces coups menait aussi au but prescrit, il constituerait un **dual** rendant le problème *incorrect*. Si, d'autre part, même le coup imaginé par l'auteur se trouve réfuté, on dira que le problème est *insoluble*.

135 *ter.* — **Considérations sur le « trois-coups »** (voir diagr. N° 119). — Disons tout de suite que la possibilité de mater, dans certaines variantes, en un nombre de coups inférieur à l'énoncé (« mats courts ») ne rend pas le problème incorrect. Il en est de même, si après le coup de clé unique, le déroulement ultérieur de la solution présente dans quelque variante secondaire un dual. Toutefois, ce sont des défauts de construction qui diminuent la valeur artistique du problème.

La variante principale est non seulement celle où les Noirs adoptent une des meilleures défenses, mais encore celle où l'« idée » du problème (appelée couramment son « thème ») se révèle de la façon la plus expressive.

La **solution** du problème Nº 119 est la suivante :

1. Te6 — e1 !!, avec la menace : **2.** Ce3+, Rb3 ou Rd3 (Rd4) ; **3.** T × b1 mat ou Dd5 mat.

Si **1.** ..., Rb3 ; **2.** Fd5+, Rc2 ; **3.** D × c3 mat.

Si **1.** ..., T × d1 (ou Tc1) ; **2.** Da4+ !, Rc5 ou Rd3 ; **3.** b7 mat ou Tf3 mat.

Si **1.** ..., Tb2 ; **2.** Ce3+, Rb3 ou Rd3 (Rd4) ; **3.** Fd5 mat ou Dd5 mat.

Si **1.** ..., T × b6+ ; **2.** C × T+, R joue ; **3.** Da4 mat ou Dd5 mat.

Si **1.** ..., F × c6 ; **2.** D × c3+, Rb5 ; **3.** F × c6 mat.

Si **1.** ..., Cb3 (ou Cc2) ; **2.** Cd6+, *ad libitum* ; **3.** D × c3 mat ou Fd5 mat.

Si **1.** ..., Cg6 — e7 (ou autrement) ; **2.** Tf4+, R joue ; **3.** Da4 mat ou D × c3 mat.

Si **1.** ..., d × e fait D ; **2.** Cd6+, R joue ; **3.** Fd5 mat ou Dd5 mat.

Si **1.** ..., f5 — f4 ; **2.** Te4+, R joue ; **3.** D × c3 mat ou Da4 mat.

Si **1.** ..., Rd3 ? ; **2.** D × c3 mat.

Si **1.** ..., Tb4 ? ; **2.** Dd5 mat, etc.

La **clé** est surprenante de beauté et le contenu très riche en variantes. Le style de ce problème est bien celui de Loyd, ingénieux, complexe, difficile. La valeur de ce chef-d'œuvre est au-dessus de toute considération historique ou précision thématique.

136. — Règles artistiques. — Résumons nos remarques sur le problème moderne, comme suit :

1º Il est convenu que dans les diagrammes, les Blancs partent du bas, les Noirs du haut ;

2º Le trait appartient toujours aux Blancs et ce sont également les Blancs qui donnent le mat (« Problèmes directs ». Il existe une variété de problèmes dits de « mats inverses », dans lesquels les Blancs jouent et se font mater en un nombre déterminé de coups) ;

3° La position doit correspondre aux règles du jeu normal. (Un chapitre à part est formé par les problèmes fantaisistes dits « féeriques » qui sont basés sur des règles conventionnelles, par exemple par l'introduction d'une pièce imaginaire ou bien par l'obligation de faire les coups les plus longs, etc.) ;

4° La solution doit, elle aussi, correspondre aux règles du jeu normal. (Une section spéciale comprend les problèmes conditionnels, par exemple : « Les Blancs reprennent leur dernier coup et font mat en deux coups. » Ou bien : « Les Blancs font mat en quatre coups en ne jouant que leur Tour », etc.) ;

5° Le coup de clé doit être unique, sinon le problème est « faux » ;

6° Ce coup de clé ne doit pas être — sauf dans quelques cas tout à fait remarquables — une prise ou un échec ;

7° On évitera aussi, surtout dans les coups de clé, le Roque et la prise du Pion « en passant », ces dérivatifs de la convention ;

8° Comme toute œuvre d'art, le problème doit être « économique » dans ses moyens, sans présenter une position chargée de pièces inutiles.

137. — Quelques thèmes. — Les remarques qui suivent, basées sur les recherches de l'expert rennais bien connu, M. André Marceil, permettront à l'amateur non seulement de mieux connaître l'idéologie du problème moderne, mais en même temps d'enrichir ses connaissances stratégiques concernant le milieu de jeu pratique.

A. *Thème Grimshaw.* — **L'interception** (ou **interférence**) est l'élément stratégique le plus simple, se présentant chaque fois qu'une pièce obstrue la ligne d'action d'une autre pièce. On désigne sous le nom de Grimshaw l'interférence réciproque des deux pièces à la portée linéaire et diagonale.

L'HERMET

2 ×   **1.** Dc4

N° 120

Ainsi, dans le diagramme N° 120 (L'Hermet), la clé **1.** Dc4 crée un blocus. Voyons les défenses des Noirs. Si **1.** ..., Tb7 ; **2.** Dd5× (interception du Fa8) et si **1.** ..., Fb7 ; **2.** D × c7× (interception de la Ta7) ; ces deux variantes constituent un Grimshaw sur la case b7.

Mais il y a encore un autre Grimshaw. Après **1.** ..., c6 ; **2.** Dd4× (interception du Fa8) et si **1.** ..., Fc6 ; **2.** Db4× (interception du Pion c7 qui pourrait se comporter ici à la manière d'une pièce à longue marche, en jouant c7 — c5).

Enfin la variante **1.** ..., c5 ; **2.** De6× nous montre une interception particulière appelée « blocage » (ou « auto-obstruction ») : le Pion à c5 enlève au Roi noir une case de fuite en obstruant la case c5.

A. G. HUME

2 ×   **1.** Rf8

N° 121

B. *Valve et bivalve.* — On appelle valve un mouvement des Noirs qui ouvre une ligne de défense à une pièce noire, mais lui en ferme une autre.

Ainsi, dans le diagramme N° 121 (Hume), la clé **1.** Rf8 menace de **2.** Tg8× ; les Noirs ont donc intérêt à surveiller cette case et jouent **1.** ..., f6 qui ouvre à la Dame noire e6 une ligne utile (e6 — g8), mais qui intercepte en revanche une autre ligne (e6 — h6), permettant l'issue tragique : **2.** Th6×.

Autre exemple dans le même problème : si **1.** ..., f5, il y a interception de la ligne e6 — h3, ce qui permet **2.** Ch4 — f3✕.

Un mouvement de valve est donc la combinaison d'une évacuation de ligne ct d'une interception agissant sur la même pièce ; quand l'interception porte sur une pièce noire différente, on appelle ce mouvement bivalve.

Ainsi admettons qu'on puisse jouer **1.** ..., f7 — f3, ce qui constituerait une évacuation de la ligne e6 — g8, mais une interception de la Tour noire e3 ; nous aurions **2.** Cf5✕ exploitant ce mouvement appelé bivalve, parce que les pièces (De6 et Te3) sont distinctes.

Profitons enfin de cet exemple pour dire que le groupement de pièces (Th3 — Ch4), susceptible de donner des échecs à la découverte, est une « batterie ».

C. *Déclouage préventif*. — La menace blanche est un mouvement qui clouera une pièce noire capable d'empêcher le mat ; les Noirs, en prévision de ce clouage, vont interposer une pièce noire sur l'axe de clouage et réfuter ainsi la menace.

MARTONE
et CASTILLARI

2 ✕   **1.** Cgf8

N° 122

Ainsi, dans le diagramme N° 122 (Martone et Castillari), la clé **1.** Cg8 — f6 menace de **2.** Cd7✕. Après la clé le Fou noir f5 n'est plus cloué et il surveille la case d7, mais quand les Blancs jouent **2.** Cd7, le Ff5 est cloué et incapable de parer le mat. En prévision de cela les Noirs jouent une de leurs pièces sur f3 ou f4, à savoir : **1.** ..., Tf4 ; **1.** ..., Tf3 ; **1.** ..., Cf4 ; **1.** ..., Cf3 ; ce sont quatre variantes de déclouage préventif. Le mat est donné par **2.** Ch7 ; **2.** Tg8 ; **2.** Tc3 ; **2.** Tc4, utilisant deux abandons de garde et deux interceptions noires. La nature du mat n'a d'ailleurs aucune importance ; le thème réside dans les défenses noires et non dans la manière dont le mat se donne.

D. *Thème indien.* — Tous les thèmes précédents sont réalisables dans les deux-coups. Dans les problèmes plus longs, l'horizon des idées s'élargit considérablement. Voici un thème retentissant qui fit surtout parler de lui en 1845, lors de l'apparition d'un problème correspondant (voir diagr. N° 123), composé par H.-E. Loveday, mais attribué par lui à Saghird (ce qui veut dire en hindou : étudiant) :

Ce thème comporte la formation d'une « batterie ». Les Blancs préparent, par une manœuvre de retrait d'une pièce influente, l'interception de cette pièce par une autre, paraissant octroyer au Roi noir un sentier de salut, où il succombera pourtant sous l'attaque renforcée de l'échec double.

Voici donc la solution du diagramme N° 123 :

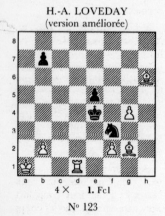

H.-A. LOVEDAY
(version améliorée)

4 ×   **1.** Fc1

N° 123

1. Fh6 — c1, ... Préparant l'interception de cette pièce par une autre.

1. ..., b7 — b6 (ou a).

2. b2 — b4, b6 — b5. Épuisant son dernier coup de réserve.

3. Td1 — d2 !, ... Mise en liberté provisoire du Roi adverse.

3. ..., Re4 — f4.

4. Td2 — d4++, et mat.

Variante a) :

1. ..., b7 — b5.

2. b2 — b3, b5 — b4. Épuisant son dernier coup de réserve.

3. Td1 — d2 !, Re4 — f4 ;

4. Td2 — d4++, et mat.

138. — Aperçu sur la résolution du problème. — Selon l'éminent problémiste G. Léon-Martin, on doit se poser les questions suivantes :

1° La position initiale comporte-t-elle pour le Roi noir une ou plusieurs cases par où il pourrait fuir (cases de fuite) et sans qu'il existe dans cette position initiale une réponse matante correspondant à cette fuite ? (ce qui constitue pour les Noirs une défense en apparence assez **forte**) ;

2° Au contraire existe-t-il un ou plusieurs mats tout préparés correspondant à diverses défenses des Noirs **affaiblissant** leur position ? (comme dans les problèmes du genre « blocus ») ;

3° Les Noirs peuvent-ils jouer un **coup neutre**, coup quelconque n'affectant pas le « réseau de mat » environnant le Roi noir ?

Prenons comme exemple le problème ci-dessous (diagramme N° 124). Nous voyons que les Noirs ont à leur disposition :

EUG. COOK

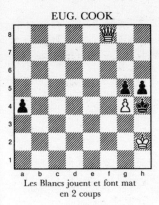

Les Blancs jouent et font mat
en 2 coups

N° 124

1° Un coup **fort** : **1.** ..., Rh4 × g4 (fuite du Roi noir sans réponse matante) ;

2° Un coup **faible** : **1.** ..., h5 × g4 (supprimant la case de fuite du Roi noir et entraînant immédiatement le mat tout préparé : **2.** Dh8 ou **2.** Dh6) ;

3° Un coup **neutre** : **1.** ..., a4 — a3 (loin du réseau de mat et sans réponse matante des Blancs).

Assurément on est avant tout tenté d'interdire aux Noirs de jouer leur coup fort **1.** ..., R × g4, mais on se rend compte rapidement que les coups **1.** Dc8, **1.** Db4, **1.** Df5, **1.** Df4, **1.** Df3 qui empêchent la fuite du Roi noir, ne peuvent être suivis d'un coup matant.

La clé que nous cherchons doit donc laisser aux Noirs la possibilité de jouer **1.** ..., R × g4. Nous voyons aussitôt que, dans ce cas, le mat ne peut être donné par la Dame que sur la case e4. Pour parvenir en e4 au deuxième coup sans s'opposer à la fuite du Roi noir, la Dame n'a que 3 premiers coups à sa disposition : **1.** Da8, **1.** De8, **1.** De7. Lequel de ces 3 coups est la clé ?

Le « coup faible » **1.** ..., h × g ne nous permet pas de répondre à la question, car le mat, dans les trois hypothèses, pourrait être donné en h8 ou h7.

C'est donc le « coup neutre » **1.** ..., a3 qui va nous renseigner. En effet, après **1.** ..., a3, le mat ne peut être donné par la Dame que sur l'une des cases h5, g3 ou h3. Or, des 3 premiers coups envisagés ci-dessus (**1.** Da8, **1.** De8, **1.** De7) seul le coup **1.** De8 permet à la Dame d'occuper au deuxième coup l'une des trois cases h5, g3 ou h3.

C'est donc **1.** De8 qui est la clé du problème. Et la solution complète est la suivante : **1.** ..., R × g4 ; **2.** De4× ou **1.** ..., h × g ; **2.** Dh8× ou **1.** ..., a3 ; **2.** D × h5×.

Dans le problème ci-dessus, c'est la **défense forte** des Noirs qui a été le point de départ de notre raisonnement. Ce point de départ pourra varier suivant la disposition des pièces blanches ou noires. Le plus souvent ce qui nous conduira au but, et de la manière la plus intéressante, ce sera la recherche de l'idée de l'auteur, du **thème** qu'il aura voulu représenter. Les écoles modernes (tchèque, viennoise, néo-américaine, néo-allemande, soviétique, etc.) ont leurs thèmes préférés. La connaissance de ces thèmes, de ces préférences, est un atout sérieux pour le chercheur.

Nous n'avons parlé que des problèmes en 2 coups. Il est bien évident que les problèmes en 3, 4 coups et davantage présentent plus d'écueils, mais ce modeste appendice ne veut qu'entrouvrir l'horizon.

Ajoutons qu'on se plaira à apprécier les côtés artistiques du problème, originalité, profondeur, difficulté, idée, nombre de variantes, finesse de construction, économie des moyens, pureté du mat, prohibition des duals, etc.

Supplément analytique

PARTIE ITALIENNE

1. e4, e5 ; **2.** Cf3, Cc6 ; **3.** Fc4, Fc5 ; **4.** c3, Fb6. « Défense stoïque » qui cherche à maintenir le centre. **5.** d4, De7 ; **6.** 0 — 0. Rien de convaincant ne donne le sacrifice d'un Pion par **6.** d5, Cb8 ; **7.** d6, etc. **6.** ..., Cf6 ; **7.** Te1, d6 ; **8.** h3, 0 — 0 ; **9.** Ca3. La suite véhémente : **9.** a4, a6 ; **10.** b4, etc., ne réussit pas à ébranler les bastions ennemis. **9.** ..., Cd8. Un autre plan de défense, pourrait être **9.** ..., Rh8, en vue du regroupement Cg8 et f6. **10.** Fd3, c6 ; **11.** Cc4, Fc7 ; **12.** b3, b6 ; **13.** Fa3, c5 avec un jeu serré, mais tenable.

PARTIE ESPAGNOLE

1. e4, e5 ; **2.** Cf3, Cc6 ; **3.** Fb5, a6 ; **4.** Fa4, Cf6 ; **5.** 0 — 0, C × e4. « Défense ouverte ». En ce qui concerne les autres suites, voir A. **6.** d4, b5 ; **7.** Fb3, d5 ; **8.** d × e, Fe6 ; **9.** De2. Essai moderne. **9.** ..., Fe7. Réponse solide. **10.** Td1. Avec la menace **11.** c4. **10.** ..., Cc5 ; **11.** c3. Si **11.** c4, d4 ! **11.** ..., C × b3 ; **12.** a × b3, Fc5 ; **13.** b4, Fb6 et le jeu des Noirs demeure soutenable.

A

3. ..., Fe7. « Défense fermée ». Jouable est en outre la « défense Moeller ». **5.** ..., Fc5, par ex. **6.** c3, Fa7 ! ; **7.** d4, b5 ; **8.** Fb3, De7 ; **9.** a4, 0 — 0 ; **10.** Te1, d6 ; **11.** h3, Fd7 ; ou **6.** C × e5, C × e5 ; **7.** d4, C × e4 ; **8.** De2, Fe7 ! ; **9.** D × e4, Cg6 ; **10.** Cc3, 0 — 0 ; aux chances équilibrées.

6. Te1. Contre l'offensive centrale **6.** d4, les Noirs se défendent par **6.** ..., e × d ; **7.** e5, Ce4 ; **8.** Te1, Cc5 ; **9.** F × c6, d × c ; **10.** C × d4, 0 — 0 et la lutte s'aplanit.

6. ..., b5; **7.** Fb3, 0 — 0. Sinon d'abord **7.** ..., d6; **8.** c3, etc. **8.** c3, d6. Le contre-essai turbulent de Marshall: **8.** ..., d5, se laisse maîtriser par **9.** e × d, C × d5 (ou **9.** ..., e4; **10.** d × c, e × f; **11.** d4!, f × g; **12.** Df3, etc.); **10.** C × e5, C × e5; **11.** T × e5, Cf6 (ou **11.** ..., c6; **12.** Df1!, Fd6; **13.** Te1, Dh4; **14.** g3, Dh5; **15.** d4, Fg4; **16.** Fe3, etc.); **12.** h3!, Fd6; **13.** Te3, Fb7; **14.** d4 et, tout en conservant le Pion offert, les Blancs tiennent tête aux aspirations ennemies.

9. h3, Ca5. Inaugurant une contre-action sur l'aile-Dame, imaginée par Tchigorine. **10.** Fc2, c5; **11.** d4, Dc7; **12.** Cbd2, c × d. Le plus initiatif. **13.** c × d, Fb7. Essai moderne, au lieu de **13.** ..., Fd7 ou de **13.** ..., Cc6. **14.** d5. Évite les complications qui surgiraient en cas de **14.** Cf1, Tac8, etc. **14.** ..., Fc8; **15.** Cf1, Fd7; **16.** Fe2, Tac2; **17.** Tc1, Db8 avec un jeu satisfaisant.

DÉFENSE
FRANÇAISE

1. e4, e6; **2.** d4, d5; **3.** Cd2. Cette «attaque néo-française» est devenue très à la mode, surtout pour éviter le contre-clouage de Vinaver: **3.** ..., Fb4, possible après **3.** Cc3.

3. ..., c5. Réponse simplifiante **4.** e × d, e × d. Moins commode est **4.** ..., D × d5; **5.** Cf3, c × d; **6.** Fc4, etc. **5.** Fb5+, Fd7; **6.** De2+, De7; **7.** F × d7+, C × d7; **8.** d × c, D × e2+; **9.** R × e2, C × c5! et, malgré leur PD isolé, les Noirs égalisent.

DÉFENSE
SICILIENNE

1. e4, c5; **2.** Cf3, Cc6. Sinon d'abord **2.** ..., d6; **3.** d4, c × d; **4.** C × d4, Cf6; **5.** Cc3, d6; **6.** Fe2. Ou **6.** Fg5, e6. **6.** ..., e5. Essai moderne. Contre la variante du Dragon: **6.** ..., g6, on jouera **7.** 0 — 0, Fg7; **8.** Fe3, 0 — 0; **9.** Cb3!, Fe6; **10.** f4, avec les atouts supérieurs pour les Blancs.

Contre la variante de Scheveningue: **6.** ..., e6, on peut recommander **7.** 0 — 0, Fe7; **8.** Fe3, 0 — 0; **9.** f4, a6; **10.** De1!, Dc7; **11.** Td1, Fd7; **12.** Dg3 et les Blancs jouissent d'une belle initiative.

7. Cb3. Ou **7.** Cf3, h6!; **8.** 0 — 0, Fe6; **9.** Fe3, d5 avec l'équilibre. **7.** ..., Fe7; **8.** 0 — 0, 0 — 0; **9.** f4, a5; **10.** a4, Cb4; **11.** Fe3, Fe6 et les Noirs surmontent les écueils du début.

DÉFENSE EST-INDIENNE

1. d4, Cf6; **2.** c4, g6; **3.** g3. Réplique raisonnée. Sur **3.** Cc3, les Noirs peuvent tâcher de résoudre le problème du centre par la « Défense Gruenfeld » : **3.** ..., d5, par ex. **4.** c × d, C × d5; **5.** e4, C × c3; **6.** b × c, c5 et le combat autour de la case d4 est à deux tranchants.

3. ..., Fg7. Une sorte de « pseudo-Gruenfeld » est ici **3.** ..., d5; **4.** c × d, C × d5; **5.** Fg2, Fg7; **6.** e4, Cb6; **7.** Ce2 à l'avantage des Blancs.

4. Fg2, 0 — 0; **5.** Cc3, d6; **6.** Cf3, Cbd7; **7.** 0 — 0, e5; **8.** e4, e × d; **9.** C × d4, a5. En vue d'occuper, par le CD, la case d'observation c5, sans en être immédiatement délogé par b2 — b4. Jouable est aussi **9.** ..., Te8 ou **9.** ..., c6; **10.** h3, Cc5; **11.** Fe3, Te8; **12.** Dc2, c6; **13.** Tae1, De7; **14.** Cb3, Ca6. Si **14.** ..., Cc × e4; **15.** Fg5. **15.** a3, Cc7; **16.** f4 avec une belle initiative des Blancs.

DÉFENSE
NIMZO-INDIENNE

1. d4, Cf6; **2.** c4, e6; **3.** Cc3, Fb4; **4.** e3. Parmi plusieurs suites possibles, ce coup (recommandé par Rubinstein) fut reconnu comme le plus dynamique.

4. ..., 0 — 0. Conserve encore le choix entre les suites : b6 ou d5 ou c5 ou encore d6, suivi de e5.

5. Fd3, Te8; **6.** Cge2, d5; **7.** a3, Ff8 et la bataille qui s'engage est encore pleine d'imprévu.

DÉBUT ZUKERTORT

1. Cf3, d5; **2.** g3. Très à la mode : **2.** ..., c5; **3.** Fg2, Cc6; **4.** d4. Les Blancs jouent en quelque sorte la « Défense Gruenfeld » en première main. **4.** ..., e6; **5.** 0 — 0, Cf6; **6.** c4, Fe7. Préférant perdre un « temps » que de se lancer dans l'aventure : **6.** ..., d × c; **7.** Da4, Fd7; **8.** d × c, etc. **7.** d × c, F × c5; **8.** a3, a5; **9.** Cbd2, 0 — 0; **10.** c × d, C × d5; **11.** Ce4, Fe7. Chances égales.

Table

Première section :
NOTIONS PRÉLIMINAIRES

I. — **Avec quoi joue-t-on aux échecs ?**   9
L'échiquier. — Les pièces. — Notation.

II. — **Comment marchent les pièces ?**   17
Le terrain. — Le Roi. — La Dame. — La
Tour. — Le Fou. — Le Cavalier. — Le Pion.

III. — **Comment prennent les pièces et autres
détails**   29
Les figures. — Le Pion. — La prise « en
passant ». — Promotion du Pion. — Le Roque.

IV. — **Quel est le but du jeu ?**   37
Le mat. — L'échec. — Le pat. — Parties
nulles.

V. — **Vocabulaire des mots techniques**   45

VI. — **Conseils et observations. — La règle du
jeu**   59

VII. — **Valeur des pièces. — Mats techniques**   75
Valeur des pièces. — Formule du mat. — Mats
techniques.

VIII. — **Quelques jolies parties miniatures**   95
Parties nos 1 à 50.

IX. — **Innovateurs, réformateurs et hérésiar-
ques**   139

X. — **Les trois phases**   145

Deuxième section :
CE QU'ON DOIT CONNAÎTRE
DES DÉBUTS

XI. — **Un coup d'œil général sur les débuts** ..   151
Les premiers engagements. — Division des
débuts.

XII. — Ouvertures du Cavalier-Roi   157
Défense Damiano. — Contre-gambit Greco.
— Défense Philidor. — Parties modèles (nº 51,
Morphy-consultants; nº 52, Rellstar-Tylor).
—- Partie Pétroff (ou russe). — Partie écossaise.
— Parties modèles (nº 53, Automate-N; nº 54,
Romanovsky-Capablanca). — Partie Pon-
ziani. — Parties des Trois et des Quatre
Cavaliers.

XIII. — Suite des ouvertures du Cavalier-Roi :
diagonale italienne   177
Partie italienne. — Partie modèle (nº 55,
Steinitz-Bardeleben). — Gambit Evans. —
Partie modèle (nº 56, Morphy-F.H. Lewis). —
Défense des Deux Cavaliers.

XIV. — Suite des ouvertures du Cavalier-Roi : la
partie espagnole   191
Ses menaces et ses défenses. — Parties modèles
(nº57, Tarrasch-Marco; nº 57 *a*, Barnett-
Keeble; nº 58, Aitken-Euwe). — Autres
défenses.

XV. — Partie du centre   201
Suites à choisir. — Partie modèle (nº 59,
Tarrasch-Lasker).

XVI. — Partie viennoise   205
Ses aspirations et ses réalisations. — Partie
modèle (nº 60, Boros-Lilienthal). — Partie du
Fou-Roi.

XVII. — Gambit du Roi accepté   211
Divisions principales. — Parties modèles
(nº 61, Tolstoï-Maud; nº 62, Anderssen-
Kieseritzki). — Gambit Chatard.

XVIII. — Gambit du Roi refusé   219
Méthodes solides. — Contre-gambit Falkbeer.
— Parties modèles (nº 63, Tartakover-
Schlechter; nº 64, Marshall-Soldatenkoff).

DÉBUTS SEMI-OUVERTS

XIX. — Partie française   227
La question du « centre ». — Parties modèles
(nº 65, Alekhine-Nimzowitch; nº 66, Forgacs-
Tartakover).

XX. — Autres défenses semi-ouvertes   239
Défense Caro-Kann. — Défense sicilienne. —
Partie scandinave. — Défense Alekhine. —
Partie modèle (n° 67, Naegeli-Muffang).

DÉBUTS FERMÉS

XXI. — Gambit-Dame accepté   253
XXII. — Gambit-Dame refusé   257
Défense classique du Gambit-Dame. — Parties
modèles (n° 68, Rubinstein-Lasker ; n° 69,
Marshall-Burn ; n° 70, Denker-Botvinnik). —
Contre-gambit Albin.
XXIII. — Parties des Pions-Dame   271
Méthodes paisibles. — Partie modèle (n° 71,
Crépeaux-V. Holzhausen).
XXIV. — Défense hollandaise   275
Ses buts et ses moyens. — Partie modèle (n° 72,
Tartakover-Mieses).
XXV. — Défense indienne   281
Idée motrice. — Les défenses indiennes en
fianchetto. — Autres défenses indiennes. —
Parties modèles (n° 73, Cukierman-
Tartakover ; n° 74, Gruenfeld-Nagy ; n° 75,
Winter-Colle). — Défense Budapest.
XXVI. — Débuts irréguliers   299
Tendances ultra-modernes. — Début
Zukertort-Réti. — Parties modèles (n° 76,
Réti-Bogoliouboff ; n° 77, Euwe-Mattison). —
Début anglais. — Parties modèles (n° 78,
Zukertort-Blackburne ; n° 79, Flohr-Norman).

Troisième section :
LE MILIEU DE LA PARTIE

XXVII. — Considérations générales   315
Conseils et maximes. — Conseils particuliers
concernant les différentes pièces. — Jugement
de position (partie Thomas-Alekhine). — Pour
éviter la gaffe. — L'abandon superflu.
XXVIII. — Les facteurs de la victoire   327
Les stratagèmes. — Quelques pièges. — Les
plus jolies combinaisons.

Quatrième section :
LES FINS DE PARTIE

XXIX. — Cas généraux   339
Fins de jeu simples. — Les six principes. — Le
Pion triomphateur.

XXX. — Théorie et pratique   345
Études artistiques. — Finales instructives

Cinquième section :
LE MONDE DES ÉCHECS

XXXI. — Abrégé historique   253
Origines. — Diffusion. — Bibliographie. —
Liste des champions. — De diverses concep-
tions du jeu des Échecs.

XXXII. — Récréations   361
Le problème du Cavalier. — Le problème des
huit Dames. — Les grains de blé de Sissa. —
Une anecdote historique. — Une description
poétique. — Une partie d'échecs miraculeuse.

APPENDICE

XXXIII. — Les problèmes d'Échecs   367
Notions préliminaires. — Considérations sur le
« deux-coups ». — Considérations sur le « trois-
coups ». — Règles artistiques. — Quelques
thèmes. — Aperçu sur la résolution du
problème.

Supplément analytique   377
Partie italienne. — Partie espagnole. —
Défense française. — Défense sicilienne. —
Défense est-indienne. — Défense nimzo-
indienne. — Début Zukertort.

IMPRIMÉ EN FRANCE PAR BRODARD ET TAUPIN
Usine de La Flèche (Sarthe).
LIBRAIRIE GÉNÉRALE FRANÇAISE - 6, rue Pierre-Sarrazin - 75006 Paris.
ISBN : 2 - 253 - 04620 - 5   ✦ 30/7933/2